본 저술은 2012년도 계명대학교 비사연구기금으로 이루어졌음

인간관계

Psychology of Huma

손영화 저

학 지 시

머리말

이 책은 우리 인간이 세상에 나와 사는 동안 수많은 사람과 인연을 맺거나 인연을 끊으며 살아가는 삶의 이야기다. 이를 인간관계라 하며, 태어나자마자 내 뜻과는 상관없이 시작되어 죽을 때까지 수없이 반복되는 것이 인간관계라 할 수 있다. 인생은 관계에서 시작해서 관계로 끝난다고 해도 무방할 정도로 다양한 관계 속에서 살아가야 하는 것이다. 물론 사람마다 정도는 다르겠지만 어떤 이는 수많은 사람과 관계를 맺으려고 하는 반면, 어떤 이는 관계 맺는 것을 싫어하고 고립된 생활을 한다.

필자도 서울에서 직장생활을 하면서 다양한 사람과 관계를 맺고 어울려 지내는 생활에 익숙했는데, 10년 전부터 대학교로 직장을 옮기면서 지인이 거의 없는 대구에서 살게 되었다. 서울에 살 때는 그래도 마당발이라고 불릴 만큼 많은 사람과 인연을 맺고 모임도 여기저기 많이 쫓아다니기도 하면서 바쁘게 산 편이다. 그런데 대학교에 자리를 잡고 대구라는 지역에 살게 되면서부터 필자의 인간관계는 매우 제한된 상황 때문에 바뀌기 시작했다. 40년을 넘게 살던 곳에서 낯선 곳으로 생활 터전을 옮기게 되면서 모든 인간관계를 새롭게 시작해야 했다. 기존에 맺어 온 인간관계를 더 이상 유지하기가 어렵게 되었고 유일하게 갖는 모임은 고등학교 동창 모임이었다. 2시간의 이동 거리가 수십 년 또는 수년간 지속해 온 인간관계가 끊기게 된 원인으로 작용했다. 학교라는 울타리를 벗어나기 힘들었고 일상에 열중하다 보니 전화 연락도 뜸하게 되었다. "Out of sight, out of mind"라는 말이 있듯이 눈에서 멀어지면 마음에서도 멀어지게 된 것이다.

그러던 어느 날 트위터와 페이스북이라는 SNS(Social Network Service)를 접하게 되었고, SNS가 새로운 인간관계를 형성하는 데 커다란 역할을 하게 되었다. 예전에도 인터넷 시대 초기에 시작된 PC 통신이라는 채널을 통해 지금의 SNS와 유사한 네트워킹이 가능했지만, 그때는 오프라인의 일상생활이 더 중요하게 여겨져 사이버 세상의 네트워크는 현재와 같이 활성화되지 못했던 것 같다. 그런데 지금은 어떠한가? SNS를 통해 시작된 인간관계가 자연스럽게 오프라인으로 이어지고 다양한 모임까지도 형성하고 있다. 이러한 현상은 필자와 같은 상황을 맞이한, 즉 새로운 환경에서 새로운 생활을 시작하게 된 경우에만 나타나는 것이 아니라 생활의 환경이 변화되지 않은 사람들에게서도 나타나고 있다.

2000년대에 접어들면서 국내의 IT 기술은 급속하게 발달되었고, 2010년 이후 국내 인터넷 환경은 세계 최고라고 할 정도로 온 국민에게 빠르게 확산되었다. 국내에서 한때 잘 나가던 싸이월드가 젊은이들 중심으로 급속하게 확산되었다가 쇠퇴한 반면, 미국에서 시작된 트위터와 페이스북은 중장년층을 중심으로 시작되어 오히려 젊은 층이 뒤따르는 현상이 나타났다. 그럼 무엇이 이러한 현상을 초래한 것일까? 한 가지 큰 차이는 예전의 사이버 세상의 주인공들이 젊은 층이었다면, 트위터나 페이스북은 사회지도층 인사들, 즉 유명한 소설가, 연예인, 정치가, 대학교수, 기업인 등과 같은 오피니언 리더들이 주인공이라고 할 수 있다. 또한 예전의 사이버 세상이 젊은이들의 전유물처럼 여겨졌다면, 최근의 SNS는 청소년들부터 젊은 20~30대는 물론 중장년층까지의 모든 연령대와 다양한 직종의 사람들까지 그 사용자가 고루 분포되어 있다는 것이다. 더불어 모바일 매체들이 온 국민에게 빠르게 확산된 것이 이러한 현상을 가속화하였다.

필자가 이 책을 집필하게 된 직접적인 계기는 바로 소셜 미디어를 통한 인간관계의 확산이라고 할 수 있다. SNS는 왜 이렇게 빨리 전파되고 확산되는 것일까? 그것도 젊은 층보다 오히려 중장년층에서 확산이 더욱 빠르게 일어나는 이유는 무엇일까? 지금까지의 인간관계가 오프라인 중심의 관계에 머물러 있던 중장년층이 왜 더욱 빠르게 SNS에 적응하고 익숙해지는 것인가? 이러한 의문들이 인간관계와 관련된 심리학적인 호기심을 불러일으켰고, 더 나아가 연구하여 이 책을 집필하게 되었다. 물론 소셜 인간관계만을 다루기에는 아직 충분한 연구가 이루어지지 않았고 많은 자료도 축적되어 있지 않아 인간관계 전반을 다루었다. 그리고 인간관계 심리학을 통해 인생 전반에 걸친 인간관계 문제를 다시 살펴보았다.

인간관계 심리학 저서가 이미 많이 출판되어 있는데도 필자까지 인간관계 심리학을 저술한 이유는 소셜 미디어를 매개로 해서 점차 확산되는 인간관계 현상을 심리학적인 이론으로 설명해 보기 위함이다. 이 책『인간관계 심리학』의 제1부에서는 다른 인간관계 심리학 저서들에서 기술하고 있는 것과 마찬가지로 대인심리와 관련된 심리학적 기초 이론과 원리들을 다루었고, 제2부에서는 생애 단계별 인간관계에 관한 내용을 다루었다. 제3부에서는 다른 인간관계 심리학 저서들이 다루지 않은 소셜 네트워크 인간관계와 관련된 내용들을 다루었으며, 제4부에서는 인간관계의 진단과 개선 전략을 기술하였다.

이 책이 나오기까지 많은 분의 도움이 있었다. 소셜 미디어 연구를 위해 페이스북에 페이지를 만들고 의견을 물어보았을 때 좋은 연구 결과를 얻을 수 있게 도와준 페이스북 친구 분들께 먼저 감사의 말씀을 전하고 싶다. 또한 석사과정 학생들에게 고마움을 표하고 싶다. 원고 정리에 도움을 준 박지연과 이도이 양, 그리고 마지막까지 원고를 읽고 수정 작업을 도와준 김수환 군에게도 감사의 마음을 전한다. 밤마다 늦은 작업을 하는 데 격려해 준 아내에게 고마운 마음을 표하고 싶다. 이 책의 출판을 흔쾌히 수락해 주신 학지사의 김진환 사장님, 박용호 전무님께도 감사드린다.

계명동산에서
저자 씀

이 책의 소개

인간은 출생 후부터 시작해서 살아가는 동안 '관계'라는 연결고리 안에서 살아가게 된다. 우리를 둘러싸고 있는 주변 환경과 그 속에 있는 사람들과 어우러져서 살아가며, 그 사람들의 내면과 그 내면에 존재하는 자기 자신과의 싸움이라는 끊임없는 관계성을 지향하며 살아간다. 우리의 삶에 있어 사람과 사람 사이만큼 중요한 것은 아마도 없을 것이다. 왜냐하면 우리 삶의 행복과 불행이 그 사이에서 결정될 수 있기 때문이다. 우리는 태어나면서부터 인간관계 속에 놓이게 되고, 우리의 삶은 인간관계 속에서 펼쳐진다. 그 삶 속에서 우리가 해결해야 할 중요한 과제는 함께 살아가야 할 여러 집단의 사람들과 갈등 없이 친밀하고 호의적인 관계를 형성함으로써 우리의 삶을 풍요롭고 행복하게 만드는 일이다. 결국 삶의 문제는 인간관계의 문제라고 할 수 있다.

인간은 태어나면서부터 타인과의 관계 속에 던져지고 평생 타인과 관계를 맺으며 살아가야 한다. 따라서 인간관계는 사람과 사람 간의 상호작용이라고 할 수 있다. 광의적 의미에서 인간관계는 조직 속의 관계든 개인적인 관계든, 또는 갈등관계든 협력관계든 두 사람 이상의 상호작용이라 할 수 있다. 데이비스(Davis)는 인간관계를 조직 성원으로 하여금 조직의 한 구성원으로서 상호 협동적이고 생산적으로 어울릴 수 있도록 하고, 그들의 경제적·심리적·사회적 욕구를 충족해 주며, 전체적인 조직 상황에 적응할 수 있도록 그들을 통합시켜 나가는 작용이라고 정의하고 있다.

인간관계는 곧 인간의 삶에 관한 이야기다. 인간의 삶은 서로 간 관계의 연속이다. 인간은 서로에게 영향을 주고받으면서 살아간다. 우리는 하나의 인간으로서 생존하고, 정체성을 확립하기 위해 그리고 건전한 성격 발달을 이루기 위해 타인들과 상호작용하는 관계를 필요로 한다. 이러한 상호작용이 인간관계에 대한 이야기를 풀어 나가기 위한 최소 단위이자 실마리가 된다. 따라서 인간관계는 인간이 활동하는 어떤 사회적 장소에서나 형성될 수 있다.

삶에 있어서 인간관계만큼 복잡하고 어려운 것은 없다. 많은 사람이 인간관계 때문에 힘들어하고 고민한다. 인간의 심리적 갈등과 고통의 대부분은 인간관계의 문제에서 파생된다. 사람과 사람 사이에는 필연적으로 갈등과 다툼이 존재하고, 따라서 미움과 증오의 감정이 생겨난다. 인간의 기본적 욕구인 사랑과 애정의 욕구가 타인에게서 받아들여지지 않을 때, 우리는 우울, 불안, 절망을 경험하기도 한다. 고독과 소외를 두려워하는 것도 타인에게 버림받고 따돌림당하는 것처럼 마음의 상처가 되는 일이 없음을 너무나 잘 알기 때문이다. 미움, 증오, 우울, 불안, 시기, 질투, 배신, 거부, 고독, 소외 등의 감정은 인간관계의 어려움 때문에 빠질 수 있는 심리적 덫이다.

인간관계는 의식적이든 무의식적이든 목적의 토대 위에 성립된다. 흔히 사랑이 맹목적이라고는 하지만 이 역시 무의식적인 목적을 갖는다. 즉, 사랑하는 사람과 함께 있음으로써 자신의 행복을 무의식중에 바라는 것이다. 내가 상대방을 향한 나의 기대와 나를 향한 상대방의 기대가 무엇인지 모르고 있다면, 그래서 내가 맺은 인간관계가 나와 타인에 대한 이해를 기초로 한 인간관계가 아니라면 그것은 결코 바람직한 인간관계가 될 수 없다.

이처럼 인간관계는 삶의 중요한 영역이고, 최근에는 인간관계가 성공적인 인생을 살아가는 데 있어서 매우 중요한 요인으로 부각되고 있는 실정임에도 불구하고, 인간관계에 대해서는 아무도 가르쳐 주지 않는다. 각자 자신의 일상생활 속에서의 체험을 통해 터득해야 하는 것이 우리의 현실이다. 더욱이 인간관계는 너무 복잡하고 미묘하여 체계적으로 이해하고 효율적으로 실천하기 어려운 것도 사실이다. 그렇지만 심리학에는 인간 및 인간관계를 이해하기 위한 많은 지식과 인간관계를 향상시키는 데 필요한 많은 경험적 연구가 축적되어 왔다. 이러한 지식과 경험을 체계적으로 정리하여, 태어나서 죽을 때까지 한평생 필연적으로 맺어 가는 인간관계 속에서 성공적인 삶을 살아가는 데 도움이 될 수 있는 『인간관계 심리학』이라는 저서를 집필하였다. 최근에 우리 삶 속에 확산되고 있는 소셜 네트워크 인간관계는 기존의 인간관계 관련 저서들에서는 다루지 못한 이 책만의 차별적 내용이라 할 수 있다.

우리는 태어나면서 맺게 되는 첫 번째 인간관계인 부모와 자식 간의 관계를 시작으로 죽는 날까지 수많은 사람과 다양한 인간관계를 맺게 된다. 즉, 우리의 인간관계는 생의 발달 단계에 따라 변화하고 확장되어 간다. 생의 발달 단계에 따라 만나는 사람들이 달라지고 경험하게 되는 인간관계의 유형과 행태도 달라지는 것이다. 따라서 이 책에서는 우리가 요람에서 무덤까지의 삶의 전 과정에 걸쳐 경험하게 되는 인간관계의 유형과 그에 따라 작용하는 심리학적 원리들을 살펴보고 정리하였다.

우리는 태어나면서 가장 먼저 가족관계를 맺게 된다. 양육과정에서 부모와 자녀 관계가 매우 중요한 역할을 하게 되고, 이는 아이가 성장한 후 성인기에도 매우 큰 영향을 미치게 된다. 부모의 곁에 있던 아이들이 점차 또래 친구들과 관계를 맺게 되면서 인간관계의 중심이 서서히 친구관계로 옮겨 가게 되는데, 이러한 친구관계는 특히 사춘기인 청소년기에 큰 비중을 차지하게 된다. 성인기에 접어들어 자신의 진로를 결정하고 직업을 선택하게 되면 직장에서의 인간관계가 새롭게 형성되는데, 이는 남은 생의 거의 대부분을 차지할 정도로 중요한 관계가 될 수 있다. 직업을 가지고 사회생활을 시작하게 되면 경제적 독립과 함께 이성관계도 중요한 한 축이 되고, 결혼을 통해 형성하게 되는 새로운 가족은 직업과 함께 남은 인생의 주된 인간관계의 영역이 된다. 직장 내 인간관계와 부부관계가 어떻게 유지·발전되느냐에 따라 삶의 만족도가 좌우될 수 있기 때문에 인간관계는 매우 중요한 과제라 할 수 있다.

생의 발달 단계에 따른 인간관계와 함께 최근에 인터넷과 정보통신과 같은 디지털 기술의 급속한 발전으로 인해 급부상하고 있는 디지털 인간관계와 모바일 인간관계를 다루어 보고자 하였다. 이는 최근 전 세계에서 가입자 수가 매우 빠른 속도로 증가하고 있는 페이스북과 트위터와 같은 소셜 네트워크 서비스를 통한 새로운 형태의 인간관계 유형이다. 생의 발달 단계별 인간관계와는 관계없이 발달된 사이버 세상은 인간관계 자체에 일대 변혁을 일으키면서 우리가 살고 있는 현실 세계와는 또 다른 세상을 창조하고 있는데, 그 안에서 우리가 어떻게 소통하고 있으며 어떻게 관계를 맺고 발전시켜 나가는지를 알아보는 것 또한 매우 중요한 과제라 할 수 있다. 왜냐하면 사이버 세상과 현실 세계의 구분이 점차 사라져 가고 있기 때문이다.

이 책은 인간관계에 대한 심리학적인 이해, 생애 발달 단계별 인간관계와 사이버 세상을 통해 확산되고 있는 소셜 네트워크에 의해 형성되는 인간관계를 모두 포함하는 내용으로 구성되었다.

우선, 2000년대에 접어들면서 급변하는 사회 환경 속에서 점점 복잡해지고 있는 인간관계에 대해 심리학자들이 다양한 영역에서 지속적으로 다루어 온 연구들을 체계적으로 정리하는 데 의의가 있다. 급격하게 변화하는 사회 환경 속에서 우리를 둘러싼 대인관계 환경 또한 많이 달라져 있고, 뿐만 아니라 대인 간 커뮤니케이션 환경도 완전히 새롭게 변하고 있다. 따라서 이전의 전통적인 심리학적 관점의 인간관계 연구만으로는 최근의 변화 양상을 이해하기 힘든 실정이다. 그리하여 이에 대한 새로운 시도에 따른 연구 결과들을 체계적으로 분석하고 정리하는 것이 필요한 상황이라 할 수 있다.

최근 몇 년간 우리 사회에서는 각종 범죄와 자살, 여러 유형의 중독 현상이 크게 심각해졌는데, 이와 관련된 문제의 중심에 인간관계가 빠지지 않고 등장하고 있다. 그런데도 우리는 자기 자신의 인간관계에 대해서 스스로도 잘 이해하지 못하고 있는 부분이 많다. 인간관계에 대한 이해는 자기 자신을 이해하는 데서 출발한다. 이 책은 인간관계 속에서 자기 자신을 이해하고 상대방을 이해하는 데 많은 도움을 줄 것으로 판단된다.

인간관계에서 부적응을 보이면 다양한 관계 속에서 갈등을 일으키게 되고, 그것이 정신적·신체적 건강을 해치게 된다. 유아기나 아동기에 가족관계의 갈등을 경험한 사람은 성인이 되어 직장생활이나 사회생활을 할 때 여러 가지 부적응 현상을 겪게 되고, 결국 우울증과 같은 정신적 병리 현상이나 게임, 도박과 같은 중독에 빠질 수도 있다. 우리 사회의 다양한 인간관계 속에서 발생하는 갈등을 예방하고 좀 더 나은 인간관계로 발전할 수 있는 개선 방향을 제시하는 데 이 책이 작으나마 도움이 되었으면 한다.

최근 우리가 살고 있는 시대를 네트워크 시대라 할 정도로 인간관계의 중요성은 그 어느 때보다 중요해지고 있다. 인간관계의 유형도 빠르게 변화하고 있고, 인간관계의 형성 및 발전도 예전과는 다르게 이루어지고 있기 때문에 이러한 새로운 인간관계에 대한 이해와 조망이 더욱 절실한 시기라고 할 수 있다. 따라서 이 책이 이러한 측면에서 많은 연구자에게 새로운 연구를 촉발할 수 있으며, 또 다른 새로운 접근 방식과 시도로 새로운 연구 결과들을 도출해 내는 데 조금이나마 도움이 되었으면 한다. 아울러 인간관계에서 빚어진 갈등과 스트레스로 고민하고 있는 일반인들이 그러한 문제들을 해결하는 데도 보탬이 되길 바란다.

차 례

제1부 인간관계에 대한 심리학적 이해

제2부 생애 단계별 인간관계

제3부 소셜 네트워크 인간관계

제4부 인간관계의 진단 및 개선

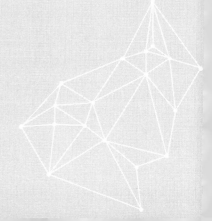

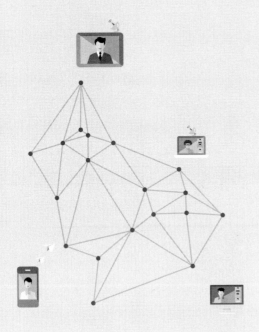

　인간은 태어나면서부터 다양한 인간관계를 맺게 된다. 즉, 출생 후부터 죽을 때까지 타인과
의 관계 속에서 살아간다. 부모와의 관계를 시작으로 형제자매 등과의 혈연관계, 학교를 들어
가면서 친구 및 교사와의 관계가 형성되고, 청소년기부터는 이성관계가 시작되기도 한다. 또한
직장생활을 하면서부터 직장 내, 직장 밖에서 다양한 사회적 관계를 맺게 된다. 그런데 빠르게
변화하는 사회 속에서 인간관계에 대한 본질적인 의미도 파악하지 못하고 지속적으로 보다 많
은 인간관계의 양과 질을 추구한다.

　21세기에 진입한 지 오래지만, 한국 사회를 관통하는 중요한 키워드는 여전히 인간관계와
인맥이다. 사람은 요람에서 무덤까지 인간관계와 인맥 속에서 살고 있다고 해도 과언이 아니
다. 오늘날 산업사회를 이끌어 가는 데 인맥은 중추적인 역할을 담당하고 있다. 멀리 갈 것도
없이 아침에 배달된 신문을 한번 펼쳐 보자. 1면의 정치 기사부터 마지막 연예오락 기사에 이
르기까지 온통 인간관계와 인맥에 대한 이야기들뿐이다. 이것은 부음 기사, 각종 인물들의 인
터뷰 기사에 이르면 가히 정점에 달한다.

　인간에게 필요한 제반 활동이 보다 효율적으로 수행되기 위해서는 인맥이라는 틀을 필요로

제1부

인간관계에 대한 심리학적 이해

하지 않을 수 없다. 사람들은 어떤 형태로든지 인맥을 통해서 생활하고 있다. 좀 더 구체적으로 말하면, 우리는 회사, 관청, 은행, 학교, 병원, 군대, 자선 단체 등과 관련을 맺으면서 일을 하고 있다. 이러한 인맥이 모여서 조직화된 사회를 이루고 있으며, 우리가 어느 조직에 속해 있느냐에 따라 그 조직에서의 성패가 달라지기도 한다.

한마디로 우리는 인맥 속의 인간, 즉 '인맥인'으로서 살아가게 된다. 인맥은 단순히 재화나 서비스만을 제공하는 도구에 그치는 것이 아니라 그 이상의 것으로서 우리 대부분이 생활하는 환경을 만들어 준다. 인간관계는 거미줄 같은 네트워크를 형성한다. 누구나 잘 알고 있고 또한 잘 인지하고 있다시피, 인맥의 영향력은 우리 생활 전반에 매트릭스적으로 종과 횡으로 연결되어 있다.

제1부에서는 인간관계의 정의와 유형을 살펴보고, 인간관계 전반에 걸친 다양한 현상에 대한 심리학적 설명을 기술하고자 한다. 즉, 대인동기와 대인신념, 대인지각 및 대인사고 그리고 대인기술에 대해 간략하게 살펴볼 것이다.

제1장 인간관계의 정의와 유형

사회가 점차 복잡해지고 다양화, 전문화가 가속화됨에 따라 사회 구성원인 개인들이 사회 각 분야를 이해하고 다른 구성원들과의 상호작용을 통해 접촉 기회를 갖는 것이 점점 더 어려워지고 있다. 인간관계란 타인과의 상호작용을 통해 이루어지는 사회화 과정으로서, 효과적인 인간관계는 그 관계에 참여하는 개인들에게 중요한 역할을 한다. 한 인간으로서 생존하기 위해, 정체감을 형성하기 위해, 그리고 건강한 성격 발달을 이루기 위해 우리는 타인들과 상호작용하는 관계가 필요하다. 이 장에서는 인간관계의 정의와 인간관계에 대한 이해의 필요성 및 다양한 인간관계 유형을 살펴보고 인간관계를 뒷받침하는 이론적인 접근에 대해 살펴보고자 한다.

1. 심리학을 통해 본 인간관계

심리학자들은 현대 심리학에 대한 학문적 정의로 '인간의 행동과 정신과정에 대한 체계적인 연구'를 일반적으로 받아들이고 있다. 이 정의는 심리학의 핵심적인 세 가지 요소를 포함하고 있다.

첫째, 심리학은 '인간'에 대한 궁극적인 이해를 목표로 하고 있다. 많은 인문학 또는 사회과학의 학문 분야들이 인간에 대한 이해에 기여하고 있다. 경영학은 경영자 또는 소비자, 신문방송학은 매체를 통한 의사소통자, 행정학은 정부 조직에서 조직 구성원, 법학은 범죄인, 정치학은 정치인과 투표 유권자의 측면에서 특정 분야와 상황에서의 인간에 대한 이해를 그 학문의 부차적인 목표로 하고 있다. 이러한 학문들은 경영, 통신 매체, 조직, 법, 정치 자체의 원리들에 더 관심을 가지고 있으며 그 속의 인간들은 연구의 부수적인 주제일 뿐이다. 반면, 심리학은 개별적 인간을 연구 분석의 단위로 삼으며 인간 자체를 연구의 주제이자 궁극적인 목표로 삼는다.

둘째, 심리학은 직접적인 관찰이 가능한 인간의 행동과 그 행동으로부터 간접적으로 추론이 가능한 정신과정을 다룬다. 세대에 따라 인간을 연구하는 방법에 차이가 있었지만, 일반적으로 인간의 심리적 활동은 제3의 관찰자가 직접 관찰할 수 있는 행동(예를 들어, 한 대학생이 매일 학교 앞의 한 식당에서 된장찌개만 시켜 먹는다-관찰 가능한 사실)과 직접적인 관찰은 불가능하지만 그러한 행동으로부터 추론할 수 있는 정신과정(예를 들어, 위의 대학생은 아마 그 된장찌개를 좋아할 것이다-그 된장찌개에 대한 긍정적 태도)을 모두 연구의 대상으로 하고 있다. 또한 쥐, 토끼, 원숭이 대상으로 한 다양한 심리학적 연구가 진행되고 있지만, 이는 윤리적 문제나 연구방법상의 한계 때문에 인간을 대상으로 한 직접적인 연구가 불가능할 때 그러한 연구들의 결과를 통해 인간 정신과정을 추론해 보고자 하는 궁극적인 목적에 근거하고 있다.

셋째, 심리학은 인간의 행동을 체계적이고 과학적으로 연구한다. 현대 심리학이 태동된 19세기 후반 이전에도 많은 철학자나 의학자가 인간의 행동과 정신과정에 대해 여러 가지 주장을 해 왔다. 또한 모든 인간은 일상생활 속에서 자신과 다른 사람들의 행동과 심리를 이해하고 예측하기 위해 노력하고 있다. 하지만 이러한 노력이 심리학으로 간주되지 못하는 이유는 그것이 체계적이고 과학적인 방법에 의해 실현되지 못했기 때문이다. 인간의 심리에 관한 대부분의 철학적 접근은 그 주장들의 진위 여부와 학문적 가치를 떠나, 흔히 검증될 수 없는 추상적이고 제안적인 수준에 머물러 왔다(물론 그와 같은 주장들이 현대 심리학이 이론적으로 발전하는 근거가 되었다는 것을 부인하는 것은 아니다). 또한 일반인들의 심리에 대한 이해는 대부분 많은 사람의 경험에 의해 누적된 인간 심리의 원리에 근거하지만, 그 원리 자체에는 관심을 가지지 않으며 심지어 그 원리를 인식하지 못하는 경우가 대부분이기에 학문의 수준에 이르지 못하고 있다.

현대 심리학은 이상의 세 가지 요소(인간에 대한 연구, 모든 인간의 행동과 정신과정을 포함한 연구 주제, 체계적이고 과학적인 방법)에 따라 규정되고 있으며 다른 학문들과 차별적 특성을 나타내고 있다. 그리고 이러한 심리학의 특성들은 심리학이 지난 100여 년 동안 빠르게 성장하는 데 밑거름이 되어 왔다.

2. 인간관계의 정의

1) 인간관계의 개념

인간은 태어나면서 죽을 때까지 타인과의 관계 속에서 살아간다. 인간관계란 타인과의 상호작용을 통해 이루어지는 사회화 과정으로서, 효과적인 인간관계는 그 관계에 참여하는 개인들에게 매우 중요한 역할을 한다. 한 인간으로 생존하기 위하여, 정체감을 확립하기 위하여, 그리고 건강한 성격 발달을 이루기 위하여 인간에게는 타인들과 상호작용하는 관계가 필요하다. 인간과 인간 사이의 원만한 화합을 통해 상호 간에 더욱 좋은 상태를 유지하기 위한 모든 것을 인간관계라 할 수 있다.

"혼자 살려면 신이 되든지 짐승이 되든지 둘 중 하나를 선택해야 한다."라는 탈무드의 한 격언을 빌려 오지 않더라도 인간에게 있어서 관계는 필연적이며, 운명적인 것이다. 즉, 인간은 태어나면서부터 타인과의 관계 속에 던져지고 일생 동안 타인과 관계를 맺으며 살아가야 한다. 따라서 인간관계는 사람과 사람 간의 상호작용이라고 할 수 있다. 광의적 의미에서 인간관계는 조직 속의 관계든 개인적인 관계든, 또는 갈등관계든 협력관계든 두 사람 이상의 상호작용이라 할 수 있다. 데이비스는 인간관계를 조직 성원으로 하여금 조직의 한 구성원으로서 상호 협동적이고 생산적으로 어울릴 수 있도록 하고, 그들의 경제적 · 심리적 · 사회적 욕구를 충족해 주며, 전체적인 조직 상황에 적응할 수 있도록 그들을 통합시켜 나가는 작용이라고 정의하고 있다.

인간관계는 곧 인간의 삶에 관한 이야기다. 인간의 삶은 서로 간의 관계의 연속이다. 인간은 서로에게 영향을 주고받으면서 살아간다. 우리는 하나의 인간으로서 생존하고, 정체성을 확립하기 위해 그리고 건전한 성격 발달을 이루기 위해 타인들과 상호작용하는 관계를 필요로 한다. 이러한 상호작용이 인간관계에 대한 이야기를 풀어 나가기 위한 최소 단위이자 실마리가 된다. 따라서 인간관계는 인간이 활동하는 어떤 사회적 장소에서나 형성될 수 있다.

인간관계는 둘 이상의 사람이 빚어내는 개인적이고 정서적인 관계를 가리킨다. 이러한 관계는 추론, 사랑, 연대, 일상적인 사업관계 등의 사회적 약속에 기반을 둔다. 이는 백과사전에 나와 있는 정의로, 집단생활 속의 성원 상호 간의 심리적 관계를 뜻하는 대인관계와는 구분되는 정의다. 인간관계는 우리가 사는 인생 속에서 만남을 통해 형성되는 관계인데, 이러한 만남은 스쳐 지나가서 아무런 관계도 맺지 않는 만남이 아니라 한 개인의 인격과 다른 개인의 인격이 만남을 의미한다.

한 사람이 일생을 살아가는 동안 필요한 요소들을 준비하는 것은 삶의 많은 부분을 차지하고 있으나, 현대인들이 타인과의 교류를 보다 안정적으로 경험할 수 있는 부분은 점차 축소되고 있다. 이는 물질적 풍요가 인간에게 초래한 하나의 부적절한 결과라고 할 수 있다. 실제로 인생을 살아가는 데 필요한 여러 가지 것을 준비하는 데는 많은 시간과 노력 등의 양적인 투자가 이루어지지만, 인간관계를 맺고 유지하기 위해서는 보다 질적인 노력이 필요하다.

인간은 혼자 살 수 없다. 즉, 인간은 타인과의 관계 속에서 의미를 가지며, 그 자체로 관계를 포함하고 있다. 아리스토텔레스가 "인간은 사회적 동물이다."라고 말한 것도 인간은 혼자서 살 수 없고 타인과 관계를 맺으면서 살아가는 존재라는 의미로, 사회의 구성원으로서 인간의 행동은 타인 또는 집단에 의해 영향을 받고 영향을 미치게 된다.

2) 인간관계의 내용

삶에 있어서 인간관계만큼 복잡하고 어려운 것은 없다. 많은 사람이 인간관계 때문에 힘들어하고 고민한다. 인간의 심리적 갈등과 고통의 대부분은 인간관계의 문제에서 파생된다. 사람과 사람 사이에는 필연적으로 갈등과 다툼이 존재하고, 따라서 미움과 증오의 감정이 생겨난다. 인간의 기본적 욕구인 사랑과 애정의 욕구가 타인에게서 받아들여지지 않을 때, 우리는 우울, 불안, 절망을 경험하기도 한다. 고독과 소외를 두려워하는 것도 타인에게 버림받고 따돌림당하는 것처럼 마음의 상처가 되는 일이 없음을 너무나 잘 알기 때문이다. 미움, 증오, 우울, 불안, 시기, 질투, 배신, 거부, 고독, 소외 등의 감정은 인간관계의 어려움 때문에 빠질 수 있는 심리적 덫이다.

이것은 인간만이 가지는 몇 가지 특성에 기인한 것으로, 요약하자면 다음과 같다. 첫째, 성장해 가면서 인간관계의 수가 많아지고 복잡해지기 때문이다. 둘째, 사람은 모두 다르기 때문이다. 셋째, 사람은 누구나 자신을 주인공으로 생각하고 세상에서 가장 중요한 존재로 간주하며 개인은 전체의 한 부분이라는 사실을 인정하는 데 인색하기 때문이다. 넷째, 사람은 자기 자신을 모를 뿐 아니라 상대방에 대해서는 더더욱 모르기 때문이다. 다섯째, 상대방을 신뢰하지 못하기 때문이다. 여섯째, 상대방에게 필요한 존재가 되지 못하기 때문이다. 일곱째, 적당한 거리를 유지하지 못하기 때문이다. 여덟째, 사람은 육체적 제약을 갖고 있음은 물론 각자의 경험이나 가치관, 인생관 등에 따라 주관적인 눈으로 세상을 바라보기 때문이다. 아홉째, 성숙도가 낮기 때문이다. 열째, 인간관계의 상대방에 대한 기대가 지나치게 크기 때문이다. 열한째, 바람직한 인간관계의 관리를 위한 기법의 이해가 부족하기 때문이다.

인간관계는 의식적이든 무의식적이든 목적의 토대 위에 성립된다. 흔히 사랑을 맹목적이라고는 하지만 이 역시 무의식적인 목적을 갖는다. 즉, 사랑하는 사람과 함께 있음으로써 자신의 행복을 무의식중에 바라는 것이다. 내가 상대방을 향한 나의 기대와 나를 향한 상대방의 기대가 무엇인지 모르고 있다면, 그래서 내가 맺은 인간관계가 나와 타인에 대한 이해를 기초로 한 인간관계가 아니라면 그것은 결코 바람직한 인간관계가 될 수 없다.

3. 대인관계에 대한 심리학적 접근

1) 대인관계의 중요성

인간은 사회적 동물로 타인과의 지속적인 교류를 통해서만 살아갈 수 있는 존재다. 클링거(Klinger, 1977)는 거의 모든 사람이 자신이 사랑받고 있으며 자신을 필요로 한다는 것을 느끼는 것이 중요하다고 지적한다. 매슬로(Maslow)는 인간이 기본적으로 다섯 가지 종류의 기본적인 욕구[생리적 욕구, 안전 욕구, 사회적 욕구(사랑과 소속감에 대한 욕구), 자존의 욕구, 자아실현의 욕구]를 가지고 있다고 주장하였는데 그 세 번째 단계의 욕구가 바로 사회적(사랑과 소속의) 욕구다. 이러한 기본적인 욕구들을 충족하기 위해 인간관계는 아주 중요하다. "모든 참된 삶은 만남이다." 인간에서 한자로 '人'은 두 사람이 서로 맞대고 있는 형상이며, '間'은 관계를 의미한다. "인간은 사회적 동물이다."라는 말은 인간이 관계 속에서 살며, 관계야말로 삶의 현실이고 본질이라는 것을 말해 준다.

아이는 부모의 관계에서 태어난다. 열 달 동안 엄마 배 속에 있으면서 완전히 엄마에게 의존한다. 존재하기 위하여 엄마에게서 모든 것을 공급받는 것이다. 이 세상에 태어나면 처음으로 엄마의 몸에서 떨어져 나와 스스로 호흡을 한다. 그래도 엄마가 안아서 젖을 주고 기저귀를 갈아 주어야 한다. 여전히 엄마에게 의존해야 한 곳에서 다른 곳으로 움직일 수 있다. 기어 다니고 걸음마를 하면서 스스로 이동할 수 있게 되고, 어설프지만 스스로 숟가락을 써서 먹을 수 있게 된다. 그러나 엄마가 칫솔질을 해 주어야 하고, 목욕을 시켜 주어야 하며, 손톱과 발톱을 잘라 주어야 한다. 스스로 머리를 감고 목욕할 수 있을 때 필수적인 외적 돌봄은 거의 끝나고, 아이는 스스로 자신을 돌볼 수 있게 된다. 이처럼 아이가 생존하기 위해서는 관계가 필요하다.

그런데 외적인 돌봄과 병행하여 아이의 내적 성장·발달 또한 계속 일어난다. 아이와 엄마는 끊임없이 정서적 유대관계를 가지게 된다. 엄마는 아이와 눈 맞춤을 하고, 아이의 옹알이에 끊임없이 대꾸한다. 아이는 엄마의 토닥임에 만족을 표현하고, 엄마는 아이의 작은 반응마다 큰 의미를 부여하며 반응한다. 아이는 엄마와 주위 사람들을 통하여 언어를 배우고, 사람들과 상호작용하는 기술을 배우고, 지능이 발달한다. '착하다' '예쁘다' '똑똑하다' '잘한다' '남자는 ~야지' '여자는 ~야지'와 같은 말을 들으며 아이는 스스로 괜찮은 존재, 사랑받는 존재, 남자 또는 여자로서의 정체감과 자존감을 형성하게 된다. 이렇게 엄마, 아빠, 주위 사람들과의 경험을 통하여 나를 정의 내리게 되고 나의 존재를 확인하게 된다. 이런 의미에서 아이의 출생을 귀찮아하거나 아이와 눈도 안 맞추고, 웃지도 않으며, 반응도 잘 안 하고, 부모 역할에 대한 잘못된 인식을 가진 부모에게서 "바보 아니야?" "갖다 버릴까 보다." "이런 것도 못하니?" "여자가 뭐……." "남자가 돼서…… 쯧쯧." 등의 말을 들으며 자란 아이는 자신에 대하여 어떻게 생각하고 느낄까 걱정된다. 개인이 건강한 자아정체감과 자아존중감을 형성하기 위하여 대인관계는 필수적이다.

유치원, 초등학교, 중·고등학교, 대학교를 다니며 친구들과 선생님들을 만나고 더 큰 세계로 나아가게 되면서, 대인관계는 폭이 넓어지고 복잡해진다. 어떤 친구를 만났나, 어떤 선생님을 만났나가 삶의 방향을 바꾸어 놓을 수도 있다. 학교에서 배우는 지식을 통해서보다 어쩌면 많은 대상을 만나 새로운 역할을 배우고 대인관계를 맺음으로써 삶의 질이 달라질 수 있다. 요즈음 초·중·고등학교에서 소위 '왕따'를 당하는 학생들의 비참한 생활이 알려지고 있다. 대학에서도 친구를 잘 사귀지 못하고 외톨이가 되어 대학생활에 어려움을 겪게 되고 결국 학업을 중단하는 일이 심심치 않게 일어나고 있다. 하다못해 친구가 있어야 정보도 얻고 공부를 잘할 수 있게 된다.

이와 같이 우리는 태어나면서부터 대인관계 속에서 살게 된다. 부모와 자식, 형제자매, 선생과 제자, 친구, 연인, 부부, 직장에서의 상관, 동료, 부하, 이웃, 친척 등, 관계를 제외한 삶을 상상할 수 있을까? 나와 너의 관계가 없다면? 나는 어디에? 무인도에서 혼자 산다면 관계도 없으며 개인의 특성인 성격이라는 것도 있을 수 없다. 지도력이 있다면 혼자서 무슨 지도력? 인내심이 있다면 혼자서 무슨 인내심? 나와 너의 관계를 통하여 나를 알게 되고 너를 알게 되며 또 우리를 알게 되는 것이다. 상담에서는 대인관계가 가장 자주 등장하는 문제다. 심리적 문제, 적응 문제들이 대인관계에서 가장 잘 드러나기 때문이다. 나를 있는 모습 그대로 인정하고 수용하는 사람이 이 세상에 한 사람이라도 있다면 결코 자살을 하지 않는다고 한다. 따뜻한 대인관계를 통해 우리는 인간일 수 있고 인간이 될 수 있다.

다원화된 사회에서 현대인들은 바쁘게 살아가고 있다. 이러한 현대인이 공통적으로 겪는 마음의 병은 '고독'이다. 대다수의 사람이 마음속에 가지고 있는 '외롭다' '나 혼자다' '의지할 곳이 없다' '믿을 사람이 없다' '나를 알아주는 사람이 없다' '쓸쓸하다' 등의 감정은 고독을 불러일으키고, 일부는 우울증과 자살로 이어지는 병리적인 현상까지 보이고 있는 실정이다. 경제적인 여유가 있고, IT 기술이 발전함으로써 사람들 간의 접촉이 증가하고 짧은 시간에 많은 사람과 만날 수 있게 되었다. 그러나 이러한 만남은 질적인 수준에서는 피상적인 수준에 머무는 경우가 많으며 오히려 인간관계에서 고립을 초래하기도 한다.

2) 대인관계 이론

사람과 사람이 처음 만날 때는 어떤 일이 일어날까? 그 심리적 과정을 사회심리학적 입장에서, 그리고 이러한 현상이 일어나기까지의 개인의 특성을 성격심리학적 입장에서 간단히 설명하기로 한다.

(1) 사회심리학적 입장

사람이 책상을 지각할 때는 일방적이다. 책상은 책상이지 그 이상도 그 이하도 아니다. 만약 책상을 걸상으로 지각한다면 그 사람은 정상인이 아닐 것이다. 그러나 사람이 사람을 지각할 때는 양방적이다. 상대방이 나를 보고 미소 지으면 나도 미소로 답하게 된다. 상대방이 무뚝뚝한 표정을 보이면 나도 머쓱하게 대하게 된다. 사실 상대방이 나를 보고 미소 짓는다고 지각하기 전에 내가 먼저 나도 모르게 미소를 보냈을 수도 있다. 이와 같이 대물지각과 대인지각은 다르다.

또한 대인지각에서는 외적 단서에서 내적 특징을 유추하려는 경향이 있다. 정장을 입은 사람은 보수적으로, 청바지를 입은 사람은 자유로운 사람으로 추측한다. 얼굴 생김새, 말투, 옷, 표정에서 어떤 행동 단서를 찾아 상대방의 내적 특징을 유추하려고 한다. 미인은 왠지 마음도 착할 것 같고, 못생긴 사람은 심술이 있을 것 같다(이 현상을 후광 효과라 한다). 이렇게 사람이 사람을 만났을 때 제일 처음 일어나는 현상이 인상 형성이다. 우리는 좋은 인상을 주려고 애쓴다. 요사이 얼굴 성형 수술이 유행하는 것도 이런 이유가 많다. 인상 형성에서 핵심이 되는 특성은 '따뜻하다' 또는 '차다'로 알려져 있다. 즉, 따뜻한 인상인가, 찬 인상인가는 '좋은 사람, 나쁜 사람' 또는 '내 편인가 아닌가'와 함께 작용한다. 상대방의 나이, 고향, 학력, 사회경제적 지위가 나와 유사할 때 일반적으로 자신과 비슷하리라는 가정을 하는 경향이 있다. 우리는 외모 및 신체적으로 매력이 있는 사람, 성격이 좋은 사람, 나와 가치관 및 관심이 비슷한 사람, 나와 친한 사람과 그와 친한 다른 사람, 나에게 보상이나 이익을 주는 사람, 가까이 있어 자주 만나는 사람에 대해 더 호감을 느낀다.

우리는 사람의 행동이나 결과에 대한 원인을 여러 가지 방식으로 귀인한다. 사람들은 자신의 행동에 대해서는 '그 상황에서 어쩔 수 없었다' 등과 같이 외부적 요인에 귀인하는 경향이 있는가 하면, 다른 사람들의 행동에 대해서 '성격이 못 돼서' 등과 같이 내부적 요인에 귀인하는 경향이 있다. 때로 사람들은 자신의 행동의 결과가 좋으면 내부적 귀인을 하는 반면, 행동의 결과가 좋지 않으면 외부적 귀인을 하는 경향이 있다. '잘되면 내 탓, 못 되면 조상 탓'이라는 말이 이런 경향을 나타낸다.

상대방의 드러난 행동을 보고, 있는 그대로 받아들이기보다 상대방의 동기를 비난하는 경우도 있다. 문제는 그 상대방의 동기라는 것이 자기 마음의 투사인 경우가 많다는 것이다. 반면에, 자신의 행동에 대하여는 상대방이 나의 행동만 보고 다 좋은 의도로 받아 주고, 혹시 잘못된 행동이 있다면 단순한 실수로 받아 줄 것을 기대한다.

대인관계는 역할로 맺어지는 경우가 많다. 사회적으로 나에게 기대되는 역할, 예컨대 교수이면서, 전문 분야 학회의 회원이면서, 심리상담자이면서, 아내, 엄마, 레지오 단원 등으로서 기대되는 역할이 있다. 내가 생각하는 교수 역할이 학생이 생각하는 교수 역할과 달라 갈등이 일어날 수도 있고, 교수와 엄마의 역할 사이에서 갈등이 있을 수도 있으며, 어느 한 역할에 지나치게 몰두하여 갈등이 생길 수도 있다. 사람들은 역할과 역할로 서로 관계를 맺는다. 사회교환 이론은 인간관계를 경제적 이론으로 보는 관점인데, 우리가 베푼 것과 얻는 것 간의 공평한 교환을 기대하면서 타인과 관계를 맺는 경향을 말한다. 보상과 대가는 주관적 평가에 의하며 사람들은 적은 대가로 많은 만족을 얻을 수 있는 관계를 원한다(이수식, 장미옥, 진복선, 2004).

(2) 성격심리학적 입장

우리는 "첫인상과는 다른 사람이더군." 또는 "오래 사귀면 정말 그분의 진가를 알 수 있지." 등의 말을 한 경험이 있을 것이다. 사회심리학적 입장은 주로 사람과 사람이 만날 때 즉시적으로 일어나는 현상 또는 표면적으로 나타나는 현상에 초점을 맞춘다. 그러나 이 표면적인 현상 뒤에는 각 개인의 특성이라는 배경이 있고, 모든 대인관계의 시작은 결국 개인의 특성으로부터 시작된다. 한 개인의 특성, 즉 개인의 행동과 생활양식에 대한 이해는 성격이론으로 가능하다. 인간은 매우 복잡한 존재이기 때문에 성격이론도 인간을 보는 시각에 따라 다양하다. 심리적 이론은 종교나 철학과 달리 인간에 대한 과학적인 연구를 통하여 밝혀진 사실들에 기초하여 이론이 성립된다. 인간 이해에 대한 대표적인 성격이론으로는 프로이트(Freud)의 정신분석학적 이론, 로저스(Rogers)와 매슬로(Maslow)를 대표로 하는 인본주의적 이론, 왓슨(Watson)과 스키너(Skinner)를 대표로 하는 행동주의적 이론이 있다.

① 정신분석학적 이론

프로이트가 시작한 정신분석학은 성격 발달에 대한 이론이자 인간 본성에 관한 철학이며 심리치료의 한 방법이기도 하다. 정신분석의 전제를 간단히 말하면, 인간의 모든 행동에는 비합리적인 힘, 무의식적 동기가 있으며 생애 첫 5년 동안의 주요한 심리성적인 경험이 개인의 성격을 결정한다는 것이다. 인간의 본능적인 욕구와 충동을 얼마나 만족스럽게 해결하는가가 이 무의식의 내용을 결정하게 된다. 무의식의 내용은 자유연상이나 꿈 해석, 전이 해석 같은 특별한 기법을 통하여 알 수 있다.

무의식과 의식이 통합되지 못하였을 때, 쉽게 말하면 겉과 속, 진짜와 가짜가 큰 차이가 있을 때 우리는 스스로 통제하기 힘들어져 원하지 않는 행동을 의식하지 못한 채 자신도 모르게 하게 된다는 것이다. 나도 나 자신의 무의식을 모르고 행동을 하고 있지만, 상대방도 그의 무의식을 모르고 행동을 한다. 나와 상대방이 이러한 무의식을 바탕으로 관계를 맺는다고 가정하면 대인관계의 역동은 참으로 복잡하고 어려워진다.

　　프로이트 이후 정신분석의 발달과정에서 애착이론과 대상관계 이론은 특별히 중요하다. 대인관계는 이미 생애 첫 1년, 적어도 첫 3년 동안 애착 대상과의 관계로부터 시작된다는 주장이다. 볼비(John Bowlby)의 애착이론에 의하면, 영아가 어머니와 안정된 애착을 하게 되면 어머니는 보호와 안전을 제공하는 신뢰할 수 있는 인물로 지각된다. 어머니는 안전 기지이며 안식처이고 따라서 영아는 위협이 있을 때 어머니를 찾아 위로를 받고 안심을 하는 것이다. 반면에 영아와 어머니 관계가 불완전할 때는 영아가 어머니를 안전 기지나 안식처로 여기지 못하고 위안을 받으려 하지 않거나 분노를 나타낸다. 이러한 애착 양식은 어머니로부터 자녀에게 이어지며 초기에 형성된 애착관계가 비교적 일생을 통하여 대인관계에서 반복·지속된다. 안정된 애착 유대가 중요한 것은 궁극적으로 애착 대상으로부터 독립하여 내면화된 애착 유대에 대한 신뢰를 바탕으로 정서 조절과 여러 가지 대처 기술을 가지게 되기 때문이다.

　　대상관계 이론도 프로이트 이론과 달리 인간의 근본 동기를 관계를 맺고자 하는 욕구로 본다. 말러(Margaret Mahler)는 생후 3년 동안 아동은 양육자와의 공생관계를 떠나 분화/개별화 과정을 거쳐 심리적 독립을 하게 된다고 주장한다. 분화를 경험하지 못하고, 자신에 대한 자부심이나 타인을 이상화할 기회를 가지지 못한 아동은 후에 자기애적 성격장애나 자존감 문제로 고통받을 수 있다. 개별화가 좌절된 경험을 가진 아동도 경계선 성격장애, 충동 통제의 어려움, 타인에 대한 몰이해 등의 특징이 있다.

　　초기에 부모로부터 떨어져 자란 내담자들에게서 위와 흡사한 증상을 많이 본다. 첫 3년간 부모로부터 건강한 사랑을 받은 사람들이 독립적이고 정신적으로 건강하며, 부모로부터 건강하지 못한 사랑을 받은 사람들은 안정된 애착관계가 형성되지 못하고 분화/개별화 과정이 제대로 이루어지지 못하여 의존적이고 부적응 문제를 갖는 경우가 많다.

② 인본주의적 이론

모든 유기체는 태어날 때부터 잠재력을 갖고 있으며 이 잠재력을 실현하려는 경향이 있다. 인간에게는 이것이 자아실현을 하려는 경향을 말하는데, 자아실현만큼이나 중요한 것이 주위의 중요한 인물, 보통은 부모로부터의 인정과 사랑이다. 부모의 인정과 무조건적 사랑을 받으며 자신의 잠재력을 발휘하게 될 때, 아동은 막힘없이 건강하게 성장하고 자아실현으로 향하게 된다. 그러나 부모가 자신의 욕심 때문에 조건 있는 사랑을 주고, 자신이 기대하는 것을 했을 때만 인정을 할 때, 갈등이 일어나고 성장에 장애가 발생하며 자아실현이 어렵게 된다. 자아실현에 도움이 되는 경험을 유기체적 경험이라고 하고, 부모에게 인정을 받기 위한 조건들을 가치의 조건화라고 한다.

부모로부터 존중과 사랑을 받고 유기체적 경험을 하며 자아실현을 하는 정도에 따라 자신과 타인 그리고 자신이 경험하는 세계, 즉 현상적 장에 대한 지각의 정확도가 반영된다. 부모로부터 조건적 사랑을 받고 자신의 잠재력을 발휘하지 못하여 자아실현에 장애가 생긴 만큼 자기와, 타인과 자신이 경험하는 현상적 장을 왜곡하여 지각한다.

인본주의 입장에서는, 나무가 잘 자라기 위하여 필요한 조건이 수분, 햇빛, 영양분이듯이 사람에게 자기실현을 위해 필요하고 충분한 조건은 진실성, 무조건적 존중, 공감적 이해라는 태도의 경험이라고 본다. 매슬로는 자아실현을 한 사람은 효율적인 현실 지각력이 있고, 자신과 타인을 수용하며, 자발적이고 자연스러우며, 문제 중심적이고, 사생활과 독립의 욕구가 뚜렷하며, 자율적이고, 민주적 성격을 가지고 있고, 사회적 관심이 많으며, 창의성이 있고, 몇 사람과 깊은 우정을 나누며, 유머 감각이 있고, 신비 체험 또는 절정 경험을 하며, 수단과 목적 및 선과 악을 분명히 구별하며, 문화적 동화에 저항하는 특징이 있다고 하였다.

③ 행동주의적 이론

행동주의적 이론에서는 인간의 행동이 환경 자극의 조작으로 형성된다고 주장한다. 고전적 조건형성은, 기분 좋은 자극 또는 나쁜 자극과 짝짓기를 반복하면 본래 아무런 의미가 없던 자극도 기분 좋은 자극 또는 나쁜 자극으로 작용한다는 것이다. 조작적 조건형성은 특정한 행동 후에 뒤따르는 보상과 처벌을 통하여 행동이 습득된다는 것이다. 행동주의 입장에서 성격이란 태어나 성장하면서 이 고전적 조건형성과 조작적 조건형성으로 학습된 모든 행동의 총합이라고 볼 수 있다.

성격이 고전적 조건형성과 조작적 조건형성으로 학습된 모든 행동의 종합이라고 보는 이런 증상은 고전적 조건형성과 조건의 일반화 현상으로 설명할 수 있다. 기차의 기적이 공포와 조건형성이 되었고, 그 기적이 천둥소리, 비 오는 날로 자극의 일반화가 일어나 비 오는 날이 왠지 모르게 두렵고 불안하였던 것이다. 끊임없는 관심과 칭찬이라는 보상을 주었을 때, 학생이나 자녀의 행동이 변하고 새로운 사람이 되는 예는 주위에서 많이 볼 수 있는데 이는 조작적 조건형성의 좋은 예가 된다.

행동주의를 기초로 출발하여 최근 각광을 받고 있는 새로운 이론은 사회학습이론, 인지이론이 있다. 반두라(Bandura)는 인간이 내적 힘에 좌우되는 것도 아니고 환경의 영향에 무력하게 휩쓸리지도 않는다고 본다. 그보다 개인적 요인, 행동 그리고 환경 자극의 복잡한 상호작용의 반복으로 행동 패턴이 형성되고 성격이 형성된다는 것이다. 미셸은 사람들이 환경과 상호작용을 할 때 능동적으로 인지적 조직화에 참여한다고 강조한다.

④ 자아개념

성격이 어떻게 형성되는가는 여러 성격이론으로 설명이 가능하겠지만, 어느 성격이론에서도 가장 중요한 것은 자아개념이다. 심리학에서 그 개념은 이론적 배경에 따라 다르게 설명되고 있으나, 일반적으로 자아개념이란 한 개인이 자기 자신에 대하여 가지는 지각의 총체라고 할 수 있다. 'I'와 'me'의 인식과 이와 관련된 신념, 태도, 감정 등으로 구성된 개인의 독특한 체제라고 할 수 있다. 자아개념이 자기에 대한 인지적 지각이라면 자아존중감은 자기에 대한 감정이다. 한 개인의 입장에서 볼 때 지금 현재 나 자신에 대하여 갖는 자아개념, 자아존중감이란 쉽게 이해하자면 내가 나에 대해 어떻게 생각하고 느끼는가다. 자아개념이나 자아존중감은 성장하면서 획득한다. 매우 주관적이지만 다른 사람, 특히 의미 있는 사람들과의 상호작용에서 그들이 나를 어떻게 대하고 어떻게 생각하는가에 많은 영향을 받는다. 사람들은 자신의 자아개념을 확고히 하려는 경향이 있기 때문에, 예컨대 자신이 모범생이라고 생각하는 사람은 항상 모범적이다. 그 결과 모범생으로 다시 확인된다.

각 개인이 자신에 대해 갖고 있는 자아개념, 자아존중감은 대인관계에서 상호작용을 하는 데 기초 재료가 된다. 긍정적이고 안정적인 자아개념을 가질 때, 나는 참 괜찮은 사람이라고 생각하고 느낄 때, 대인관계에서 주체성을 가지고 나와 너 그리고 우리 관계를 객관적으로 볼 수 있게 된다. 자아개념이나 자아존중감은 자기 충족적인 예언(self-fulfilling prophecy)과 같은 기능을 한다. 이는 말이 씨가 된다는 속담처럼 세상 일이 우리가 믿고 예견한 대로 되어 가는 것처럼 느끼게 되는 현상이다. 어떤 사람은 "나는 대인기피증이 있어." 하며 자신이 사람을 잘 만나지 않는 행동을 합리화하는데, 대인기피증이 있어 사람을 피하는 것이 아니라 사람을 피하기 때문에 그런 라벨이 붙은 것이다.

제2장 대인동기와 대인신념

우리 인간은 누구나 동기와 욕구를 가지고 있으며, 이를 충족하기 위하여 각자 나름대로 노력하면서 살아가고 있다. 사람들은 왜 열심히 일하고, 먹고, 싸우고, 친교를 맺고 갈등을 일으키며, 때로는 모험과 스릴을 즐기는가? 동기란 인간에게 어떤 행동을 하게 하고 그 행동을 지속시키는 원동력을 부여하며 특정한 목표를 이룰 수 있도록 행동에 방향성을 부여하는 내적인 힘이라고 할 수 있다. 동기이론은 인간이 왜 그렇게 행동하는가에 대한 설명인데, 인간의 행동은 다양하기 때문에 모든 행동을 설명할 수 있는 동기이론이란 있을 수 없다. 인간은 겉으로 드러나는 행동만으로 또는 의식적인 동기만으로 모든 행동을 이해할 수 없기 때문에 행동의 원인을 설명하는 많은 동기이론이 존재하지만 그 어느 것도 인간의 다양한 행동을 설명하는 데는 충분하다고 볼 수 없다. 따라서 우리의 인간관계와 관련된 동기이론도 다양하다고 할 수 있다. 인간이 가지고 있는 동기나 욕구는 인간관계에 어떤 식으로든 영향을 미치게 된다. 우리는 인간관계 속에서 자신의 욕구를 충족하기 위한 방식으로 행동을 하기 때문이다. 그러므로 대인동기를 언급하기 전에 인간의 다양한 동기에 대해 먼저 간략하게 살펴볼 필요가 있다.

1. 동기란 무엇인가

심리학에서 동기는 매우 중요한 인간의 심리적 기제로 다루어져 왔다. 우리 인간이 동기가 없으면 생존하기가 어렵기 때문에 무엇인가가 인간으로 하여금 생존하는 데 필요한 행동을 하게 한다는 가정을 하고, 많은 심리학자는 이를 동기라는 개념을 사용해서 설명하고 있다. 동기란 무엇인가라는 물음에 많은 심리학자는 인간이 어떤 특정한 목표를 향해 행동하게 하는 내면적 원동력이라고 정의한다. 일반적으로 인간은 사고와 판단을 한 후 행동을 하게 되는데, 인간의 모든 행동은 의식적인 생각을 통해서만 이루어지는 것이 아니라 의식적인 생각 없이도 이루어진다. 이렇게 사고과정이 개입되지 않고 일어나는 인간의 행동을 설명해 주는 것이 바로 동기라는 개념이다. 배가 고프면 음식을 찾고, 갈증이 생기면 음료수를 찾고, 매력적인 이성을 보면 성적 흥분을 하게 되는 것은 사고과정의 개입 없이 동기가 작동되기 때문이다. 이러한 동기와 유사하게 사용되는 용어로 흔히 욕구(need), 갈망(desire), 추동(drive), 충동(impulse), 본능(instinct) 등을 들 수 있다.

그럼 이러한 동기의 기능은 무엇일까? 일반적으로 동기의 기능은 크게 세 가지로 구분해 볼 수 있다. 첫째, 동기는 목표 지향적인 행동을 유발한다. 목표 달성을 위한 특정 행동을 하게 하는 행동의 방향을 결정한다. 즉, 목이 마르면 밥을 찾지 않고 물을 찾게 한다는 것이다. 둘째, 동기는 목표 지향적 행동을 지속하게 하는 추진력(에너지)을 제공한다. 즉, 목이 마를 때 마실 것을 찾지 못하게 되면 마실 것을 찾을 때까지 계속 찾게 한다는 것이다. 셋째, 동기는 목표 지향적 행동을 조절하게 한다. 즉, 목이 마를 때 물을 마시게 되면 갈증이 해소되고 더 이상은 물을 찾지 않게 한다는 것이다. 이렇듯 동기는 목표 지향적인 행동을 정확하고 지속적으로 하게 할 뿐만 아니라 그 목표가 달성되면 더 이상 그 행동을 하지 않게 하는 기능을 한다.

동기는 몇 가지 원인에 따라 구분해 볼 수 있다. 우선, 생리적 동기와 심리적 동기로 구분할 수 있다. 생리적 동기는 태어날 때부터 누구나 가지고 있는 선천적 동기로, 종족의 생존과 진화에 필수적인 생물학적 욕구를 포함하고 있다. 반면에, 심리적 동기는 생리적 동기와는 달리 유전적 요인에 근거하지 않고 학습의 결과로 나타난다. 즉, 이는 모든 사람이 공유하지도 않고 동일하게 나타나지도 않으며 사람마다 다른 환경과의 상호작용 과정에서 학습의 결과로 발생한다. 또한 동기를 선천적 동기와 후천적 동기로 구분할 수도 있다. 선천적 동기는 유전에 따라 결정되는 것인 반면 후천적 동기는 학습의 영향, 특히 어떤 경험을 하게 되느냐에 따라 달라지는 것이다. 맥도갈(McDougall)과 같은 사회심리학자는 선천적 동기를 인간의 군집성과 같은 본능이라고 보기도 하지만 다양한 행동으로 융통성 있게 나타나기 때문에 본능과는 구별된다고 본다. 대인동기는 후천적 경험으로 학습된 것들이 많으며, 선천적인 동기가 경험에 의해 강화 또는 약화되거나 변형된 것이기도 하다. 특히 부모의 양육 태도가 아동의 대인동기에 중요한데, 이는 아이가 대부분의 기본적 욕구를 충족하기 위해서는 부모에게 의존을 해야 하기 때문이다. 따라서 부모가 이를 적절히 잘 충족해 주면 부모와 타인들에 대한 대인동기가 긍정적으로 학습될 수 있다. 그러나 이러한 욕구들이 좌절되면 부모와 타인들에 대해 회피적이거나 적대적인 대인동기가 발달될 수도 있다.

다양한 동기는 서로 밀접한 관계를 가지고 있으며 체계적으로 발달하는데, 이러한 동기에 위계가 있다고 한 사람이 바로 동기의 위계 발달론을 주장한 매슬로

생리적 동기	심리적 동기	선천적 동기	후천적 동기
• 생리적 근거 분명 • 출생 시부터 존재 • 개체와 종족 보존 • 생리적 욕구 • 번식 욕구	• 학습의 영향 • 개인차 존재 • 동기 충족 방법도 개별적	• 유전 • 인간의 군집성 • 본능과는 구별	• 후천적 학습 • 경험의 영향 • 부모의 양육 태도가 아동의 동기에 영향

[그림 2-1] 동기의 분류

(Maslow, 1954, 1970)다. 그는 인간의 동기를 다섯 단계로 구분하고 다섯 가지의 동기가 위계적으로 되어 있다고 하였다. 가장 낮은 단계의 동기는 생리적 동기로 물, 음식, 공기와 같이 인간의 생존에 필수적인 것들을 공급받기 위한 일차적 동기다. 두 번째는 안전의 동기로 위험으로부터 보호받고 안전하고 편안한 삶을 지속하려고 하는 동기다. 세 번째는 소속감과 사랑의 동기로 자신에게 의미 있는 집단에 소속되고자 하고 타인들과 사랑을 나누고 친밀한 관계를 맺고 싶어 하는 동기다. 이는 대인동기의 원동력이 된다고 할 수 있다. 네 번째는 자기존중감의 동기로 자신이 가치 있고 인정받는 존재라는 것을 느끼고자 하며 타인들로부터 존경받고 싶어 하는 동기다. 마지막은 가장 상위에 위치한 자아실현의 동기로 자신의 잠재능력을 충분히 발휘하고자 하는 동기라고 할 수 있다.

매슬로는 이 다섯 가지의 동기를 위계적으로 분류하고 하위 단계의 동기에서 상위 단계의 동기로 발달한다고 하였으며, 하위 욕구가 충족되어야 상위 욕구로의 발달이 진행되고 하위 욕구가 충족되지 않으면 상위 욕구가 발달되지 않는다고 하였다.

앨더퍼(Alderfer)는 E · R · G 이론에서 매슬로의 5단계 욕구를 3단계로 축소하

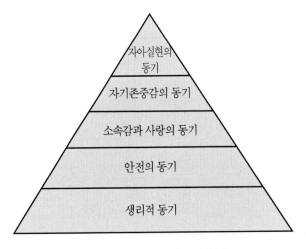

[그림 2-2] 매슬로의 동기 위계

여 이를 생존(existence) 욕구, 관계(relatedness) 욕구, 성장(growth) 욕구라 하였다. 생존 욕구는 생리적 욕구＋물리적 안전 욕구라 할 수 있으며, 관계 욕구는 대인관계에서의 안전 욕구＋애정 욕구＋대인관계에서의 존중 욕구로 볼 수 있고, 성장 욕구는 자기실현 욕구로 볼 수 있다. 그는 특정 욕구가 덜 충족될수록 그 욕구에 대한 갈망은 더 강해지고, 한 욕구가 충족되면 상위 욕구가 일어나며, 상위 욕구의 충족이 좌절되면 하위 욕구가 일어난다고 주장하였다.

2. 대인동기란 무엇인가

앞서 동기에 대해 개괄적인 내용을 살펴보았다. 이제 동기의 한 종류라 할 수 있는 대인동기는 무엇인지 살펴보기로 하자. 대인동기 또는 대인욕구는 인간관계에 임하는 개인의 내면적인 욕구를 말한다. 즉, 대인동기란 인간관계를 지향하게 하고 사회적 행동을 유발하는 동기라 할 수 있다. 좀 더 쉽게 말하면, 대인동기란 사람이 사람을 만나고 싶어 하는 마음이 얼마나 강한가다. 인간은 인간관계에서 충족하고자 하는 다양한 대인동기를 지니고 있다. 또한 사람마다 중요시하는 대인동기의 종류가 다르며, 개인 내에서도 여러 가지 대인동기마다 그 강도도 다르다고 할 수 있다.

1) 다양한 대인동기

아르길(Argyle)은 대인동기를 몇 가지로 분류하고 있다. 우선, 생물학적 동기는 동기 충족을 위해 타인이 필요하다는 것이다. 두 번째는 의존 동기로 다른 사람에게 의지하고 보호받고자 하는 동기다. 세 번째는 친애 동기로 타인과 친밀한 관계를 맺고자 하는 동기다. 친애 동기의 적응적 기능은 자신을 평가하는 비교 정보를 제공하는 것이라고 볼 수 있는데, 페스팅거(Festinger)는 사회비교 이론에서 인간

의 친애 동기가 자신을 평가하기 위한 준거 자료를 얻기 위한 것이라고 주장한 바
있다. 또한 샤흐터(Schachter, 1959)는 친애 동기가 불안을 감소시켜 주는 역할을
한다는 것을 실험을 통해 검증하기도 하였다. 네 번째로, 지배 동기는 권력을 추
구하는 동기로 인간에게는 다른 사람을 지배하고자 하는 동기가 있다는 것이다.
이 지배 동기는 사회적 동기를 유발하는 대인동기의 하나로 간주되고 있다. 다섯
번째 동기는 성적 동기로 종족 보존에 필수적인 동기라고 할 수 있다. 인간은 성
적 동기를 통해 이성에 대한 관심과 호기심을 나타내게 되고 이성에게 접근하여
구애 행동을 하게 된다. 여섯 번째는 공격 동기로 개체 및 종족 보존의 수단이 되
는 동기다. 공격성은 크게 분노적 공격성과 수단적 공격성으로 구분할 수 있는데,
분노적 공격성은 좌절과 관련된 반면 수단적 공격성은 권력이나 돈을 얻기 위한
동기라 할 수 있다. 일곱 번째는 자기존중감의 동기로 가치 있는 존재로서 자기
자신을 추구하는 동기다. 마지막은 자기정체감의 동기로 자신을 일관성 있고 명
료하며 타인과 구분되는 개성 있는 독특한 존재로서 파악하고자 하는 동기다.

2) 대인동기의 개인차

인간의 대인동기는 선천적·후천적 요인에 따라 개인차가 발생한다. 특히 초
기 양육자와의 관계가 중요하다고 볼 수 있다. 사람마다 인간관계를 맺는 내면적
동기가 다르며, 그 동기가 지향하는 구체적 목표나 행동 방식이 다른 것이다. 어
떤 사람은 사람 사귀는 것을 좋아하는 반면 어떤 사람은 혼자 있는 것을 좋아한
다. 어떤 사람은 다른 사람을 지배하고자 하는 반면 어떤 사람은 강한 사람에게
의지하기를 좋아한다. 어떤 사람은 이성과 사귀고자 하는 마음이 강한 반면 어떤
사람은 이성과 사귀는 것을 두려워한다. 이처럼 사람은 타인에게 접근하고자 하
는 동기의 종류가 다르다. 또한 어떤 사람은 어떤 희생이 따르더라도 이성과의 관
계를 유지하고자 하는 강한 동기를 갖고 있는 반면 어떤 사람은 조금만 힘들어도
이성과의 관계를 쉽게 포기한다. 이렇듯 같은 동기를 갖고 있더라도 그 강도는 사

람마다 다르다.

한 개인이 지니고 있는 대인동기의 특성은 그 사람의 성격을 구성하는 중요한 요소가 될 수 있다. 대인동기의 개인차는 선천적 요인 또는 유전적 특성에 영향을 받는다. 유전적 요인이 주는 영향의 예로 어머니의 젖을 빨고 매달리는 행동에서 차이를 보이는 신생아들을 볼 수 있다. 즉, 그들은 환경적 자극에 반응하는 방식이나 적극성에 있어서 차이를 보인다는 것이다. 수줍음이나 공격성도 유전적 소인의 영향이라고 할 수 있다. 또한 인간의 대인동기는 욕구 충족의 경험에 따라서도 강도가 달라지는데, 충족되지 못한 대인동기는 더욱 강해지게 된다. 프로이트는 인간의 모든 행동을 내면적 욕구의 발산과정으로 보았다. 특정 발달 단계에서 욕구의 과도한 좌절이나 과도한 충족이 나타날 수 있는데 그 욕구를 충족하려는 강한 경향이 성격 및 대인관계에 드러나게 되며, 따라서 욕구의 적절한 충족이 성격 형성에 매우 중요하다고 하였다.

부모와의 애착 경험 또한 대인동기에 중요한 영향을 미친다. 즉, 후천적인 경험,

[그림 2-3] 볼비의 애착 행동

특히 어린 시절의 경험이 중요한 영향을 미친다는 심리학자들의 주장이 있다. 그러한 주장을 한 대표적인 학자로 로렌츠(Lorenz)가 있는데, 그는 각인(imprinting) 이론을 주장하였다. 각인은 알에서 부화된 오리가 처음 접하는 대상을 계속해서 따라다니는 선천적 행동을 말한다. 이러한 행동은 대부분의 동물이 지니고 태어난다. 인간의 경우는 어린 시절 양육자(특히 어머니)와의 관계가 대인동기의 형성에 중요한 영향을 준다. 할로(Harlow)는 동물을 대상으로 애착 행동에 대한 실험 연구를 하였는데, 이를 할로의 대리모 실험이라고 한다. 새끼 원숭이에게 두 개의 모조엄마를 제공하였는데, 모조원숭이 1은 철사 줄로 만들어진 몸에 젖병을 달아 놓았고 모조원숭이 2는 몸을 융단으로 만들었다. 새끼 원숭이 대부분은 모조원숭이 2에게 갔는데, 이는 신체적 피부 접촉이 중요하다는 것을 알 수 있는 결과였다. 또한 어미 원숭이와 고립된 상태로 성장한 원숭이는 자신의 새끼를 잘 돌

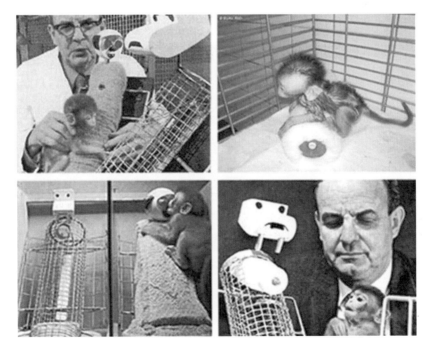

[그림 2-4] 할로의 모조원숭이 실험

보지도 못했고 교미 행동도 부적절하였다. 이러한 결과를 통해 어린 시절에 부모와 갖게 되는 안정된 애착 경험이 성장 후의 양육 행동과 성적 행동에도 중요한 영향을 미친다는 것을 알 수 있었다.

한편, 인간을 대상으로 애착 행동을 연구한 볼비(Bowlby, 1969)의 애착이론도 중요한 시사점을 알려 준다. 볼비의 애착 행동 연구는 어머니와의 애착관계가 성장 후의 인간관계에 영향을 준다는 것을 보여 주었다. 어머니의 반응에 따라 아이가 일관성 있게 지속적인 수용 행동을 보이면 안정된 애착을 형성하게 되고, 일관성 없이 거부를 하거나 수용을 하면 불안한 애착 또는 양가적인 애착을 형성하게 되며, 일관되게 거부를 하면 회피적 애착을 형성하게 된다. 어머니와 안정된 애착을 형성한 사람은 성장을 해서도 타인에 대해 신뢰를 갖고 안정되고 친밀한 인간관계를 형성하게 된다. 불안한 애착 또는 양가적인 애착을 형성한 사람은 타인의 인정과 사랑에 지나치게 의존하는 사람이 되거나, 타인의 사랑을 믿지 못하고 타인의 거부에 지나치게 예민하게 반응하는 불안정한 인간관계를 맺는 경향을 보일 수 있다. 회피적 애착을 형성한 사람은 타인과의 인간관계에 관심을 보이지 않고 친밀한 관계를 회피하게 된다. 다른 사람들과의 인간관계보다는 혼자 할 수 있는 일을 즐겨 하고 그것에서 만족을 얻는 경향이 있다.

3) 대인동기의 목표 추구 방식: 동기 행동화의 세 차원

동기의 주요 기능은 지향하는 목표를 갖는다는 것이다. 특히 대인동기와 관련하여 지향하는 목표를 추구하는 방식은 개인마다 다르다. 포드(Ford, 1992)는 인간의 동기를 지향하는 목표에 따라 개인 지향적인 동기와 집단 지향적인 동기로 구분하고 있다. 개인 지향적인 동기는 개인의 발달과 성장을 목표로 하는 동기로 개별성의 동기, 자율성의 동기, 우월성의 동기, 의존성의 동기가 있고, 집단 지향적인 동기는 개인보다 집단의 화합과 통합을 목표로 하는 동기로 소속감의 동기, 사회적 책임의 동기, 형평성의 동기, 이타성의 동기가 있다. 이러한 대인동기를 행동화하는 방식에 있어서 개인차가 있다고 한 포드와 니콜스(Ford & Nichols, 1987)는 세 가지 차원을 들고 있다. 첫 번째 차원은 능동성-수동성 차원으로 특정 대인동기를 충족하기 위한 행동을 스스로 시작하느냐 혹은 다른 환경적 요인에 의해 시작하느냐의 차이다. 두 번째 차원은 접근-회피 차원으로 대인 행동을 한 결과의 긍정적인 측면에 초점을 두느냐 혹은 부정적인 측면에 초점을 두느냐의 차이다. 세 번째 차원은 유지-변화 차원으로 현상 유지적인 태도를 취하느냐 혹은 변화 지향적인 태도를 취하느냐의 차이다.

지금까지 살펴보았듯이 사람마다 인간관계를 맺는 동기가 다르고, 이러한 대인동기가 지향하는 구체적 목표나 행동화 방식도 다르다. 이러한 개인차는 유전적 요인에 기인하기도 하지만 후천적인 성장 경험의 차이에 따른 것이 많다. 사람마다 인간관계를 맺는 방식이 다르고 대인 행동에서 차이가 나는 이유를 이러한 대인동기에서 찾을 수 있다.

4) 부적응적 대인동기

부적응적인 인간관계를 보이는 사람들은 대인동기에 문제를 갖고 있는 경우가 많다. 어떤 개인이 가지고 있는 대인동기의 내용과 강도와 행동 방식이 부적절할 때 보통 부적응적인 인간관계로 나타나게 된다. 이러한 부적응적 대인동기의 유형을 살펴보면 다음과 같다. 첫째, 그 강도가 지나치게 강하거나 약한 대인동기를 지니는 경우다. 이러한 사람은 극단적인 인간관계를 보일 수 있다. 예를 들면, 폭넓은 관계를 가지고자 하는 대인동기가 너무 과한 사람, 의존 동기가 지나치게 강한 사람, 그리고 친애 동기가 지나치게 부족한 사람을 들 수 있다. 둘째, 상황에 부적절한 대인동기를 지니는 경우다. 이러한 사람은 특정 상황에서 타인의 기대와 어긋나는 동기를 가져서 다른 사람을 당혹스럽게 만든다. 예를 들어, 어른의 위치가 되어서도 의존 욕구가 지나치게 강한 행동을 보일 수 있다. 나이 어린 후배나 동료들과 일을 할 때는 자신이 좀 더 주도적으로 일을 해야 하는데 그렇지

못한 행동을 하는 것이다. 셋째, 비현실적 대인동기, 즉 실현 가능성이 없는 대인
동기를 들 수 있다. 현실적인 대인동기는 주어진 대인관계 상황에서 실현 가능한
욕구를 보이는 반면 비현실적인 대인동기는 실현 불가능한 욕구를 보이는 것으
로, 그로 인해 좌절, 불만 등이 발생하게 된다. 예를 들어, 일시적인 모임에서 깊
이 있는 친밀한 관계를 형성하려는 사람에게서 나타날 수 있는 동기다. 새로 가입
한 집단에서 단기간에 중심 위치에서 주도적인 역할을 하고 싶어 하는 사람도 이
에 해당된다고 볼 수 있다. 넷째, 대인동기 간 불균형을 들 수 있다. 대인동기는
적절성과 균형이 중요한데, 의존, 친애, 지배, 공격, 자기존중감 등과 같은 동기
들 중 어느 하나에만 지나치게 중요성을 부여하는 경우, 부적응적 대인동기를 보
이게 된다. 예를 들어, 타인에게 의존만 하려고 하거나 지배만 하려는 동기를 지
닌 사람은 원만한 인간관계를 유지하기 어렵다. 마지막으로, 대인동기의 행동화
방식이 부적절한 경우를 들 수 있다. 예를 들어, 만나는 모든 사람에게 친애 동기
를 강하게 보이는 경우가 그렇다.

　지금까지 부적응적 대인동기의 유형을 살펴보았는데, 이러한 유형의 대인동기
를 가진 경우 스스로 불만족스러울 뿐만 아니라 타인에게도 불편한 인간관계를
유발하게 된다. 지나치게 부적응적 대인동기로 인해 발생한 인간관계의 문제는
대인동기의 변화를 통해서 개선시켜 나갈 수 있다. 부적응적 대인동기를 해결하
기 위한 방법으로 몇 가지를 들 수 있다. 첫 번째 방법은 현실의 대인관계 속에서
대인동기를 충분히 충족하는 것이다. 특정 대인동기가 강한 사람은 현실생활 속
에서 그런 동기를 충족할 기회를 충분히 갖지 못한 경우가 많은데, 불행하게도 이
를 현실에서 해소하기는 결코 쉽지 않은 일이다. 두 번째 방법은 의식적으로 조절
을 하는 것이다. 부적응적 대인동기를 지닌 사람은 그 때문에 인간관계에서 갈등
이 초래된다는 사실을 자각하지 못하는 경우가 많다. 즉, 자신의 부적응적 대인
동기가 스스로에게 당연한 것으로 여겨진다는 것이다. 따라서 스스로 깨닫고 이
해하여 의식적으로 대인동기를 변화시키고자 지속적으로 시도하고 노력하면 대
인관계의 개선이 가능해진다. 마지막 방법은 자기 자신만의 노력으로 대인관계

의 개선이 힘들어질 경우 전문가에게 상담을 요청하는 것이다.

자신의 대인동기를 변화시키려면 자신의 인간관계 방식을 관찰해야 한다. 자신에게 내재해 있는 대인동기를 자각해야 하고, 자신의 부적응적 대인동기가 어떻게 불만족스러운 인간관계를 초래하는지도 이해해야 한다. 이러한 이해를 바탕으로 부적절한 대인동기를 조절하려는 노력을 기울여야 인간관계를 개선할 수 있을 것이다.

3. 대인신념이란 무엇인가

대인신념은 개인이 인간과 인간관계에 대해 가지고 있는 지적인 이해, 지식, 믿음 등을 말한다. 사람은 자신이 믿는 대로 행동하며, 사람은 누구나 자신과 타인 그리고 인간관계에 대해서 자기 나름대로의 신념을 가지고 있다. 이러한 신념은 인간관계에 강력한 영향을 미치게 된다.

1) 대인신념의 정의

대인신념은 대인관계와 대인 행동에 영향을 미치는 개인의 신념을 의미한다. 신념이란 개인이 옳다고 믿고 있는 지식·이해·믿음 등을 말하며, 이러한 신념은 인간의 행동을 결정짓는 중요한 역할을 한다. 대인신념도 마찬가지다. 인간은 스스로 옳다고 믿는 대로 행동하며 이는 대인관계에서도 그러하다. '어떤 부모가 좋은 부모인가?'라는 물음에 대해 사람마다 다른 생각과 믿음을 가지고 있을 것이다. 누구는 좋은 아버지란 자상하고 친구 같은 아버지라고 생각하고, 다른 사람은 예의를 중시하고 엄격한 아버지라고 생각한다. 그리고 이처럼 아버지에 대해 다른 신념을 가지게 되면 자녀에게도 다른 행동을 보이게 될 것이다. 대인관계의 속성에 대해 어떤 신념과 태도를 가지느냐에 따라 한 개인의 대인 행동은 달라질 것이다.

　대인신념은 과거의 대인관계 경험을 체계화한 기억이며 미래의 대인관계에도 영향을 미치는 지적인 밑거름이 된다. 인간은 지적인 존재로서 세상에 대한 지적인 이해를 추구하며 지식을 축적하여 행동과 판단의 근거로 삼는다. 인간은 태어나면서부터 세상에 대한 초보적인 형태의 지적인 이해를 갖기 시작했다. 출생 초기, 즉 유아기 때는 부모나 양육자와의 상호작용 속에서 타인과 세상에 대한 막연한 인식을 형성하게 되고, 이러한 과정 속에서 '나'라는 자기의식이 생겨나고 타인과의 상호작용 속에서 나에 대한 인식이 형성된다. 인간은 부모를 비롯해 수많은 사람, 예를 들면 형제자매, 친척, 선생님, 친구, 학교 동창생, 선후배, 애인 등을 만나 다양한 인간관계를 맺으면서 살아가게 된다. 이러한 경험들은 우리의 기억 속에 머물러 있으며 미래의 행동에도 지속적으로 영향을 미치게 된다.

2) 대인신념의 내용과 특성

　대인 행동에 중요한 영향을 미치는 대인신념의 내용은 몇 가지로 나누어 볼 수 있다. 첫째, 인간관계의 중요성에 대한 신념이다. 인생에서 인간관계가 얼마나 중요한가의 물음에 대해 중요하다고 생각하는 사람은 인간관계를 위해 많은 시간과 노력을 투입할 것이고, 중요하지 않다고 생각하는 사람은 인간관계에 소극적일 것이다. 둘째, 중요하게 생각하는 인간관계의 영역이다. 우리는 살면서 다양한 인간관계, 즉 가족관계, 친구관계, 이성관계, 직장에서의 인간관계 등을 형성하게 된다. 이 중에서 어떤 이는 가족관계를 제일 중요하게 생각하고 다른 이는 직장에서의 인간관계를 가장 중요하게 생각할 수 있는데, 이것은 자기가 중요하게 생각하는 인간관계가 아닌 다른 인간관계에 대해서는 상대적으로 소홀하게 될 수 있다는 것을 의미한다. 셋째, 이상적인 인간관계에 대한 신념이다. 다양한 사람과 폭넓은 인간관계를 맺는 것을 이상적으로 보는 사람과, 적지만 깊이 있는 인간관계를 맺는 것을 이상적으로 생각하는 사람이 있을 수 있다. 넷째, 인간관계를 맺는 방식에 대한 신념이다. 어떤 이는 인간관계란 의도적 노력 없이 자연스럽게 맺어야 한다고 생각하는 반면, 어떤 이는 지속적인 노력과 관심이 있어야 유지될 수 있는 것이라고 생각한다. 이렇듯 인간관계의 중요성과 그 이유에 대한 신념은 인간관계 방식에 많은 영향을 미친다고 할 수 있다.

또한 대인신념은 과거의 인간관계 경험에 근거하여 생긴 개인의 굳은 믿음이라고 할 수 있다. 이러한 대인신념은 대인관계 상황에서 개인의 행동을 결정하는 주된 요인이 된다. 대인신념의 특성을 몇 가지 살펴보도록 하자. 첫째, 대인신념은 일시적인 사고 내용이 아니라 지속적이고 안정된 사고 내용이다. 사람은 누구나 과거의 인간관계 경험을 자신의 기억 속에 자신의 방식대로 체계적인 형태로 저장하고 있다. 대인신념은 자신의 수많은 경험을 추상화하여 지속적으로 지니고 있는 안정된 신념인 인간관계 관이라 할 수 있으며 인생관의 일부로 볼 수 있다. 인간은 누구나 자기 나름의 대인신념을 가지고 있지만 사람에 따라 그 신념의 내용이 지각되는 수준은 다르다. 둘째, 대인신념은 새로운 인간관계 상황에 대한 기대와 예측의 근거로 작용한다. 우리는 과거 경험을 바탕으로 미래를 예측하고, 그 예측 내용에 따라 행동을 달리한다. 따라서 대인신념은 대인관계 상황에서 개인의 행동과 판단을 결정하는 중요한 심리적 요소라 할 수 있다. 셋째, 대인신념은 새로운 경험의 의미를 해석하고 평가하는 근거가 된다. 인간은 과거 경험을 바탕으로 새로운 경험의 의미를 해석하기 마련이다. 인간관계 상황에서 우리는 상대방의 크고 작은 모든 언행에 주의를 기울이기 어렵기 때문에 그중 일부에만 선택적으로 주의를 기울이게 된다. 또한 상대방의 언행이 어떤 의미를 갖고 있는지에 대해서 수시로 해석하고 평가하게 되면 그런 해석과 평가에 따라 감정이 유발되고 행동을 통해 반응을 보이게 된다. 사회인지학자들은 이러한 새로운 경험을 해석하는 데 기초가 되는 인지적 틀을 인지적 도식 또는 스키마(schema)라고 한다.

3) 인간에 대한 신념

기본적으로 우리는 인간에 대해 어떤 신념을 가지느냐에 따라 타인을 대하는 태도와 행동이 달라진다. 주변에 있는 사람들이 선하고 믿을 만하고 친화적이라고 생각되면 호감을 가지고 접근하게 되며, 반면에 주변 사람들이 악하고 믿을 만하지 않다고 생각되면 비호감을 형성하고 피하게 될 것이다. 즉, 인간에 대한 신념은 인간성에 대한 평가적 신념이라 할 수 있고 긍정적 신념과 부정적 신념으로 구분된다. 이러한 인간에 대한 신념은 주로 과거에 자신이 겪은 인간에 대한 경험을 바탕으로 형성된다. 흔히 하는 말로 '사람은 겪어 봐야 알 수 있다.'는 것이 바로 신념이 형성되는 데 영향을 미친다고 할 수 있다.

타인에 대한 신념은 대인 행동에 지대한 영향을 미치는 매우 중요한 요인이라고 할 수 있는데, 크게 인간 일반에 대한 신념과 특정 집단에 대한 신념으로 구분할 수 있다. 인간 일반에 대한 신념은 인간의 본성에 대한 신념이다. 인간 본성은 이미 오래전부터 많은 철학자와 심리학자가 언급해 온 주제로 성선설과 성악설이 있으며, 인간은 선하지도 악하지도 않은, 환경에 의해 영향을 받는 존재라는 주장도 있다. 이러한 주장들이 학자들에 의해서만 논의된 것은 아니고, 사람은 누구나 자기 경험에 따라 인간 본성에 대한 자기 나름의 신념을 형성하게 된다.

인간에 대한 신념은 인간성에 대한 평가적 신념, 즉 긍정적 신념과 부정적 신념으로 구분할 수 있다. 인간성에 대한 긍정적 신념이란 인간은 근본적으로 선하고 착하며 믿을 만한 존재로 때로는 악한 행동을 할 수 있지만 기본적으로는 선한 본성을 지니고 있기 때문에 믿을 만하다는 신념을 말한다. 이런 신념을 가진 사람은 타인에 대해 호의적인 태도를 보이며 다가갈 것이다. 반면에, 인간성에 대한 부정적 신념을 가지고 있는 사람도 있을 수 있는데, 이들은 인간을 근본적으로 이기적이며 믿을 수 없다고 여기기 때문에 타인들에 대해서도 회피적인 태도나 적대적인 태도를 보이게 될 것이다.

인간은 과거의 직접적 또는 간접적 경험에 따라 인간성에 대한 자기 나름의 신념을 가지게 된다. 따라서 과거에 독특한 경험을 한 사람들은 인간에 대해 특별한 신념을 형성할 수 있다. 예를 들어, 폭력적인 부모 밑에서 성장한 사람은 부모를 폭력적이고 위협적이며 적대적인 존재로 보게 되면서 다른 사람에게도 이러한 인식을 일반화하여 인간을 모두 두려운 존재로 보게 되고 부정적인 신념을 형성할 수 있다. 한편, 우리는 이러한 타인에 대한 신념 외에도 특정 집단에 대한 신념을 지니고 있다. 즉, 우리는 성별, 나이, 출신 지역, 직업, 사회계층, 교육 수준 등과 같은 범주화된 집단의 속성에 대해 나름대로의 평가적 신념을 지닐 수 있다. 예를 들면, 남성에 대해 여성들은 강하고 믿을 만한 존재라고 생각하거나 또는 지배적이고 억압적인 존재라고 생각할 수 있는데, 어떻게 생각하느냐에 따라 여성들의 남성에 대한 대인 행동은 달라질 것이다. 또한 우리 사회에 만연되어 있는 지역 감정이라는 것도 대인신념에서 비롯된 것이라 볼 수 있다. 어느 지역 출신은 권위적이고 보수적이며 권력 지향적이라든가 어느 지역 출신은 겉과 속이 다른 것 같아 믿기 힘들다는 등의 신념이 형성되어 있다. 그러나 이러한 신념은 대부분이 그 집단의 일부 사람에게서 나타나는 것일 수 있는데 이를 일반화하여 편견으로 가지고 있는 경우가 많으며, 이러한 편견은 대인 행동에도 강한 영향을 미칠 수 있다.

4) 자기에 대한 신념 : 자기개념

인간은 사고하고 느끼고 행동할 수 있는 존재로서 타인과 관계를 맺고 살아가게 되는데, 이와 같이 타인과의 관계를 만들고 유지하는 데 매우 중요한 요인이 바로 자기개념이다. 다른 사람과의 관계를 이루어 나가는 것은 나의 생각, 나의 감정, 나의 의도와 바람 등을 적절하게 표현하는 매우 개인적인 것이다. 따라서 자기개념은 개인적인 자신의 모습에 대한 형태를 갖추고 색깔을 입혀 '나'라고 하는 하나의 개념을 갖는 것이다. 자기개념은 한 개인이 자기 자신에 대해 갖는 지각이나 신념과 개인의 태도 등을 통한 개인의 독특한 체제라고 할 수 있다. 사람은 자기 자신에 대한 생각과 신념에 따라 다른 사람을 대하는 태도가 달라질 수 있다. 예를 들면, 자신이 유능하고 믿을 만한 사람이라고 생각하는 사람은 대인 관계에서도 자신 있고 당당하게 행동할 것이고, 자신이 무능하고 믿을 수 없는 사람이라고 생각하는 사람은 대인관계에서도 자신감이 없고 소극적이며 회피적인 행동을 보일 것이다. 따라서 자기 자신에 대한 신념인 자기개념은 대인관계에 막대한 영향을 미치는 아주 중요한 심리적 요인이라고 할 수 있다.

로저스(Rogers, 1982)는 자아, 자아개념, 자아 구조를 동일한 개념으로 사용했다. 자기개념이란 "개인의 의식 속으로 들어올 수 있도록 용인된 자아 지각의 조직된 형태"이며, 각 개인은 이러한 자기개념을 계속 유지하고 환경적 요인이 허락하는 한 그 자아를 실현하고 신장하려는 경향이 있다. 브린, 베리 및 넬슨 (Bryne, Barry, & Nelson, 1963)은 자기개념이란 "한 개인이 자기의 행동, 능력, 신체, 한 인간으로서의 자기 가치와 관련하여 지니고 있는 태도, 판단 등의 전체 집합체로서 자기 자신을 어떻게 평가하고 지각하느냐 하는 것"이라고 정의하였다. 또한 엘렌슨(Ellenson, 1982)은 타인과의 관계 형성에 영향을 주는 가장 중요한 요인 중의 하나가 자기개념이라고 하였으며, 자기개념은 개인의 특별한 측면으로서 어떤 일을 평가하고 여과하며 그러한 일들을 자기 자신의 경험에 비추어 평가하는 참조 체계의 역할을 한다고 하였다.

자기개념의 특성을 살펴보면 다음과 같다. 자기개념은 학습에 의해 형성된다. 즉, 획득된다는 것이다. 자기개념은 점진적인 과정을 거치며, 계속 변화하며, 자기와 타인을 비교하는 과정에서 발달한다. 중요한 타인에게서 인정받고 존중받는 것이 중요하다. 또한 자기개념은 외부로까지 확대된다. 즉, 소유물에 대한 소유 의식과 집단 의식도 자기개념과 관련이 있다. 자기개념은 자체로 강화적 순환 관계를 형성하게 되는데, 강화가 긍정적이든 부정적이든 영향을 미치게 된다.

자기개념의 발달을 보면, 사람은 2세경부터 '나'라는 인식이 발달하기 시작해서 7세 전까지는 자신을 신체적 특성으로 기술하게 되고 10세 전후부터는 추상적 특성으로 기술하게 된다. 청소년기로 접어들게 되면 자아정체감이 형성되는데,

자아정체감은 청소년기의 중요한 발달 과업이라고 할 수 있다. 에릭슨(Erikson)은
자아정체감을 "자기가 스스로 생각하고 결정한 가치관, 목표 및 능력을 통합하여
자기 것으로 확립하는 것"이라고 하였다. 전통적으로 자기개념에 대해 많은 관심
을 보였던 학자로 제임스(William James)를 들 수 있다. 제임스는 자아를 의식 경
험의 대상으로 보고 자아의 모든 측면은 삶의 의미를 고양시키거나 감소시키는
촉매 역할을 한다고 하였으며, 더 나아가 자아존중감을 고양시켜 만족시키거나
자아존중감을 낮추어서 불만족을 일으킬 수도 있다고 보았다. 그는 자기개념을
세 가지 구성 요소로 나누어 설명하고 있다. 첫째는 물질적 자기(material self)로,
자신의 육체 및 육체의 특성 그리고 자신의 소유물인 재산 등으로 나를 이루고 있
으며 나와 관련된 물질적 측면을 말한다. 둘째는 심리적 자기(psychological or
spiritual self)로 성격, 능력, 적성 등과 같은 자신의 내면적 특성을 말한다. 셋째는
사회적 자기(social self)로 타인과의 관계 속에 나타나는 자신의 위치와 신분을 의
미한다. 이와 같이 사람들은 자기의 구성 요소가 다양한 차원에서 이루어질 수
있는데, 자기개념을 구성하는 개별적인 요소들에 대하여 각자가 부여하는 중요
성은 다를 수 있다.

자기개념은 현실생활에서도 매우 중요하게 작용하고 있다. 특히 자기개념은
다측면적인 구조를 지니고 있다(권석만, 1996a; Higgins, 1987; Markus, 1990). 첫째

[그림 2-5] 자기개념의 세 가지 구성 요소

는 현재 나의 정보를 포함하고 있는 현실적 자기(real self), 둘째는 이상적으로 되기를 희망하는 나의 모습인 이상적 자기(ideal self), 셋째는 부모와 같이 중요한 사람들에 의해 기대되는 자신의 모습인 의무적 자기(ought self), 넷째는 앞으로 노력하면 가능하다고 보는 자신의 모습인 가능한 자기(possible self)다. 이러한 다양한 자기개념은 자신을 분석하고 진단하는 데 유용한 도구가 될 수 있다. 이와 같은 다양한 측면의 자기 모습을 비교함으로써 자기 자신을 평가할 수 있다. 우리는 대부분 현실적 자기와 이상적 자기를 비교하는데, 현실적 자기가 이상적 자기와 괴리감이 크면 클수록 좌절감과 패배감이 강해질 것이다. 또한 현실적 자기와 의무적 자기도 비교하게 된다. 예컨대, 부모나 주변 사람들의 기대가 큰 데 반해 자기 자신은 그 기대에 못 미치면 괴리감이 커지고 부담감을 느끼게 되며, 자신이 집안에서 장남인 경우 자신이 하고 싶은 일을 마음대로 하지 못하고 집안 상황에 맞추어야 할 것이다. 그리고 미래에 대한 가능성을 반영하는 가능한 자기의 경우, 앞서 살펴본 것처럼 현실적 자기와 이상적 자기 그리고 의무적 자기 간에 괴리감이 크다고 하더라도 자신이 노력하면 기준에 도달할 수 있다는 자신감과 자기효능감이 있기에 불안과 불만은 일시적인 것이 되어 심리적인 압박을 덜 느끼게 될 것이다. 따라서 괴리감보다는 오히려 가능한 자기가 중요하다고 할 수 있다.

5) 부적응적인 대인신념

인간관계나 자기 자신 또는 타인에 대해 부정적이면서 경직되고 왜곡된 신념을 지니고 있으면 일상생활에서도 부적응을 나타내는 경우가 많다. 특히 인간관계에서 부적응을 나타내는 사람들은 원만하고 효과적인 대인관계를 방해하는 여러 가지 부적응적인 대인신념을 지니게 된다. 이러한 부적응적인 대인신념의 특성을 몇 가지로 제시할 수 있다(권석만, 1995).

첫째, 부적응적인 인간관계를 나타내는 사람들은 부정적인 신념을 지니고 있는 경우가 많다. 인간관계뿐아니라 자신에 대해서도 부정적인 신념을 가진 경우도 있다. 인간관계에 대해 부정적인 신념을 갖게 되면 인간관계 자체를 가치도 없고 의미도 없는 것으로 여기게 되고 인간관계에 대해서 회의적이며 비관적인 신념을 형성하게 된다. 결국 이러한 사람들은 대인 행동에 있어서도 아주 소극적이고 회피적인 모습을 보이게 될 것이다. 뿐만 아니라 자기 자신에 대해 부정적인 생각, 즉 부정적인 자기개념을 갖고 있으면 열등감과 우울감을 느끼게 되고 대인관계에서도 자신감이 없고 위축되고 회피적인 태도와 행동을 보이게 될 것이다. 인간관계와 인간에 대해 부정적인 신념을 가지고 있다는 것은 모든 사물에 대해 긍정적인 면과 부정적인 면이 다 있음에도 불구하고 특히 부정적인 측면에만 초점을 맞추고 있다는 것이다. 이러한 부정적인 신념은 설사 그것이 사실이라 하더라도 인간의 한 측면만을 고려한 신념이라는 면에서 편향된 신념, 즉 편견이라고 볼 수 있으며, 과거의 여러 가지 부정적인 대인관계를 경험했기 때문에 형성된 것이라 할 수 있다.

둘째, 부적응적인 인간관계를 보이는 사람들은 경직된 대인신념을 지니고 있는 경우가 많다. 여기서 대인신념이 경직되었다는 것은 융통성이 없이 완고하고 완벽주의적인 인간관계를 추구하는 경우를 말한다. 이런 사람들은 인간관계나 인간에 대해 '……해야 한다.' 또는 '……해서는 안 된다.' 와 같은 당위적이고 단정적인 형태의 경직된 신념을 가지고 있다. 그런 신념의 예로는 '인간관계는 늘 신뢰할 수 있는 관계여야 한다.' '인간은 항상 거짓말을 해서는 안 된다.' '나는 타인들로부터 늘 인정받아야 한다.' 등이 있다. 이러한 신념은 어떻게 보면 바람직하고 올바른 것이라고 볼 수도 있지만 현실적으로 실현되기 어려운 것이다. 따라서 이러한 신념을 자신이나 타인에게 강요하는 사람은 현실에서의 대인관계를 실망스러워하거나 부정적으로 생각하게 될 가능성이 높고, 이는 결국 부적응적인 대인관계로 나타날 것이다.

셋째, 부적응적인 대인관계를 보이는 사람들은 왜곡된 대인신념을 가지고 있다. 이러한 신념을 가진 사람들은 실제와 다른 잘못된 신념을 가지고 있는 경우가 많다. 불완전하거나 잘못된 정보를 가지고 인간관계나 인간에 대해 왜곡된 신념을 형성하는 경우가 많다. 또한 왜곡된 신념은 자신이 읽은 책이나 대중매체를 통해 접한 내용으로 인간관계나 인간을 믿게 되는 경우도 주위에서 자주 접할 수 있다. 예를 들면, 인간에 대해 매우 회의적이거나 비관적인 인간관을 가진 소설가나 철학자 등의 책을 읽게 되면 부정적인 대인신념을 형성할 가능성이 높고, 또한 TV나 신문에서 범죄나 비리에 관한 기사 등을 접하게 되면 인간은 역시 악하고 믿을 수 없는 존재라는 생각을 굳히게 된다. 더구나 왜곡된 대인신념은 자기 자신에 대해서도 영향을 미칠 수 있다. 예컨대, 자신의 소심한 성격을 유전적인 것이라 생각하면 노력해도 변하지 않을 것이고, 이러한 소심한 성격으로는 험난한 세상을 헤쳐 나가기가 쉽지 않을 것이라고 믿게 되는 것이다.

이러한 부적응적인 대인신념은 과거 경험을 통해 오랜 시간 동안 형성되어 왔기 때문에 쉽게 인식하기가 어려운 경우가 많다. 문제는 이러한 부적응적인 대인신념을 바꾸는 것이 중요한데도 다양한 경험을 통해 형성된 대인신념을 변화시킨다는 것이 결코 쉬운 일이 아니라는 것이다. 하지만 원만하고 건강한 대인관계를 위해서라도 이러한 부적응적인 대인신념은 변화시켜야 할 것이다. 부적응적인 대인신념을 변화시키기 위한 방법을 보면, 첫 번째는 대인관계에서 문제를 일으키는 대인신념이 무엇인가를 찾아보는 것이다. 즉, 대인관계에서 무슨 문제가 있는지를 스스로 깨닫는 것이다. 내가 상대방에게 무엇을 요구하고 있는지 또는 상대방은 나에게 무엇을 요구하고 있는지, 서로가 서로에게 요구하고 있는 것을 잘 수용하고 있는지 아니면 거부하고 있는지를 살펴볼 필요가 있다. 그리고 내가 상대방보다 우월하고 지배적인 위치에 서 있기를 원하는지 아니면 상대방에게 지배당하는 위치에 서 있는지를 돌아볼 필요가 있는 것이다.

두 번째 방법은 부적응적인 대인신념의 사실 여부, 현실성, 유용성 등을 점검해 보는 것이다. 상대방이 유능하고 신뢰할 만한 사람인지, 내 자신은 상대방에게 도움이 되는 무엇인가를 지니고 있는지, 이러한 신념들이 현실적으로 실현 가능한 것인지 등을 자문해 보거나 확인해 보는 것이 필요하며, 이러한 관계를 지속적으로 유지하는 것이 좋은지를 생각해 볼 필요가 있다. 세 번째 방법은 부정적인 대인신념을 좀 더 융통성 있고 적응적인 신념으로 바꾸어 보는 것이다. 융통성 있고 적응적인 신념이라는 것은 현실적으로 실현 가능하고 도움이 되는 신념을 의미한다. 내가 상대방에게 모든 면에서 상대방의 욕구를 채워 줄 수는 없겠지만 그래도 무엇인가 도움이 되는 것이 있을 것이라는 긍정적인 생각을 하거나, 상대방에게도 나에게 도움이 되는 면이 한 가지라도 있을 것이라는 긍정적인 대인신념을 형성하는 것이다.

부적응적인 대인신념은 새로운 인간관계를 통해서도 변화할 수 있다. 즉, 새로운 인간관계에서 만족스러운 긍정적 경험을 할 수 있다면 과거의 부정적인 대인관계 경험을 통해 형성된 자신, 타인 및 인간관계에 대한 부정적인 대인신념이 긍정적인 신념으로 변하게 될 것이다. 때로는 자신이 직접 경험한 관계 속에서 긍정적인 신념을 갖게 되기도 하지만, 간접적인 체험을 통해서도 대인신념은 달라질 수 있다. 앞서 언급한 것처럼 소설이나 TV, 신문과 같은 대중매체를 통해서 부정적인 대인신념이 형성될 수도 있지만 마찬가지로 긍정적인 대인신념도 형성될 수 있을 것이다. 이처럼 대인신념은 내가 무엇을 경험하느냐, 내가 무엇을 보느냐에 따라 사람마다 다르게 형성될 수 있고 변화할 수도 있다. 평생 수많은 대인관계를 형성하면서 살아가야 한다면 자신, 타인 및 인간관계에 대해 어떤 대인신념을 형성하느냐에 따라 대인 행동도 크게 달라질 것이다.

제3장 대인지각 및 대인사고

　인간은 일생 동안 얼마나 많은 사람을 만나고 살아갈까? 사람과 사람의 만남은 서로를 지각하는 과정에서 시작된다. 우리는 만나는 사람마다 이 사람은 어떤 사람일까를 생각하고 나름대로 파악하게 될 것이다. 즉, 우리는 매일 매 시간 수많은 사람과 접촉하게 되고 그들의 성격, 감정, 성향, 의도 등을 파악하게 된다. 그리고 파악된 내용을 바탕으로 앞으로 자신이 어떻게 행동할 것인지를 생각하고 상대방이 어떻게 행동할 것인지를 생각하게 된다. 사람들은 누구나 타인을 처음 만났을 때 어떤 식으로든지 상대방을 파악하고 그 내용을 기초로 해서 그 사람에 대한 인상을 형성한다. 인간관계는 이렇게 형성된 인상을 바탕으로 출발하므로 타인을 관찰하고 해석하는 대인지각 과정에 대한 지식은 효과적인 인간관계를 형성하는 데 도움을 준다. 그러나 우리의 지각과정은 대부분 자동화되어 있고 무의식적으로 일어나는 경우가 많기 때문에 쉽게 자각할 수 없는 경우가 대부분이다.

　이렇게 대인관계 상황에서 우리는 머릿속으로 다양한 생각과 판단을 하게 되는데 이를 대인지각과 대인사고라 한다. 대인지각과 대인사고는 사람들과의 상호작용 속에서 이루어지는 인지적 과정을 말하며, 이러한 인지적 과정은 우리의 대인 감정과 대인 행동에 영향을 미치고 대인관계를 결정짓기 때문에 중요하다고 할 수 있다. 이 장에서는 대인지각과 대인사고에 대해 알아보고자 한다.

[그림 3-1] 대인 프로세스

대인지각과 대인사고는 앞 장에서 설명한 대인동기나 대인신념과는 다르다는 것을 알고 넘어가야 할 필요가 있다. 대인동기와 대인신념이 우리가 대인관계를 형성하기 전에 자신의 직간접적인 경험을 통해 어느 정도 형성하고 있는 성격적 특성들이라면, 대인지각과 대인사고는 사람들을 만나 대인관계가 시작될 때부터 개인이 내면적으로 경험하게 되는 인지적 과정이다. 대인지각은 인상 형성과 같이 타인에 대해 알아가는 단순한 인식과정인 반면, 대인사고는 타인의 행동에 대한 의도나 원인 등을 추론하는 좀 더 복잡한 수준의 인식과정이라고 할 수 있다. 따라서 이 장에서는 대인지각과 대인사고를 알아보기 위해 몇 가지 주제를 다루고자 한다. 우선 인상 형성에 관한 내용을 살펴볼 것인데, 타인과 만나는 과정에서 가장 먼저 일어나는 것은 상대방에 대한 첫인상을 형성하는 일이다. 사실 만남에서 첫인상은 매우 중요하게 작용하는데, 이러한 인상 형성과정은 어떠하며 인상 형성과정에 영향을 미치는 요인들은 무엇인지를 알아보는 것은 아주 중요하다 하겠다. 그다음으로는 타인의 행동에 대한 원인과 의미를 추론하는 과정, 즉 귀인과정의 원리와 현상 그리고 오류에 대해 알아볼 것이다.

1. 대인지각과 인상 형성

1) 대물지각과 대인지각

대인지각은 사회심리학에서 대인 행동을 결정하는 매우 중요한 심리적 요인으로 다루어 왔다. 사람이 타인과 관계를 잘 형성하려면 타인을 정확하게 지각하고 이해해야 한다. 사람이 사람을 안다는 것은 사물을 안다는 것과는 다르다. 대인지각은 물체에 대한 인식과정인 대물지각과 구별되는 지각과정으로 사람에 대한 인식과정을 뜻한다. 대인지각과 대물지각은 몇 가지 측면에서 확실한 차이가 있다.

첫째, 가장 중요한 차이로, 대인지각은 대물지각과 달리 지각의 정확성을 판단할 분명한 기준이 없다. 우리가 사물을 관찰할 때는 사물이 스스로 관찰 대상이라는 것을 알 수 없으며 사물은 언제나 겉으로 드러나는 모습에 의해 지각된다. 즉, 크기나 색상, 모양, 맛과 같은 대상의 표면적 특성에 대한 감각 정보를 우리의 감각기관을 통해 알게 된다는 것이다. 우리 속담에 "열 길 물속은 알아도 한 길 사람 속은 모른다."라는 말이 있듯이, 대물지각은 물체의 크기나 무게를 측정하는 객관적 기준이 있고 판단의 정확성 여부를 확인할 수 있으나, 사람에 대한 지각인 대인지각은 그런 기준이 없거나 설사 기준이 있다 하더라도 판단의 정확성 여부를 확인할 수 없거나 애매모호한 경우가 대부분이다. 둘째, 사람은 환경에 의도적으로 영향을 미치고 목적을 가지고 통제하지만 사물은 그런 의도를 갖지 못하기 때문에 원인으로서 기능하지 못한다. 셋째, 사람은 다른 사람을 지각하기도 하지만 동시에 다른 사람의 지각 대상이 되기도 한다. 즉, 대인지각은 상호 인지과정으로서 서로 간에 영향을 미칠 수 있다. 넷째, 사람은 겉으로 드러나는 특징 뿐 아니라 관찰할 수 없는 특징들을 지니며 시시각각 변할 수 있다. 그러므로 대인지각은 부정확할 수밖에 없고 어느 정도 부정확한지도 확인하기 어렵다. 그럼에도 우리가 사람에 대해 얼마나 쉽게 평가를 하고 판단을 내리고 있는지 생각해 볼 필요가 있다. 다섯째, 대인지각의 대상인 사람은 능동적으로 반응하는 존재다. 즉, 사람은 자신을 잘 보이려고 지각이나 판단의 근거가 되는 단서를 조작해서 지각하는 사람의 판단을 왜곡할 수 있다는 것이다. 사람은 자신이 어떻게 받아들여지고 있는지를 알 수 있기 때문에 상대방이 어떻게 반응하는지에 따라 또는 상황에 따라 자신의 행동을 변화시킬 수 있다. 이러한 특징들로 미루어 볼 때 사람을 정확하고 올바르게 지각하고 판단하는 일은 결코 쉬운 일이 아니며, 그렇기 때문에 인간관계는 복잡하고 오묘하다고 할 수 있다.

대인지각은 한마디로 사람에 대해서 갖는 지각이다. 인간관계에서 지각과 반응의 과정은 상호 밀접하게 관련되어 있다. 즉, 한 사람이 메시지를 보내면 수신자는 그것을 지각하는 대로 반응하게 될 것이다. 만일 상대방이 보이는 웃음을 사랑의 자극으로 지각한다면 애정적 반응을 보일 것이고, 반대로 비웃음으로 지각한다면 그에 맞는 반응을 보이게 될 것이다. 그러므로 정확한 대인지각은 효과적인 인간관계의 형성, 유지 및 발전에 가장 중요한 한 가지 요소라고 할 수 있다. 타인들과 의사소통하고 관계를 맺을 수 있는 능력은 타인의 행동을 정확하게 지각할 수 있는 능력과 직결된다. 잘못된 지각은 인간관계에 갈등을 일으키는 원인이 되거나 사람과 사람 사이에 장벽을 만들기도 한다. 대인지각이란 타인의 공공연한 또는 위장된 행동을 식별하고 판단하는 과정이다(Gazda, 1973).

2) 대인지각과 인상 형성

대인지각의 가장 기본적인 문제인 인상 형성은 타인의 행동, 심리적 특성으로부터 지각 대상이 되는 인물에 대해 전체적으로 추론하는 것이라고 정의할 수 있다. 인간관계에서 가장 먼저 일어나는 일은 상대방에 대해 첫인상을 형성하는 일이다. 우리는 어떤 사람을 처음 만나는 순간 또는 몇 마디 말을 주고받고 나면 곧바로 상대방에 대한 인상을 형성하게 된다. 이러한 인상 형성은 자신도 모르게 순식간에 일어나게 되는데, 이는 정확한 것일 수도 있고 그렇지 않을 수도 있다. 첫인상은 이후의 대인 행동을 결정하는 중요한 요인이 되며, 상대방과의 지속적인 상호작용을 통해 재확인되기도 하고 수정되기도 한다.

인상 형성은 매우 빠르게 일어나는데, 무엇이 그렇게 빠르게 인상을 형성하게 하는지, 상대방을 이해하기 위한 충분한 시간, 대화나 관찰도 없이 어떻게 그렇게 빨리 인상을 형성하게 되는지를 알아볼 필요가 있다. 일반적으로 사람들은 상대방의 얼굴 생김새라든가 옷차림, 비언어적인 행동에서 나타나는 단서들을 통해 인상을 형성하게 된다. 이러한 인상 형성에서 지각되는 단서들은 무엇인지 알아보도록 하자.

(1) 인상 형성의 단서

우리는 낯선 사람을 처음 만나면 제일 먼저 상대방의 얼굴을 보게 된다. 얼굴을 살피면서 여러 가지 단서를 확보하게 되는데, 얼굴의 다양한 형태와 여러 특징을 통해서 인상을 형성하게 된다. 즉, 인상 형성의 중요한 단서가 되는 것은 그 사람의 얼굴 생김새라고 할 수 있다. 또한 얼굴 생김새와 함께 얼굴 표정을 통해서도 그 사람의 인상을 형성하게 되며, 웃는 표정과 찡그린 표정은 매우 다른 인상을 준다. 결국 얼굴 속에서 인상 형성을 위한 지각 단서를 얻게 되는 것이다.

얼굴 생김새와 함께 인상을 형성하는 데 중요한 영향을 미치는 단서로 옷차림을 들 수 있다. '옷이 날개'라는 말도 있듯이, 우리는 얼굴 생김새를 관찰하면서 동시에 상대방의 옷차림도 같이 보게 된다. 특히 상대방에 대한 정보가 부족할수록 얼굴 생김새와 옷차림이 인상을 형성하는 데 중요한 역할을 한다. 우리는 옷차림을 보면서 상대방에 대한 많은 정보를 얻게 되는데, 사회경제적 지위, 교육 수준, 직업, 성격, 가치관, 흥미 등과 같은 심리적 특성을 어느 정도 파악할 수 있다. 이러한 옷차림은 상황적 특성이나 적절성에 따라 인상을 형성하는 데 다른 영향을 미치게 된다. 권석만(2003)은 우리가 옷차림에 근거하여 다른 사람의 사회적 지위와 성격적 특성을 판단하는 것은 옷을 선택하는 과정에 이러한 여러 가지 특성이 영향을 미칠 것이라는 생각에 근거한다고 하였다. 사실 옷차림은 타인의 내면적인 심리적 특성을 판단하는 좋은 단서라고 할 수는 없지만, 다른 충분한 단서가 없을 경우에 우리는 가장 눈에 잘 띄는 옷과 같은 단서에 의존하여 인상을 형성하게 된다.

우리는 얼굴 생김새와 옷차림뿐만 아니라 상대방이 행동하는 것을 보고 그 사람에 대한 인상을 형성하기도 한다. 이러한 행동 단서들은 대부분이 비언어적인 것들인데, 자세, 몸의 움직임과 제스처, 상대방과의 거리 두기, 시선의 초점 위치, 시선 접촉 횟수 등이 있다. 이러한 비언어적인 행동 단서들은 그 사람의 성격, 능력, 가치관 및 사고방식, 정서 상태 등을 추론하는 단서가 되기도 한다. 그러나 이러한 행동 단서들은 사람의 고정된 성격적 특성보다는 기분, 의도, 태도와 같은 일시적인 특성을 파악하는 데 이용된다. 비언어적인 행동은 대인관계 상황에서 우리의 감정과 의사를 표현하는 주요 수단이 되기 때문에 상대방의 심리적 상태를 파악하는 근거가 된다고 할 수 있다. 이러한 비언어적인 행동 단서는 의도적으로 조작해서 나타낼 수 있기 때문에 인상 형성의 단서로는 한계가 있지만, 그래도 말보다는 의도적으로 조절하는 경우가 적게 나타나며 의도적인 조절 자체가 어렵기 때문에 인상 형성을 하는 데 중요한 단서가 될 수 있다.

얼굴 생김새	옷차림새	행동 단서
얼굴 생김새에 근거하여 개인의 지능, 성격 같은 내면적 특성에 대한 인상을 형성함 얼굴 표정도 중요한 단서	개인에 대한 정보 제공, 사회적 지위와 성격에 대한 인상 형성 다른 충분한 단서가 없을 경우 인상 형성에 영향을 많이 미침	몸의 움직임, 제스처, 자세, 타인과의 거리 등 고정된 성격 특징보다는 일시적 특성 파악 (기분, 의도, 태도) 언어에 비해 의도적 조절이 어려워 인상 형성에 중요한 단서가 될 수 있음

[그림 3-2] 인상 형성의 단서

(2) 인상 형성의 과정

일반적으로 외적인 특성 단서를 통해 어떤 사람의 사회적 신분과 직업 등을 알수 있지만, 우리는 거기서 그치지 않고 그 사람의 성격, 능력, 기분, 취향 등을 추론해 본다. 이러한 심리적 특성은 외적인 단서를 통해 직접 파악한다기보다는 그러한 단서로부터 추론해서 판단을 하게 된다. 우리가 외적 단서를 가지고 어떤 심리적 과정을 통해 다른 사람들의 성격적 특성을 추론해 내고 인상을 형성하는지 알아볼 필요가 있다.

이를 설명하는 대표적인 이론으로 내현(또는 암묵적) 성격이론(implicit personality theory)을 들 수 있는데, 이 이론에서는 사람들이 특정한 성격 특성들이 함께 묶여 있다는 일반적인 신념을 가지고 있다고 본다. 그 신념은 제한된 양의 일차 정보에 근거해서 통합되고 상당히 잘 다듬어진 인상을 형성하는 신념을 말한다. 예를 들어, 어떤 사람이 지적이면 유머 감각도 있고 능력도 있다고 보는 것이다. 이렇게 외형적인 인상에서 다른 성격적 인상으로 연결되는 것은 어떤 외적 특성이 특정한 성격적 특성과 연합되어 있다는 통념이 있기 때문이다. 예를 들어, '곱슬머리에 옥니인 사람은 고집이 세고 사납다.' '키 큰 사람은 싱겁다.' 우리는 '덩치가 크고 뚱뚱한 사람은 게으르다.' 등과 같이 외적 특성이 특정한 성격적 특성을 가지고 있다고 생각하기도 한다. 우리는 직간접적인 경험을 통해 외적 특성과 심리적 특성 간의 연관관계에 대해 나름대로 소박한 이론 체계를 가지고 있다. 이러한 내현 성격이론은 우리가 자신도 모르는 사이에 사람의 성격 특성에 대한 이론 체계를 구성하여 인상 형성을 할 때 사용한다.

이러한 암묵적 성격이론이 개인차를 무시하고 융통성 없이 적용될 때 고정관념(stereotype)이라고 한다. 고정관념은 범주화를 통해 정보를 단순하게 처리할수 있는 이득이 있으나 오류와 왜곡을 가져온다. 또한 고정관념을 근거로 어떤 집단 전체를 나쁘게 볼 때 편견이라고 한다. 즉, 고정관념은 다양한 사람을 몇 가지 유형으로 범주화하여 지각하는 경향이라고 할 수 있는데, 인간을 범주화하여 지각하는 것은 정보처리를 단순화함으로써 지각하는 사람의 수고를 덜어 주는 반면, 지각적 오류를 일으키기도 한다.

(3) 인상 형성의 경향 및 특징

우리는 어떤 사람을 처음 마주쳤을 때 그 사람에 대해 여러 가지 정보를 동시에 접하는 경우가 대부분이다. 즉, 얼굴 생김새, 옷차림새, 행동 단서로부터 여러 가지 정보가 동시에 주어진다. 또한 그 사람에 대한 사전 지식이나 평가 정보도 접하게 되는데, 보통 긍정적인 평가도 있고 부정적인 평가도 있다. 이렇게 한 사람에 대한 긍정적인 정보와 부정적인 정보가 혼합되어 있을 때 우리가 이 혼합된 정보를 어떻게 통합하여 인상을 형성하게 되는지 인상 형성과정에서 나타나는 경향과 몇 가지 특징을 살펴보도록 하자.

우리는 어떤 사람에 대한 여러 가지 정보를 접할 때 모든 정보를 다 중요하게 생각하지는 않는다. 여러 정보 중에서 전체 인상을 좌우하는 중요한 정보가 있고, 그 정보가 전체 인상을 형성하는 데 큰 비중을 차지하고 다른 정보에도 영향을 미치게 된다. 특히 인상 형성에서는 '좋다-나쁘다'라는 평가 차원이 중요한 역할을 한다. 초기에 형성하게 되는 좋은 인상과 나쁜 인상은 다른 정보에도 영향을 미치게 되고 그 사람에 대한 전반적인 인상 형성을 결정할 것이다.

이러한 인상 형성과정에서 나타나는 특징을 몇 가지로 정리하면 다음과 같다.

첫째, 후광 효과(hallo effect)다. 어떤 사람에 대해 '좋은 사람' 또는 '매력적인 사람'이라고 첫인상을 형성하게 되면 그 사람은 능력도 뛰어나고 사회성도 좋을 것이라는 긍정적인 방향으로 보게 된다. 일반적으로 긍정적인 특성은 긍정적인 특성끼리, 부정적인 특성은 부정적인 특성끼리 함께 가지고 있을 것이라고 추론하는 경향이 있다. 예를 들면, 외모가 얌전하고 조신한 인상의 여성이라면 살림도 잘하고 성격도 좋을 것이라고 생각하는 것이다.

둘째, 긍정성 편향(positivity bias)이다. 사람들은 대체로 타인에 대해 부정적인 평가보다 긍정적인 평가를 하는 경향이 있다는 것으로, 타인에 대해 악평을 하기보다는 관대하게 평가하는 경향이 크다는 것이다.

셋째, 부정성 효과(negativity effect)다. 어떤 사람이 좋은 특성과 나쁜 특성을 똑같이 가지고 있을 때 그에 대한 인상이 중립적으로 형성되는 것이 아니라 나쁜 특성, 즉 부정적인 방향으로 인상 형성을 하게 된다는 것이다. 이러한 경향이 나타나는 이유는 대체로 사람들은 타인을 평가할 때 좋게 봐 주는 경향이 있어서 오히려 부정적인 평가가 더 신뢰할 만하다고 생각하기 때문이라고 볼 수 있다.

넷째, 초두 효과(primacy effect)다. 어떤 사람에 대한 여러 가지 정보를 순서대로 전달받게 되면 전달 순서에 따라 전체적인 인상 형성에 미치는 영향력이 달라진다는 것이다. 가장 먼저 들어오는 정보가 나중에 들어오는 정보보다 최종적인 인상을 형성하는 데 더 중요한 역할을 한다. 따라서 첫인상을 좋게 형성하는 것이 중요하다고 할 수 있다.

다섯째, 유사성 가정(similarity assumption)을 들 수 있는데, 상황에 따라 우리는 타인을 만났을 때 자신과 비슷할 것이라고 가정하는 경향이 있다는 것을 말한다. 특히 상대방이 자기와 비슷한 연령대, 직업, 계층, 고향, 교육 수준, 성별 등일 때 이러한 경향성은 더 크게 나타난다.

2. 대인사고와 귀인

1) 대인사고

이 세상 모든 것은 우리 인간이 의미를 부여하지 않고는 그 자체로 의미를 지니는 것이 없다. 아들러(Adler)가 말했듯이, 의미란 현상과 사건 혹은 장면 그 자체에 따라 결정되는 것이 아니라 우리가 그 장면에 의미를 부여함으로써 결정된다. 모든 현상과 사건은 인간이 어떤 식으로든 의미를 부여했기 때문에 의미를 갖게 된다. 이러한 측면에서 인간은 매우 능동적으로 환경과 상호작용하는 존재이고, 외부 사건에 수동적으로 영향을 받는 존재라기보다는 사건의 의미를 능동적으로 해석하여 반응하는 존재라고 할 수 있다. 즉, 인간은 세상에 의미를 부여함으로써 세상을 능동적으로 구성하는 존재다. 철학자인 에픽테투스(Epictetus)는 "인간의 정서적 혼란은 그가 경험하고 있는 어떤 사실에 의해서가 아니고 그 사실에 대해 가지는 관점 때문에 발생한다."라고 하였고, 셰익스피어도 『햄릿』에서 "이 세상에는 좋은 것도 없고 나쁜 것도 없다. 다만 생각이 그렇게 만들 뿐이다."라고 하였다.

특히 대인관계 상황에서 일어나는 사건에 대해서 인간이 의미 부여를 하는 기능은 더욱 활발해진다. 대인관계 상황에서 일어나는 사건의 의미를 추론하는 과정과 추론된 사고 내용을 대인사고라 하는데, 대인사고는 대인지각에 비해 보다 복잡하고 상위 수준의 인지 기능이 관여하는 심리적 과정이라고 할 수 있다. 대인사고 과정은 의미추론, 의미평가, 대처결정 과정으로 구분할 수 있다.

첫 번째는 의미추론 과정은 대인관계에서 타인의 행동이나 상황의 의미를 생각하는 과정으로 일차적인 심리적 과정이다. 특정한 사건이 발생하게 된 원인에 대해 추론하거나 특정한 행동을 한 사람의 의도가 무엇인지를 파악하는 일이 의미추론 과정에서 이루어진다. 의미추론 과정에서 도출된 내용은 사실일 수도 있고 왜곡된 것일 수도 있다. 대인관계 상황에서 일어나는 일들은 그 사실적인 의미를 분명하게 확인할 수 있는 방법이 적다. 사실 확인을 위해 상대방에게 그 진심을 물어본다고 하더라도 자신의 진심을 솔직히 말해 준다는 보장이 없기 때문에 그렇다. 그래서 의미추론 과정에서 사람들은 사건의 의미를 부정적으로 왜곡하는 인지적 오류를 범하게 된다. 의미추론의 오류들에는 흑백논리적 사고, 과잉일반화, 정신적 여과, 의미 확대와 의미 축소, 개인화, 정서적 추리 또는 임의적 추리, 잘못된 명명, 예언자적 사고 등이 있다.

두 번째는 의미평가 과정으로, 전단계인 의미추론 과정에서 파악된 의미의 긍정성과 부정성을 평가하는 과정이다. 의미추론 과정이 사실 판단에 관여하는 과정이라면, 의미평가 과정은 대인관계에서 경험하는 사건에 대한 가치 판단 또는 선악 판단의 과정이라고 할 수 있다. 즉, 특정한 의미로 해석된 타인의 행동이 자신에게 어떠한 영향을 미치는가에 대해 평가하는 과정이다. 의미평가 과정에서는 실제 일어난 사건의 의미와 자신이 지니고 있는 신념이 비교되어, 즉 개인이 지니고 있는 기준 및 기대와의 비교가 일어나서 사건에 대한 감정을 결정하게 된다. 이러한 의미평가 과정이 중요한 이유는 그것이 대인 감정을 결정하기 때문이다. 의미평가 과정은 대인관계에 임할 때 가지는 기대의 기준에 따라 평가한다는 차원에서 라자러스(Lazarus)의 일차평가 과정과 유사하다고 할 수 있다.

마지막은 대처결정 과정인데, 이 과정은 대인관계 상황에서 자신이 어떻게 행동하여 대처할 것인가를 판단하고 결정하는 심리적 과정이다. 우리는 인간관계에서 일어난 사건의 의미를 평가하고 나면 어떻게 그에 대처할 것인가에 대해 생각하게 된다. 이러한 결정과정에서 자신이 동원할 수 있는 대처 자원을 평가하고 가능한 대처방법을 고려하여 선택하는 판단이 이루어지게 되며, 판단 결과에 따라 자신의 대인 행동이 결정된다. 이 대처결정 과정은 라자러스의 이차평가 과정과 유사하다고 할 수 있다. 대처 자원은 자신이 상황에 대처하기 위해 사용할 수 있는 신체적 · 심리적 및 사회적 자원을 말하며, 대처 자원의 평가는 신체적 · 심리적 및 사회적 자원이 많을수록 다양한 대처 방략을 사용할 수 있다. 대처 자원을 평가하고 나면 상황에 대처하기 위한 구체적인 방법을 생각하는 대처 방식의 선택과정을 거치게 된다. 대처 방식은 문제 중심적 대처와 정서 중심적 대처로 구분할 수 있다. 문제 중심적 대처는 갈등이 발생한 원인을 분석하고 그 원인을 변화시켜 갈등을 해결하고자 하는 현실적인 대처 방식이고, 정서 중심적 대처는 갈등으로 유발된 정서적 불쾌감을 해소하기 위한 대처 노력이다. 각각은 상황의 특성에 따라 효율성에서 차이가 있으며, 절대적으로 평가할 수 없다.

지금까지 살펴본 대인사고 과정들, 즉 의미추론 과정, 의미평가 과정 및 대처결정 과정은 반드시 순차적이고 단계적으로 일어나는 것은 아니며, 대인관계 상황에서 개인의 마음속에서 일어나는 여러 가지 인지적 과정을 좀 더 분석적으로 이해하기 위해 개념적으로 구분한 것이다. 그리고 이러한 인지적 과정들은 역동적이므로 서로 영향을 주고받을 수 있다.

2) 귀인

우리는 어떤 사람의 행동을 보았을 때 그 행동이 나타난 것은 그 사람의 원래 성격이나 성품, 능력이나 노력 때문인지 아니면 외부 환경 때문인지를 결정하고, 이에 따라 그 사람을 다르게 보게 된다. 예를 들어, 제품을 사는 상황에서 판매원이 아주 친절했다면, 그 사람이 원래 친절한 성격이어서 친절하다고 판단하면 호감을 가지게 될 것이지만, 만일 회사의 상사가 판매원들에게 친절을 강요해서 친절한 것이라고 생각하면 상사에게 잘 보이려고 친절한 것이라는 인상을 형성할수 있다. 이렇듯 우리는 사회생활에서 타인의 행동의 원인을 어디에 두느냐에 따라 인상 형성이 달라지는 경우가 많다. 이를 귀인에 따른 인상 형성이라고 한다.

귀인(attribution)은 사람이 자신의 행동과 타인의 행동 사건의 원인을 찾으려는 시도다. 우리는 한 사람의 행동이나 결과를 보고 그 원인을 추론한다. 대인관계 상황에서 보면, 데이트 신청을 거부당한 사람은 왜 자신이 거부를 당했는지에 대해 생각하게 될 것이다. 이러한 원인의 추론 내용은 사건에 대한 감정과 행동을 결정하는 근거가 된다. 우리는 한 사람의 행동이나 결과를 보고 그 원인을 여러 가지 방식으로 귀인하게 되는데, 이러한 귀인의 방향은 내적-외적, 안정적-불안정적, 통제 가능-통제 불가능의 3차원으로 구분할 수 있다.

가장 일반적이고 주된 귀인 방향은 내적-외적 귀인이다. 내적 귀인은 행동을한 행위자의 내적 요인, 즉 성격, 능력, 동기 등에 그 원인을 돌리는 것이다. 반면에, 외적 귀인은 행위자의 외적 요인, 즉 환경, 상황, 타인, 운 등의 탓으로 돌리는 것을 말한다. 두 번째 방향은 안정적-불안정적 귀인이다. 안정적 귀인은 그 원인이 내적이든 외적이든 시간이나 상황에 관계없이 비교적 변하지 않는 원인에 돌리는 경우를 말하는데, 내적 요인 중에서도 성격이나 지적 능력은 비교적 안정적인 요인이다. 반면에, 불안정적 귀인은 자주 변할 수 있는 원인에 돌리는 경우, 노력이나 동기 수준은 변할 수 있는 불안정적인 요인이다. 세 번째 방향은 통제 가능-통제 불가능 귀인으로 통제 가능성이라고도 한다. 우리는 어떤 원인들은 개인의 통제력 내에 있는 것으로, 다른 원인들은 통제력 밖에 있는 것으로 지각한다. 내적 요인 중에서 통제 가능한 요인은 노력과 같은 요인을 의미하는 반면, 통제 불가능한 요인은 성격이나 능력과 같은 요인을 의미한다.

(1) 귀인이 이루어지는 시기

사람들은 예상치 못했거나 특이한 어떤 일이 벌어졌을 때 그 원인에 대해서 특별한 호기심을 갖는 경향이 있다. 사람들이 주변 사건이나 타인의 행동에 대한 원인을 찾으려고 하는 노력은 기계적이 아니고 선택적이며 다음과 같은 몇 가지 상황에서 나타난다.

첫째, 특이한 일이 발생할 경우다. 모든 일이 평소처럼 잘 돌아갈 때는 관심이 없던 사회구조적인 문제들, 예를 들면 천안함 사건이나 세월호 침몰 사건, 성폭력이나 끔찍한 강도, 살인 사건이 일어나면 거의 모든 언론이 그 사건의 원인이 무엇인지에 대해 많은 지면과 시간을 편성하곤 한다.

둘째, 개인적인 중요성을 지닌 일이 발생할 경우다. 지구 반대편에 있는 어떤 아프리카 국가의 내전에서 많은 사람이 희생되었다는 기사를 접했을 때 그 이유를 찾는 데 시간과 노력을 쏟는 사람은 거의 없을 것이다. 그렇지만 낯선 사람이 자신에게 시간이 있느냐고 물으면 그 이유가 뭔지 궁금해하고 그것을 찾으려고 할 것이다.

셋째, 타인이 예측할 수 없는 행동을 할 경우다. 수업 시간에 수업을 열심히 듣는 학생에게 왜 그런지 그 이유를 찾는 교수는 없을 것이다. 하지만 어떤 학생이 휴대폰을 들여다보면서 문자를 보내고 있다면 교수는 신경이 쓰일 것이고 그 학생의 예상 밖 행동에 대한 이유를 찾으려고 할 것이다.

넷째, 불쾌한 일이 일어날 경우다. 일이 순조롭게 진행될 때보다 고통스럽고 불쾌한 일들이 일어날 때 귀인과정이 촉발되는 경향이 있다(Bohner, Bless, Schwarz, & Strack, 1988). 예를 들어, 의학계 뉴스에 따르면 암 환자의 90%가 암의 발병 원인이 무엇인지 찾으려고 노력한 반면, 암이 아닌 일반 질병을 앓고 있는 환자가 병의 원인을 찾으려는 노력을 시도한 경우는 70%에 불과한 것으로 나타났다.

(2) 귀인의 일반적인 경향

사람들은 자신이나 타인의 행동에 대해 귀인을 할 때 몇 가지 일반적인 경향을 보인다. 이러한 귀인 경향은 현실을 왜곡하는 편향적인 것들이 대부분이다. 귀인 과정에서 나타나는 일반적인 경향은 다음과 같이 몇 가지로 요약해 볼 수 있다.

첫째, 공변원리다. 사람들은 많은 상이한 조건에 걸쳐서 어떤 특정 효과와 특정 원인 사이의 연결을 찾는 경향이 있다는 것이다. 만일 어떤 특정 원인이 많은 상이한 상황에서 특정 효과와 연합되어 있고 그 특정 원인이 없을 때는 효과가 일어나지 않는다면, 그 효과를 그 원인 때문에 일어난 것으로 생각하게 되므로 그 원인이 항상 그 효과와 공변한다. 다시 말해, 그 원인이 존재할 때는 언제나 효과가 일어나고, 그 원인이 없을 때는 효과가 없다는 것이다.

둘째, 사람들은 행동의 원인을 외적 요인보다는 내적 요인에 귀인하려는 경향이 있다. 사람들은 일반적으로 타인의 행동이든 자신의 행동이든 상황적 요인에 귀인하기보다는 행동한 사람의 내적 특성이나 동기에 귀인하려는 경향이 있다는 것이다. 이는 사람들이 사람의 행동에 대해 성격이나 태도와 같은 내적 요인으로 설명하려는 경향을 지니고 있는 반면, 환경적인 외적 요인으로 설명하려는 경향은 적게 지니고 있음을 의미한다.

셋째, 켈리(Kelly)의 절감원리다. 어떤 특정 효과를 일으키는 데 있어서 특정 원인의 역할은 만일 다른 그럴듯한 원인들이 있으면 줄어들게 된다. 즉, 우리는 한 가지 이상의 이유가 있을 것같이 생각되면 귀인에 그리 확신이 없게 되고 그 효과를 어떤 특정 원인에 귀인할 가능성이 줄어들게 된다. 예를 들어, 공부를 아주 잘하는 학생이 있다고 하자. 그 학생이 공부를 원래 좋아해서 잘한다고 생각했는데, 알고 보니 극성스러운 부모의 공부에 대한 압력이 강해서 그런 것임을 알게 되면 공부를 좋아해서 그런 것이라는 생각은 다소 유보하게 될 것이다. 이처럼 내적 귀인을 할 수 있는 상황에서 외적 압력이 있었다고 판단될 때는 외적 귀인을 하거나 적어도 내적 귀인이 감소하게 되는 현상을 절감원리라고 한다. 절감원리는 바람직한 행동을 유도하거나 유지시키는 데 영향을 미칠 수 있다. 예를 들어, 만일 한 아이가 마당을 쓸려고 빗자루를 드는데 어머니가 마당 좀 쓸라고 얘기를 하신다면, 어머니의 지시가 외적 요인으로 작용하여 스스로 하려고 했던 그 아이의 자발적 동기는 감소될 것이다. 어떤 행동을 추진하고 유지시키는 힘은 외적 압력보다 내적 동기가 더 크다는 것을 알 수 있는 사례다.

넷째, 행위자-관찰자 편향이다. 사람들은 일반적으로 똑같은 행동이라도 자신이 행위자일 때와 타인의 행위를 관찰할 때 귀인 방식에서 차이를 보인다. 즉, 자신의 행동에 대한 귀인과 타인의 행동에 대한 귀인에서 차이가 난다는 것이다. 사람들은 대체로 외적 요인보다 내적 요인에 귀인하는 경향이 있으나 자신의 행동에 대해서는 외적 요인에 귀인하는 경향이 있다. 이러한 경향은 그 행동이 좋지 않은 결과로 나타났을 때 그 책임을 벗어나기 위해 더욱 현저하게 나타난다. 예를 들면, 신호 위반을 했을 때 운전자 입장에서는 주로 외적 귀인을 하여 보행자가 없어서 또는 다른 사람도 하니까 등의 이유를 대며 자신의 행동을 정당화하는 반면, 보행자 입장에서는 상황보다는 운전자의 성향으로 내적 귀인을 하여 운전자가 준법정신이 없어서 또는 성격이 좋지 않아서 등의 이유로 비난을 하게 된다.

다섯째, 사람들은 자신이 한 행동의 결과가 좋으면 내적 귀인을 하지만 행동의 결과가 나쁘면 외적 귀인을 하는 경향이 있다. 우리 속담에 "잘되면 내 탓, 못 되면 조상 탓"이라는 말이 있다. 이 속담이 이러한 귀인 경향을 잘 나타내 주고 있는데, 이를 자기방어 귀인 또는 자기고양 귀인이라고 한다. 이는 자기지각에서 주로 나타나는 현상인데, 자신의 자존감을 유지하기 위한 방법으로 우리 주변에서 흔히 볼 수 있는 현상이다. 보통 우리는 하는 일이 잘 안 되었을 때 조상 탓, 세상 탓, 부모 탓 그리고 팔자에까지 실패의 원인을 돌리곤 한다.

여섯째, 거짓 일치성(합치성) 효과와 거짓 독특성 효과다. 거짓 일치성 효과는 자신이 어떤 행동을 하면서 다른 사람들도 다 그렇게 행동할 것이라고 생각하는 경향이다. 이러한 경향 때문에 사람은 대부분 자신의 행동과 판단을 대표성이 있는 것으로 여기면서 자신과 다른 행동을 하는 사람은 극단적인 사람으로 생각할 수 있다. 반면, 거짓 독특성 효과는 자신이 하는 독특한 행동은 남들은 못하고 자신만 할 수 있는 것이라고, 또는 내가 하면 아주 특별히 개성적인 것이고 남이 하면 주책이라고 생각하는 경향으로, 왜곡되고 편파적인 추론이라고 할 수 있다. 이처럼 거짓 독특성 효과는 자신은 타인과 다르다고 생각하고 독특한 개성을 지니고 있다고 생각하는 경향을 말한다. 대표적인 예로 '내가 하면 로맨스고 남이 하면 불륜' '내가 차를 천천히 몰면 안전운전이고 남이 차를 천천히 몰면 소심운전'이라고 하는 것을 들 수 있다.

이처럼 귀인은 대인관계 상황에서 우리가 흔히 경험할 수 있는 아주 일상적인 현상이라고 할 수 있다. 그런데 귀인이라는 것이 대부분 자기중심적으로 이루어지는 왜곡되고 편파적인 것이기 때문에 조심해야 할 필요가 있다. 즉, 자기 행동의 결과를 추론할 때와 타인 행동의 결과를 추론할 때 극단적으로 차이가 나고 타인에 대한 인상을 형성할 때도 많은 영향을 미칠 수 있기 때문에 조급한 판단을 해서는 안 된다는 것이다.

제4장 대인기술

    우리 주변에서 보면, 어떤 사람은 자신이 원하는 대로 타인과 좋은 관계를 만들고 유지하는 세련된 기술을 가지고 있는 반면, 어떤 사람은 타인과 사귀고 싶어도 타인과 만나고 관계를 만들어 가는 것이 어려운, 즉 사교 기술이 미숙한 사람도 있다. 사교 기술이 좋아 성공적인 사회생활을 하는 사람도 있지만 사교 기술이 좋지 않아 사회생활에 어려움을 겪는 사람도 있다. 아무리 일을 잘해도 사교 기술이 좋지 않아 직장생활에 적응을 잘 못하는 사람도 있다. 인간관계를 성공적으로 이끌어 갈 수 있는 이와 같은 사교적 능력을 사회적 기술(social skill) 또는 대인기술(interpersonal skill)이라고 한다.

    필립스(Phillips)는 사회적 기술을 다음과 같이 정의하고 있다. 첫째, 자신의 권리, 요구, 만족 및 의무와 같이 자신이 원하는 바를 타인과의 관계 속에서 효과적으로 수행하는 행동적 능력이다. 둘째, 자신의 바람을 수행하되 타인의 권리, 요구, 만족 및 의무를 손상시킴 없이 행하는 기술이다. 셋째, 효과적인 의사소통 능력, 즉 자신의 의도를 상대방에게 잘 표현하여 전달하는 동시에 상대방의 의도를 잘 파악하고 이해하는 능력이다. 넷째, 나와 타인의 욕구가 생산적으로 공유되어 모두 만족할 수 있는 결과를 가져오게 하는 행동적 기술이다. 결국 사회적 기술이란 나와 타인이 인간관계를 통해 모두 만족할 수 있도록 상호작용하는 데 필요한 기술이라고 할 수 있다. 이 장에서는 나와 타인 모두에게 도움이 되는 사회적 기술, 즉 대인기술에 대해 살펴보기로 한다.

1. 대인기술이란 무엇인가

대인기술은 인간관계를 성공적으로 이끌어 갈 수 있는 사교적 능력을 말한다. 대인기술은 대인관계에 영향을 미치는 매우 중요한 행동적인 요인이라고 할 수 있다. 미첼슨, 슈가이, 우드와 캐즈딘(Michelson, Sugai, Wood, & Kazdin, 1983)은 대인기술의 특징을 다음의 네 가지로 정리하였다.

첫째, 학습을 통해 획득되는 것이다. 대인기술은 태어난 후 성장과정에서 후천적인 경험을 통해 의식적으로 또는 무의식적으로 학습하여 습득하게 된다는 것이다. 대인기술은 태어나면서 부모와 가족, 친척, 친구, 동료 등과의 직접적인 관계 속에서 강화를 통해 학습할 수도 있고 타인의 행동을 관찰하면서 모방을 통해 습득할 수도 있다.

둘째, 언어적 행동과 비언어적 행동으로 구성된다. 우리 인간에게 중요한 의사소통 수단인 언어뿐 아니라 다양한 비언어적 행동 모두 대인기술에 포함된다.

셋째, 대인기술의 적절성과 효과는 행위자, 상대방, 상황 특성에 따라 결정된다. 행위자와 상대방의 연령, 성별, 사회적 지위 등에 따라 특정한 사회적 행동이 적절할 수도 있고 적절치 않을 수도 있다. 또한 특정 행동이 행해지는 상황이나 시기에 따라 그 효과는 달라질 수 있다. 즉, 대인기술은 인간관계에 관련된 사람의 특성과 상황적 특성에 대한 고려가 중요한 요소라는 것이다.

넷째, 타인으로부터의 사회적 보상을 극대화하는 역할을 한다. 즉, 적절한 대인기술은 인간관계에서 얻게 되는 긍정적 성과를 최대화한다는 것이다.

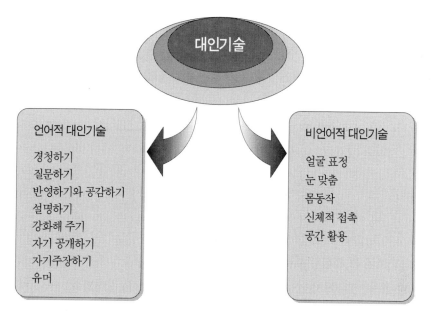

[그림 4-1] 대인기술의 분류

대인기술은 크게 언어적 대인기술과 비언어적 대인기술로 나누어 볼 수 있다. 우선 언어적 대인기술에 대해 살펴보기로 하자.

1) 언어적 대인기술

인간에게 있어서 의사소통의 주된 통로는 언어라고 할 수 있다. 우리는 단 하루도 의사소통을 하지 않고 지내기 어렵다. 낯선 사람과 만나 우정을 맺고 사랑을 표현하며 갈등을 해소하는 일, 이웃과 사귀고 도움을 요청하는 일, 동료들과 함께 일하며 사람을 다루는 일에 이르기까지 우리 생활의 모든 영역에서 의사소통을 필요로 하지 않는 경우는 거의 없다. 의사소통은 우리의 삶이자 성공적인 인간관계의 지름길인 것이다. 타인과 의사소통을 하는 데 우리는 다양한 경로를 활용한다. 그중 언어라는 매개체는 가장 많이 활용되는 의사소통 경로다. 그렇지만 같은 말이라고 해서 모두 같은 뜻을 지니고 있는 것은 아니고, 말하는 사람의 억양이나 목소리 톤, 그리고 특유의 말버릇에 따라 같은 말이라도 달리 지각될 수 있다. 말은 인간의 내면적인 의도를 가장 잘 전달하는 효과적인 의사소통 수단이며, 따라서 대인관계는 의사소통의 내용과 질에 따라 크게 달라질 수 있다. 우리 속담에 "말 한마디에 천 냥 빚을 갚는다."란 말도 있지 않은가! 대인관계를 촉진하는 언어적 대인기술을 몇 가지 살펴보면 다음과 같다.

우선 경청하기를 들 수 있다. 의사소통에서 상대방의 이야기를 잘 듣는 것만큼 중요한 일도 없을 것이다. 경청하기는 의사소통의 기본이며 상대방이 보내는 소통 내용에 주의를 기울이고 이해하기 위해 노력하는 행동을 의미한다. 상대방의 이야기에 깊은 관심과 공감을 나타낼 때, 상대방은 이해받고 있다는 느낌을 갖게 된다. 경청은 두 가지로 구분할 수 있는데, 적극적 경청은 상대방의 이야기에 주의를 집중하고 있다는 표현을 하면서 듣는 것이고, 소극적 경청은 상대방의 이야기에 특별한 표현 없이 수동적으로 듣는 것을 말한다.

두 번째는 질문하기다. 대인관계는 상호작용으로 서로 다양한 정보를 교환하는 과정이라고 할 수 있는데, 질문하기는 이러한 상호작용을 촉진하는 중요한 대인기술이라고 할 수 있다. 질문하기는 상대방에게 추가적인 정보를 요청하고 상대방의 태도, 감정 및 의견을 확인하는 행동으로 상대방의 의견을 변화시키기도 한다. 적절하지 못한 질문을 하는 것은 오히려 관계를 악화시킬 수도 있으며, 일방적으로 나만 질문을 하기보다는 내가 질문을 했으면 상대방의 질문도 받아 주는 균형을 맞추는 것이 필요하다고 할 수 있다.

세 번째는 반영하기와 공감하기다. 우리가 대화를 한다는 것은 나 혼자 벽에 대고 하는 것이 아니라 상대방이 있는 것으로, 내가 한 말에 이해를 받고 싶고 상대방이 한 말을 이해해 주기도 해야 한다. 반영하기는 상대방의 표현 내용에 대한 사실적 또는 정서적 이해를 보여 주는 대인기술로, 상대방이 전달한 내용에 대한 자신의 이해 정도를 전달하고 자신이 이해한 내용이 정확한지를 확인하는 기능을 한다. 이에 비해 공감하기는 상대방의 표현 내용에 대한 사실적 이해를 뛰어넘어 상대방의 주관적인 기분과 입장에 대해 정서적인 이해를 하고 있다는 것을 보여 주는 것이다. 공감을 잘하는 사람은 상대방의 입장과 관점에서 이해하려 하고, 상대방의 말의 이면에 깔려 있는 정서적 의미까지도 포착하려 하며, 자신의 느낌을 상대방에게 전달하고자 한다. 공감을 형성하게 되면 서로 간에 신뢰, 존중 및 매력이 높아져서 관계가 더욱 촉진된다.

네 번째는 설명하기다. 설명하기는 자신이 갖고 있는 정보를 상대방에게 제공하고 공유하는 대인기술이다. 설명하기를 잘하려면 설명하는 상황과 대상을 고려하고, 내용, 순서 및 방식 등을 미리 준비하며, 간결하고 분명하며 정확하고 체계적으로 표현해야 한다.

다섯 번째는 강화해 주기다. 인간의 행동 대부분이 보상을 받게 되면 촉진되듯이 대인관계도 보상적일 때 촉진된다. 강화해 주기는 타인에 대한 인정, 긍정, 칭찬, 배려 및 지지를 전달하는 언어적 표현이다. 강화해 주기는 상대방에게 이해받고 수용되고 있다는 느낌을 갖게 해 주며 상대방의 자신감과 자존감을 높여 준다. 그리하여 대인관계를 즐겁고 보상적인 것으로 느끼게 해 준다.

여섯 번째는 자기 공개하기다. 대인관계에서 더욱 깊이 있는 관계로 발전하기 위해서 필요한 대인기술이 자기 공개하기라고 할 수 있는데, 이는 주변 사람들은 모르는 자신의 개인적인 정보를 상대방에게 의도적으로 노출시키는 행위다. 자기 공개하기는 상대방으로 하여금 경계심과 두려움을 완화하고 신뢰감을 높여 자기공개를 촉진하는 효과를 나타낸다. 따라서 서로가 좀 더 솔직하고 깊이 있는 대화가 가능해지고 아주 사적인 정보까지도 공유하게 된다. 결국 상대방에 대한 개방성과 신뢰가 높아져 대인관계가 더욱 심화될 수 있다.

일곱 번째는 자기주장하기다. 자기주장하기는 자신의 개인적인 권리를 옹호하고 향상시키기 위해 자신의 사고, 감정 및 신념을 솔직하게 표현하는 행동으로, 타인의 권리도 존중해 준다는 차원에서 공격적인 주장 행동과는 차이가 있다. 라자러스(Lazarus, 1971)는 자기주장하기의 주요 내용을 네 가지로 정리하였는데, 들어주기 어려운 타인의 요청을 거절하는 것, 타인에게 부탁을 하거나 요청을 하는 것, 긍정적 감정과 부정적 감정을 표현하는 것, 대화를 원하는 때 시작하고 원하는 때 종결하는 것이다.

마지막 여덟 번째는 유머로 농담하기라고도 한다. 유머는 유쾌한 익살, 해학 및 농담으로 인간관계를 보다 맛나게 하는 양념과 같은 것이다. 유머는 인간관계의 긴장을 해소하며 타인을 편안하게 만드는 역할을 한다. 그렇지만 유머나 농담의 주제가 주로 성적이거나 공격적인 경우가 많으므로 사용할 때는 주의가 필요하며, 지나치게 자주 사용하면 상대방의 감정을 상하게 해서 오히려 대인관계에 부정적인 영향을 미칠 수도 있다.

2) 비언어적 대인기술

동양 문화권에 속하는 우리 사회는 서구 사회에 비해 언어적 표현보다는 비언어적 표현을 통해 의사소통하는 비언어적 문화를 지니고 있다(권석만, 1996a; 최상진, 1993). 따라서 비언어적 행동을 위해 잘 구사하여 자신의 의사표현을 하는 대인기술이 매우 중요하다. 자신의 의사를 표현하는 것도 중요하지만 비언어적 행동으로 표현되는 상대방의 의도와 심정을 파악하는 것이 매우 중요한데, 이러한 능력을 '눈치'라고 한다. 우리 사회에서는 비언어적 행동과 눈치를 통해 의사소통이 이루어지는 경우가 많기 때문에 비언어적 대인기술을 잘 이해해야 한다.

비언어적 소통의 기능은 다음과 같이 몇 가지로 정리할 수 있다. 첫째, 비언어적 메시지는 인간의 감정이나 태도를 표현하고 전달하는 일차적인 방식이다. 비언어적 메시지가 전체 의사소통의 55%를 차지하고, 순수 언어가 7%, 억양 등의 음성 요소(부언어)가 38% 이루어진다고 한다. 결국 메시지가 담고 있는 정서적인 내용의 93%가 비언어적으로 소통된다고 할 수 있다. 둘째, 비언어적 대인기술은 말로 표현한 것을 부인하거나 보완하는 기능을 한다. 비언어적 메시지는 언어로 전달되는 메시지보다 더 신뢰할 수 있는데, 상대방이 언어로 표현한 것을 전면 부인하기도 하고 반복 인정하기도 하며, 때로는 상대방의 감정 표현을 강조하거나 보완하는 기능을 하기도 한다. 셋째, 비언어적 대인기술은 상황을 조정하고 의사소통의 흐름을 조절하는 자기표현 기능을 한다. 우리는 대화 도중에 지루하면 시계를 보고, 두리번거리며, 주의를 다른 곳으로 돌리든가 팔짱을 끼는 행동 등을 보임으로써 지루한 상황을 조정한다. 또한 여러 사람이 대화를 할 경우 자신의 이야기를 넘겨받을 사람을 쳐다봄으로써 이야기 차례를 넘겨 주기도 하며, 대화를 하는 사람에게 미소를 짓고 고개를 끄덕이면서 친밀해지고자 하는 의도를 드러내기도 한다. 이처럼 비언어적 대인기술은 언어적 소통의 대체 및 보완 수단이며, 강조 사항이나 정서적 내용을 풍부하게 전달하기도 하고, 의사소통의 흐름을 조절하고 사회적 상황을 관리할 수 있으며, 언어적으로 표현하기 힘든 미묘한 태도나 감정을 전달하는 기능을 가지고 있다고 할 수 있다.

그럼 이러한 비어언적 의사소통의 수단에는 어떤 것들이 있는지 살펴보자. 우선 얼굴 표정을 들 수 있다. 얼굴 표정은 사람이 감정을 표현하는 주된 비언어적 수단으로, 일차적으로 감정이 드러나는 곳이라 할 수 있다. 말로는 아무리 그렇지 않다고 해도 표정을 감추거나 조절하기는 어려운 법이다. 우리는 얼굴에 웃음을 지어 상대방에 대한 호감이나 만족감을 표현하기도 하고, 얼굴을 찡그리거나 험한 인상을 지어 상대방에게 분노나 불쾌감을 드러내기도 한다. 필요에 따라 원하는 얼굴 표정을 나타낼 수 있는 의도적인 조절 능력도 중요한 비언어적 대인기술이라고 할 수 있다.

두 번째는 눈 맞춤, 즉 시선이다. 눈은 마음의 창이라고 하듯이 상대방의 사고과정을 엿볼 수 있는 통로이자 풍부한 감정 표현을 담고 있는 정보의 원천이다. 우리는 눈을 통해 자신의 마음을 전달하고 상대방의 마음을 읽는다. 상대방에게 관심과 호감을 갖게 되면 우리는 상대방을 주목한다. 특히 연인 사이에서는 서로의 눈을 마주 쳐다보는 행동을 통해 서로의 애정을 나누곤 한다. 그러나 상대방에게 적대감을 갖고 있을 때는 상대방을 노려보거나 째려보게 된다. 우리는 시선을 통해 상대방을 관찰하여 그 사람에 대한 정보를 얻을 수 있을 뿐 아니라 눈을 내리깔거나 지그시 감음으로써 혹은 무섭게 노려봄으로써 대화의 흐름을 조절하고 나의 메시지를 전달할 수 있다. 따라서 대인관계 상황에서 상대방과 적절하게 눈빛을 주고받는 일은 매우 중요하다고 할 수 있다.

세 번째 비언어적 대인기술은 물리적 거리다. 물리적 거리는 심리적 거리를 반영하며, 두 사람 사이의 공간은 개인의 고유한 심리적인 영역이다. 우리는 보통 심리적으로 가까운 사람과는 물리적으로도 가깝다. 여러 사람이 앉아 있을 때 가까이 앉는 것은 자기 영역에 가까이 들어와도 좋다는 것을 의미하는 반면, 맞은편이나 등 뒤에 앉는 것은 반대 입장에 있다는 표현일 수 있다. 친한 사람과 대화를 나눌 때는 서로 가깝게 앉는 반면, 낯선 사람과는 어느 정도의 거리를 유지하게 된다. 이렇게 사람은 공간 행동을 통해서 의사소통을 하기도 한다. 상대방과 어느 정도 거리를 두고 있느냐는 관계의 친밀함을 반영하는 정보를 내포하고 있다. 대인관계에서는 관계의 성질에 따라 적절한 거리를 유지하는 것이 필요하다. 만일 사람이 꽉 차 있는 지하철에서 내 앞에 낯선 사람의 얼굴이 있다면 어떠하겠는가? 아마도 나는 그 사람의 얼굴에 시선을 맞추기보다는 창밖을 보거나 좀 더 멀리 있는 대상을 쳐다봄으로써 불편함을 해소하려고 할 것이다. 그렇지만 그 사람이 다정한 애인이나 친구라면 그렇게 하지 않을 것이다. 이렇게 행동이 달라지는 것은 물리적 거리가 심리적인 안전 거리와 관계가 있기 때문이다.

네 번째는 몸 움직임으로 제스처라고 한다. 사람들은 보통 대화를 하는 동안 손, 팔, 머리 및 몸통을 계속 움직인다. 이러한 몸의 움직임은 많은 것을 표현하고 전달하는 역할을 한다. 몸 움직임을 통해 의사를 표현하는 제스처는 신체 언어(body language)의 범주에 포함된다. 일반적으로 우리는 이야기를 할 때 강조하고 싶은 부분에서는 손을 번쩍 들거나 주먹을 불끈 쥐기도 하고, 상대방의 이야기에 동의를 하면 고개를 끄덕이고 반대를 하면 가로젓기도 한다. 이렇듯 몸 움직임은 언어적 의미 전달을 돕는 주요한 보완적 수단으로, 몸 움직임을 적절하게 사용하는 것은 말의 의미를 더욱 분명하게 하거나 강렬하게 만드는 기능을 한다고 할 수 있다. 대표적인 몸 움직임으로는 인사 행동과 몸의 자세를 들 수 있다. 인사 행동은 여러 문화권에 따라 다르게 나타나는 몸 움직임이다. 인사 행동은 호감, 반가움, 존경, 경의 등을 표현하는데 문화권에 따라 고개를 숙이거나, 악수를 하거나, 엎드려 절을 하거나, 포옹을 하거나, 키스를 하는 등 매우 다양하게 나타난다. 특히 우리와 같은 유교 문화권에서는 인사 행동이 인사 예법이라고 할 정도로 매우 중요한 대인기술이라고 할 수 있다. 몸 움직임과 함께 상대방에 대한 태도를 표현하는 중요한 수단으로 몸의 자세를 들 수 있다. 우리는 대화를 나누는 동안 팔짱을 끼거나 다리를 꼬는 자세를 취할 수 있는데, 이는 상대방의 이야기에 대한 내 정서 상태를 표현하는 중요한 기능을 하기도 한다.

다섯 번째는 신체적 접촉이다. 신체적 접촉은 감정을 표현하는 가장 원시적이고 직접적인 방법으로 상대방에 대한 감정과 태도를 표현한다. 우리는 태어나면서부터 부모와의 신체적 접촉을 통해서 의사소통을 하게 되는데, 어린 유아에게는 부모가 애정을 표시하는 주된 방법이 신체적 접촉인 것이다. 신체적 접촉은 성인에게도 여러 가지 감정을 표현하는 중요한 수단이 된다. 먼저 친밀감은 신체 접촉을 통해 표현되는데, 가까운 친구 사이는 서로 손을 잡거나 몸을 기대고 어깨동무를 하게 된다. 특히 여성들의 경우는 남성들의 경우보다 신체적 접촉의 강도가 더 강한 경향이 있다. 또한 신체적 접촉은 연인들 사이에서 강한 애정을 표현하는 수단이 된다. 연인들 사이에서의 신체적 접촉은 강렬한 감정을 직접적으로 표현하고 전달하는 방식으로 키스나 포옹, 애무 등으로 서로의 몸을 접촉시킴으로써 애정을 표현한다. 물론 연인들 사이에서만 신체적 접촉이 강한 감정 표현의 수단이 되는 것은 아니고, 오랜만에 만난 친구나 부모와 자식 간에도 서로 껴안는 신체 접촉을 통해 강한 애정 표현이 이루어지기도 한다. 한편, 신체적 접촉은 지배와 종속의 관계를 나타내는 수단으로 사용되기도 한다. 흔히 어른들은 아이들의 머리를 쓰다듬거나 등을 두드려 주면서 격려를 하는 동시에 지배적인 위치에 있음을 나타내기도 한다.

이처럼 비언어적 대인기술은 다양하게 나타나는데 언어적 대인기술과는 다른 몇 가지 특색이 있다. 첫째는 애매모호하다는 점이다. 말은 확실한 의미를 담고 있으며 시작과 끝이 분명한 반면, 얼굴 표정이나 몸 움직임과 같은 비언어적 대인기술은 정해진 의미가 없고 시작과 끝이 불분명하기 때문에 오해의 소지가 많다고 할 수 있다. 둘째, 비언어적 대인기술은 다양한 채널을 갖고 있기 때문에 말보다 더 복잡하고 이해하기 어려울 때가 많다. 셋째, 사람에 따라서는 비언어적인 대인기술을 표현하기 어려운 사람이 있고, 같은 비언어적 대인기술이라고 해도 문화권에 따라서 달리 해석될 수 있다.

비언어적 대인기술을 사용할 때 이러한 어려운 점들이 존재하는데, 이를 줄이려면 비언어적 메시지로 표현하는 일련의 행동과 그 행동이 관찰된 맥락을 파악하는 일이 중요하다. 맥락을 파악하기 위해서는 우선 상대방의 즉각적인 반응을 알아보는 능력을 기르고, 상대방과 자기 자신의 신체적 각성 상태, 즉 가슴이 두근거린다거나 얼굴이 달아오르는 등의 신체 언어를 알아차리는 훈련이 필요하다. 또한 대화 상황의 관계 역동을 파악하는 것도 중요하다.

2. 부적응적 대인기술

대인기술은 대인관계에서 자신이 원하는 방향으로 목표를 실현하기 위한 행동적 수단이라고 할 수 있다. 사실 대인기술은 매우 복잡하고 미묘한 행동 기술로서 그 진실성, 양과 빈도, 시기 적절성, 다양성, 맥락 등에 따라 그 효과가 현저하게 달라질 수 있다. 낯선 환경에서 누군가를 만나 인사를 하고, 대화를 시작하고, 대화를 재미있고 유익하게 이끌어 가고, 지속적인 만남을 통해 관계를 심화시켜 나가기 위해서는 여러 가지 대인기술이 필요하다. 이러한 대인기술이 부족한 사람은 친구를 사귀고 싶은 대인동기가 강해도 어떻게 해야 할지를 잘 모른다. 이런 사람은 타인에게 접근해서 대화를 나누는 것 자체가 매우 어렵고 어색하기 때문에 타인에게 미숙한 행동을 하게 되고 그로 인해 거부당하는 일도 겪게 된다. 이처럼 대인관계에서 부적응을 보이는 사람들 중에는 대인기술에 문제가 있는 사람들이 있다. 대인기술에서 부적응을 겪는 사람은 크게 대인기술 미숙형과 대인기술 억제형으로 구분할 수 있다.

　대인기술 미숙형은 성장과정에서 적절한 대인기술을 습득하지 못한 사람들이라고 할 수 있는데, 이런 사람들은 언어적 또는 비언어적 기술이 부족하여 상황과 대상에 대해 적절하게 행동하지 못한다. 따라서 타인과 사귀고 싶은 대인동기는 강해도 대인기술이 부족하여 원하는 관계를 맺지 못한다. 결국 대인기술 미숙형은 타인이 호감을 느끼도록 자신을 잘 표현하지 못하고 타인의 행동에 적절한 반응을 하지 못한다. 반면에, 대인기술 억제형은 적절한 대인기술은 지니고 있는데 특정한 상황에서 그 기술이 억제되어 적절한 대인 행동을 하지 못하는 사람들이다. 대인기술이 억제되는 주된 이유로는 심한 긴장, 불안, 두려움 등의 심리적 요인이 있다. 대인기술 억제형인 사람들은 가족이나 친구와 같은 친숙한 대상에게는 자기표현도 잘하고 상대방에 대해서 적절한 행동도 보이지만 낯설고 위협적인 상황, 즉 낯선 사람에게 부탁을 해야 하는 상황, 낯선 이성과 미팅을 하는 상황, 자신이 평가받는 면접을 보는 상황, 여러 사람 앞에서 프레젠테이션을 해야하는 상황 등에서는 긴장되고 불안해서 적절한 행동을 하지 못하게 된다. 이런 상황에서는 말을 더듬고 할 말을 못하여 당황하게 되고 횡설수설할 뿐만 아니라 손발이 떨리고 땀이 나고 자세가 경직되는 긴장과 불안을 경험하게 된다. 이러한 경험을 하게 되면 두려운 마음이 앞서게 되어 그 상황을 회피하게 된다.

　대인기술은 성장과정에서 자연스럽게 학습되기도 하지만 의식적인 노력을 통해 개선되고 향상될 수 있다. 누구나 날 때부터 능숙한 대인기술을 가지고 태어나는 것이 아니라 끊임없이 노력하고 훈련하여 유능한 대인기술을 발휘하게 되는 것이다. 대인기술은 의사소통을 통해 효과적으로 대인관계를 이끌어 가는 데 가장 기본이 되는 것이라고 할 수 있다. 원활한 의사소통을 하기 위해서는 상대방의 말에 주의를 기울이고, 열린 자세로 부드러운 시선과 안정된 자세를 취해야 한다. 때로는 적극적인 경청과 공감적 이해를 하고 상대방의 의사와 자신의 지각을 확인할 필요가 있으며, 자신의 느낌을 솔직하게 말하고 피드백을 주고받아야 한다. 상대방의 성격이나 일반 특성보다는 구체적 행동에 대해 말하고, 판단보다는 정보를 교환하는데 초점을 맞추어야 하고, 관념적이고 추상적인 내용을 구체화 시키는 것도 중요한 일이다. 충고나 해결책보다는 대안을 제시하며, 강요하지 않는 것이 상대방을 배려하는 자세라 할 수 있다.

제2부

생애 단계별 인간관계

　　인간은 누구나 태어나면서부터 부모와의 관계를 시작으로 형제자매 등 혈연관계를 맺고, 어린이집이나 유치원을 다니면서 또래 친구들을 만나며, 학교에 들어가서는 스승과 제자의 관계를 맺고, 초등학교부터는 이성 친구와의 만남도 시작된다고 볼 수 있다. 또한 직장생활을 하면서부터 직장 내, 직장 밖에서 다양한 사회적 인간관계를 맺게 된다. 이렇듯 우리는 일생 다양한 사람과 인간관계를 맺기도 하고 끊기도 하면서 끊임없이 관계 속에서 생활하게 된다.

　　우리의 인간관계는 인생의 발달 단계에 따라 계속 변화하며, 만나는 사람도 달라지고 그에 따른 인간관계 경험의 양상도 달라진다. 2부에서는 생애 단계별로 변화하는 인간관계의 유형, 즉 가족관계, 친구관계, 이성관계, 직장에서의 인간관계 등을 구분하여 살펴보고, 다양한 인간관계를 어떻게 하면 성공적으로 형성·유지 및 발전시켜 나갈 것인가를 살펴보기로 한다.

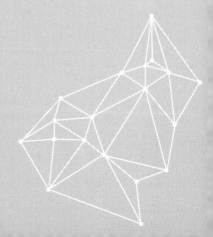

제5장 가족관계

사람은 누구나 가족관계로부터 인간관계가 시작된다. 인간의 사고와 행동양식에 영향을 주는 주요 환경에는 가정, 학교, 사회 등이 있다. 이 중에서 가정은 최초의 인간관계를 형성하는 곳으로 개인에게 강력한 심리적 영향을 미친다는 점에서 가장 기본적이며 중요한 사회적 단위라고 할 수 있다. 개인의 성격 및 행동특성의 형성이 대부분 취학 전 가정에서 이루어지며, 이때가 다른 시기에 비해 발달이 가장 활발하게 진행되는 시점이라 할 때 가정환경이 개인에게 미치는 영향력은 막대하다고 할 수 있다.

가정은 개인에 대한 교육이 이루어지는 최초의 장이며, 평생 가장 많은 시간을 보내게 되는 곳이다. 개인은 가정에서 기본적인 생활양식 · 행동양식 · 가치관 등을 형성하게 된다. 가족 구성원들 간의 인간관계, 특히 배우자, 부모, 형제와의 상호작용을 통한 인간관계는 개인의 성격 및 행동 발달에 직접적인 영향을 준다.

일반적으로 가정환경은 사회적 계층과 같은 지위 환경(position environment)과 부모와 자녀 간 상호 작용의 형태와 질, 개인에게 가해지는 어떤 압력과 같은 과정 환경(process environment)으로 개념화하여 구분할 수 있다. 송인섭(1998)은 가정환경을 가족 구조 차원(출생 순위, 자녀의 수), 사회적 지위 차원(부모의 직업, 부모의 교육 수준, 교육받을 수 있는 경제적 수준), 가족의 심리 및 과정 특성 차원(부모의 격려 및 기대, 가정의 교육 활동, 교육적 관심, 자녀의 지적 수준에 대한 부모의 평가, 상벌 체계) 등으로 구분하고 이에 대한 고차적 요인분석을 통해 각 차원의 특성을 확인하였다. 이재창(1983)은 가정의 사회·경제적 지위, 부모의 직업 및 교육 정도 등의 구조 변인과 부모의 가치 지향, 자녀 양육 방식, 가족 내 의사소통 방법 등의 과정 변인으로 구분하고 있다. 김상진(1985)은 부모의 사회적 지위에 따라 결정되는 지위 환경과 부모자녀 간의 상호작용에 따라 결정되는 작용 환경으로 구분하여 제시하였다. 가정환경에 대한 연구들을 종합하여 살펴보면, 가정은 그것을 구성하는 요인의 특성에 따라 크게 지위 환경과 과정 환경으로 나뉜다. 가정환경에 대한 기존의 연구가 주로 지위 환경적 측면에서 이루어져 왔으나, 최근에는 과정 변인 혹은 작용 변인에 대한 강조가 활발한 편이다. 즉, 가정 내에서 이루어지는 부모자녀 간의 상호작용의 질과 양, 강도, 밀도, 지속성 등이 가정의 사회계층 및 지위와 같은 변인보다 더 중요한 것임을 알 수 있다(황정규, 1977, 1998). 특히 가정의 심리적 환경에 포함될 수 있는 부모자녀 간의 상호작용 형태의 변인은 개인의 성격이나 행동 특성에 직접적인 영향을 제공하는 중요한 요소라고 할 수 있다.

1. 가족의 의미

1) 가족의 특징 및 유형

가족은 부모와 자녀로 구성되는 혈연 중심의 공동 운명체다. 인생이라는 험한 등반과정에서 베이스캠프와 같은 곳이라 할 수 있다. 가족관계는 다른 형태의 인간관계와 달리 유전적 특성 혹은 신체적·심리적 측면에서 유사성을 지니고 있다. 또한 개인의 출생과 함께 부여된 관계로서 사별이나 이혼과 같은 특별한 경우를 제외하고 평생 동안 밀접한 관계를 지속하는 역동적 관계라는 특징을 갖는다. 가족은 가족 구성원의 크기, 구성원 간의 유대관계, 의사소통 및 애정 교환 구조의 형태에 따라 구분해 볼 수 있다. 가족 구성원의 크기에 따라 구분해 보면, 핵가족은 부부와 자녀로 이루어지는 가족이다. 확대가족은 조부모까지 포함된 3대 이상 그리고 직계 이상의 구성원으로 이루어진 가족이다. 또한 다소 변형된 형태로서 서로의 사생활을 어느 정도 유지하면서 친밀한 관계를 지속할 수 있는 절충적 형태인 '수정된 확대가족'과 '수정된 핵가족'이 있다. 수정된 확대가족은 노부모와 자녀 가족이 각기 별개의 가구를 마련하고 근거리에 살면서 실제로는 마치 한 집에 사는 것처럼 왕래가 빈번한 경우다. 수정된 핵가족은 외형상 한 울타리에 있지만 실제로는 별개의 주거 공간을 마련하여 독립된 생활양식을 유지하는 형태다. 즉, 한 건물의 위·아래층에 살지만 식사는 각자 해결하는 것과 같은 형태를 취하는 것이다.

최근 생활 풍속의 변화와 성역할에 대한 의식의 변화, 여성의 취업 증가로 가족의 역할 및 형태가 변화하고 있다. 부부가 각기 직업을 갖고 사회적 활동을 하는 '부부 취업형' 가족, 가정 내에서의 역할을 부부가 공평하게 분담하는 '역할 공유형' 가족, 전통적인 가족에서의 남편과 아내의 역할이 뒤바뀐 '역할 전환형' 가족이 이에 해당한다. 이혼, 별거, 사별 및 재혼이 증가함에 따라 편부모가족, 계부모가족, 재구성가족(혼합가족) 등이 증가하고 있다. 또한 결혼은 하지 않고 아이만 갖는 '싱글맘가족', 자녀교육을 위한 '기러기가족' 등 사회 전반의 급속한 변화로 인해 다양한 형태의 새로운 가족 유형이 늘고 있다. 이는 우리 사회의 변화된 사회적 풍토와 생활양식을 반영하는 것이라고 할 수 있다. 따라서 새로운 가족 유형에 대한 사회 전반의 유연한 인식의 전환이 필요하다. 또한 새로운 가족 유형의 특성과 문제점을 파악하고 파생되는 문제와 관련하여 개선점을 강구하며 제도적인 개선을 모색하는 등 다양한 지원 체제가 수반되어야 할 것이다.

2) 가족의 기능

가족은 전통적으로 몇 가지 기본적인 기능을 해 왔다. 자손을 낳아 기르며, 기본적인 인격, 즉 성격, 가치관, 도덕적 규범, 사회성 등을 형성시키고, 기본적 욕구인 의식주를 해결하고, 안전과 휴식을 취하며, 강력한 정서적 지지의 원천이 되어 주는 기능 등이 전통적으로 가족이라는 울타리 안에서 이루어져 왔다고 할 수 있다. 가족의 유형이 변화함에 따라 가족의 기능에도 많은 변화가 이루어졌다. 첫째, 가족의 생산 기능은 거의 소멸된 반면 소비 단위로서의 기능은 강화되었다. 즉, 많은 제품 중에서 어떻게 현명하게 물품을 구입하고, 어떻게 현명하게 소비하느냐의 문제가 가족의 경제적인 문제와 밀접하게 관련되어 있다. 둘째, 가족의 기능에서 자녀의 직업교육 기능은 약화되고 있으나 인성교육이나 전인교육은 중요한 역할로 강화되고 있다. 직업교육 기능은 사회의 많은 교육기관에서 이루어지고 있는 반면, 자녀의 인성교육과 도덕교육은 가족이 맡아야 할 기능으로 자녀들이 사회에서 중심을 찾고 확고한 가치관을 정립할 수 있도록 도와주어야 한다. 셋째, 직장과 일, 학업 등으로 시달린 가족들이 휴식을 취하며 긴장과 경쟁 속에서 스트레스를 받은 심신의 피로를 해소하고 서로를 돌봐 줌으로써 다음 날의 노동력 재생산을 위한 안식처의 기능을 가지고 있다. 듀발(Duvall)은 가족의 기능 중 인간의 발달과 상호작용이 이루어지는 사회적 단위로서의 기능에 초점을 맞추었는데, 특히 현대 가족의 경우 가족 간의 애정, 가족의 안정과 수용, 가족의 만족감과 목표 달성, 사회적 역할 수행과 사회화, 동료감과 협동감의 지속, 올바른 가치관의 확립 등을 강조하였다.

2. 부부관계

가정에서 이루어지는 가족의 주요 인간관계는 다음의 세 가지 하위 차원으로 구성된다. 즉, 가족 내에서의 인간관계 주요 유형은 부부간의 관계, 부모·자녀 간의 관계 및 형제자매 간의 관계다. 그중에서 우선 부부관계에 대해 살펴보기로 한다.

젊은 두 남녀가 이성관계를 통하여 서로에게 매력을 느껴 사랑을 하고 이러한 사랑의 결실로 결혼을 하게 된다. 즉, 두 사람은 연인관계에서 부부관계로 바뀌게 된다. 부부는 인생에 있어서 가장 중요한 동반자라고 할 수 있다. 행복하고 성공적인 부부관계는 화목한 가족관계를 이루는 데 가장 기본이 되며, 부부관계는 한 개인의 행복을 결정하는 가장 중요한 인간관계다. 성공적인 부부관계를 유지하기 위해 어떤 점들을 생각해 봐야 하는지 살펴보도록 하자.

1) 부부관계의 중요성

가족 내의 인간관계에서 가장 핵심적이고 기본이 되어야 하는 것은 부부간의 관계다. 한 가정의 신뢰를 바탕으로 건강한 부부관계를 수립하는 것은 부부 개인의 만족감을 높일 뿐만 아니라 전체 가족 구성원은 물론 사회 전반에 영향을 미친다. 서로를 배려하는 친밀한 부부관계가 중심이 되어 가정을 이끌어 갈 때 가족 구성원의 심리적 안정과 신체적 건강 그리고 올바른 자녀교육이 이루어질 수 있다. 이는 청소년 비행이나 학교폭력과 같은 공격 행동, 우울 및 자살과 같은 사회적 병리 현상을 예방하는 기초가 될 수 있다. 반사회적인 문제 행동의 기저에는 병든 가정, 건강하지 못한 가정환경이 자리하고 있는 경우가 많기 때문이다. 따라서 원만하지 못한 부부관계로 가정이 병들면 그 나라의 미래가 없다고 해도 과언이 아닐 것이다. 김혜숙 등(2008)은 부부관계에서 중요하게 고려해야 할 몇 가지를 다음과 같이 제시하고 있다.

첫째, 부부관계는 사회 전체에 영향을 미치므로 건강한 부부관계를 유지하기 위하여 노력해야 한다. 친밀한 부부관계를 만들기 위하여 의도적으로 서로를 쳐다보는 횟수를 늘리고 서로에게 미소 짓는 시간을 늘려 공감대를 형성하고 부부간의 유대를 더욱 돈독하게 하여야 한다. 그러나 이와 같은 부부 차원의 개별적 노력뿐만 아니라, 가정의 역할과 기능을 고려할 때 사회 전반적 차원에서의 인식의 전환, 사회 환경 및 제도의 개선과 같은 총체적 노력이 강구되어야 한다. 즉, 친밀한 부부관계를 장려하고 그것을 중요하게 여기는 사회적 풍토, 가정의 중요성에 대한 사회 전반의 인식이 확산되도록 해야 할 것이다. 가정생활 속에서 배우자가 행복감을 느끼며 살 수 있도록 사회구조적 문제에서 기인하는 부부간 관계의 갈등을 해결하도록 노력해야 한다. 예를 들어, 부부간의 스트레스의 주요 원인 중 하나로 변화된 생활환경에 보조를 맞추지 못하는 가사노동에서의 역할 분담 문제를 비롯해 가부장적 권위 의식에서 기인하는 문제 등 다양한 갈등 상황에 대처하여 적절하게 이를 극복해 나가는 것이 필요하다.

둘째, 부부의 만족도는 건강과 관련이 있다. 배우자와 좋은 관계를 유지하는 것은 마음의 안정과 같은 심리적 측면뿐만 아니라 건강이나 수명과 같은 신체적 측면에도 중요한 영향을 미친다. 행복 호르몬이라 불리는 세로토닌을 측정한 검사 결과, 결혼 만족도가 높은 부부는 결혼 만족도가 낮은 갈등관계의 부부보다 세로토닌의 분비가 많은 것으로 나타났다. 또한 단백질을 생성하여 암을 죽이는 데 관여하는 NK 세포의 수치도 훨씬 높아 바이러스나 세균 감염 등을 예방할 수 있는 면역력이 더 큰 것으로 나타났다.

셋째, 부부관계는 자녀의 심리적 · 정서적 특성 및 행동에 영향을 미친다. 일반적으로 화목하지 않은 불화가정에서 성장한 자녀는 만성적 스트레스로 인하여 화목한 가정에서 자란 아이에 비해 키가 더 작은 경향이 있다고 한다. 또한 부모의 잦은 다툼으로 걱정과 불안감을 더 많이 경험하게 됨으로써 우울증이나 공격적인 행동을 더 많이 나타낼 수 있다. 특히 문제가 될 수 있는 것으로 부부간 불화의 원인이 자신에게 있다는 비합리적 신념을 갖게 됨으로써 불필요한 자책감이나 학습된 무기력감을 느낄 수 있다. 이러한 감정은 성장 이후에 이루어지는 대인관계에 나쁜 영향을 미칠 수 있다.

2) 부부간의 의사소통

부부간에 이루어지는 대화의 주제를 살펴보면, 자녀교육과 관련한 문제, 수입과 지출, 집 문제나 대출금, 경조사 문제 등 현실적 생활에 대한 문제 등이 주를 이루게 된다. 이런 종류의 주제는 대화를 통해서 뾰족한 해답을 찾을 수 없는 경우가 많다. 따라서 대화를 할수록 답답해지고 더 이야기하고 싶지 않게 되는 경우가 많은 것도 사실이다. 그래서 분위기 있는 식당이나 카페 같은 곳에 앉아 있는 커플들을 볼 때, 웃으며 이야기를 많이 나누는 커플은 불륜을 상상하게 되는 반면, 아무 말 없이 무표정하게 먹거나 마시고 있으면 백발백중 부부 사이임을 예측할 수 있다고 한다. 물론 부부 사이에는 굳이 말하지 않아도 눈빛으로 통하는 끈끈한 그 무엇이 있기 때문이라고 위안해 보지만, 참으로 씁쓸한 일이다.

현실적이고 재미없게 여겨지는 일상의 문제에 대한 이야기들은 그것이 크든 작든 실제 생활 속에서는 매우 중요한 것들이다. 그러나 그런 이야기에만 그치지 말고 배우자 서로에 대한 문제에 대해서도 이야기를 나눌 필요가 있다. 즉, 배우자의 인생과 관련된 정보를 공유하는 것이다. 부부가 서로 상대방의 꿈이 무엇인지, 장래 계획이나 인생의 목표, 가치관, 그리고 상대에게 바라는 것이 무엇인지와 같은 주제들에 대하여 대화를 나누는 사랑의 지도를 그릴 필요가 있다. 이런 주제의 대화를 통하여 서로를 더 잘 알아가게 되고 상대를 더 많이 이해하고 잘 배려할 수 있게 된다. 오랫동안 함께 살면서도 정작 자신의 배우자가 자신의 인생에서 이루고 싶어 하는 꿈이 무엇인지에 대하여 알지 못하고 알려고 하지조차 않는 부부는 화목한 듯 보인다 해도 실상은 반쪽 부부에 불과하다. "새삼스럽게 무슨……." 하며 오로지 생활 속의 전사처럼 행동하려는 것은 부부간 갈등의 소지가 될 수 있다.

가트먼(Gottman)과 실버(Silver)는 3천 쌍 이상의 부부를 대상으로 한 오랜 연구 결과, 부부의 대화를 5분만 관찰하면 그들이 이혼할 것인지 아닌지의 여부를 91%의 정확도로 예측할 수 있다고 주장하였다(임주현 역, 2007). 결혼 만족도가 높은 행복한 부부의 대화 방식은 서로에게 다가가려는 형태를 취한다. 반면, 결혼 만족도가 낮은 불행한 부부들의 경우 시비를 걸거나 외면하는 형태의 부정적인 대화 방식을 사용한다. 또한 대화 중 상대에 대한 비난, 경멸, 자기변명, 담쌓기 (도피)와 같은 유형의 대화 방식은 상대를 적으로 만들 수 있는 위험한 요소가 되어 결국 부부가 파경에 이르게 될 확률을 증가시킨다는 것이다.

3) 부부간의 관계 증진을 위한 방법

친밀하고 건강한 부부관계를 위해서는 서로에 대한 관심과 좋은 관계를 유지하려는 노력이 중요하다. 부부간의 관계를 증진하기 위해 해야 할 첫 번째 노력은 얼굴을 마주보며 이야기하는 시간을 많이 갖는 것이다. 이때는 특히 경청과 피드백을 적절하게 사용하는 것이 매우 중요하다. 부부가 서로의 이야기를 들을 때 다른 곳에 한눈을 팔거나 마음속으로는 딴 데 신경을 쓰고 있으면서 고개만 끄덕여서는 안 된다. 눈, 얼굴, 몸 그리고 마음까지 모두 집중하여 상대의 이야기에 귀기울여서 잘 들어 주고 맞장구를 쳐 주는 것과 같은 피드백 행동을 하는 것은 친밀감 형성의 기초가 된다. 자기를 지지해 준다는 느낌, 존중받고 있다는 느낌은 서로에 대한 따뜻한 정과 깊은 신뢰의 마음을 갖게 한다.

두 번째 노력은 부부가 함께 할 수 있는 취미생활을 가지는 것이다. 부부가 함께 시간을 보내는 활동을 공유하면 더 많은 공감대가 형성될 수 있고, 상대 존재를 재발견할 기회가 될 수 있다. 집에서 늘 대해 오던 익숙하고 고정된 이미지를 넘어 상대를 다른 시각에서 볼 수 있게 한다. 또 가까운 곳을 외출하거나 산책할 때는 손을 잡고 다닐 수도 있다. 친밀감을 높이는 가벼운 스킨십은 청춘 남녀들만의 전유물이 아니다.

세 번째 노력은 자신의 감정을 말로 표현하는 것이다. "……알아서 해 줘야지. 내가 이런 것까지 일일이 다 이야기해야 해? 정말 치사해." 자기가 느끼는 것이 무엇인지 상대 배우자에게 말하지 않으면 상대가 알 수 없다는 점을 명심하자. 치사한 일도 아니고 자존심 상할 것도 없다. 자신이 정말 좋아하는 것이 무엇인지 상대가 알 수 있도록 자주 표현하는 것이 좋다. 또한 좋은 부부라면 무엇이든지 이야기할 수 있는 사이가 되어야 한다.

부부는 '말을 안 해도 눈빛으로 통할 수 있다'고 하지만 오해의 가능성과 한계가 있다. 더 중요한 것은 '말을 하는 것이다.' 자신의 감정이나 입장, 특히 상대에게 화가 나거나 서운한 감정이 생겨서 속상한 것이 있으면 말로 표현하는 것이 더 좋다. 무조건 참는 것보다 솔직하게 털어놓는 것만으로도 속 시원하게 풀리는 경우가 있다. 분위기 파악을 잘하지 못하는 상대에게는 알게 해 주고, 알면서도 모르는 척 넘어가려는 상대에게는 문제에 직면하게 하는 효과가 있다.

4) 부부관계의 해체: 이혼

부부가 가정을 이루고 살다가 어떤 이유로든 헤어져야 할 상황이 발생할 수 있다. 즉, 부부간에는 갈등이 생길 수 있다는 것이다. 권석만(2003)은 다음과 같은 몇 가지 이유로 부부 갈등이 발생할 수 있다고 하였다. 우선 성격 차이다. 성격 차이라는 말은 부부간의 다양한 심리적 갈등과 마찰을 의미한다. 부부는 각자가 다른 성장 배경을 가지고 있기 때문에 성격 특성 역시 다른 두 남녀가 함께 생활하는 것이다. 이러한 성격 차이로 인해 생활 속의 여러 영역, 즉 생활 습관, 감정 표현 방식, 자녀 양육 문제, 재정 관리 및 소비 양식, 의사결정 방식, 성욕구 및 성생활 등에서 서로 의견 대립이 생길 수 있다. 이러한 문제로 인해 함께 사는 동안 곳곳에서 서로 다른 모습을 보게 되고 갈등이 생길 수 있는 것이다.

둘째, 배우자의 부정이다. 정조를 지키는 것은 부부 사이의 약속이며 의무다. 결혼 후 배우자의 성적인 매력이 감소하고 부부간의 심리적 갈등으로 정서적 유대감마저 저하되면 가정 밖에서 성적·정서적 요구를 충족하려는 경향이 생길 수 있다. 이러한 혼외 애정관계는 부부관계의 치명적인 해체 요인으로 작용할 수 있다. 최근 성적 자기결정권을 존중해야 한다는 차원에서 간통죄가 폐지되어 논

란이 있기는 했지만 우리 사회에서 배우자의 부정은 결혼생활에서 일어나서는 안 될 매우 중요한 요인이라고 할 수 있다.

셋째, 가족 간의 불화다. 부부간의 갈등뿐만 아니라 가족관계에서 갈등이 발생하여 심각한 문제로 확대될 수 있다. 예를 들면, 고부간의 갈등, 처갓집에 대한 불만, 시집 식구에 대한 불만 등은 부부관계를 악화시킬 수 있다.

넷째, 경제적인 문제다. 가족을 부양하기 위해서는 최소한의 경제적 지원이 필요한데, 부부 중 한 사람에 의해 심각한 경제력 문제가 발생한다면 부부관계가 해체될 수 있다. 예를 들면, 남편의 경제적 무능력, 남편 또는 아내의 지나친 소비성향, 사업 실패로 인한 경제적 파탄 등의 이유로 이혼에 이르게 된다.

다섯째, 건강 문제다. 부부 중 한 사람이 장기적인 질병에 걸린다면 부부관계에 심각한 문제를 일으킬 수 있다. 질병으로 인해 한 사람의 역할이 어려워질 수도 있고, 질병 치료비로 인한 경제적 부담, 질병으로 인한 정서적 고통 등 배우자에게는 커다란 부담으로 작용하게 될 것이다. 대개 많은 부부는 이러한 어려움을 극복하고 있지만 그것이 쉬운 일은 아닐 것이다. 질병에 걸린 당사자가 오히려 배우자의 고통을 덜어 주고자 이혼을 원하는 경우도 있고, 장기간의 병수발과 경제적 문제로 이혼할 수밖에 없는 상황이 생길 수도 있다.

이러한 부부 갈등을 현명하게 해소하지 못하면 결국 이혼이라는 파경을 맞게된다. 이혼을 하는 데도 여러 가지 장애가 있을 수 있다. 재정적 · 법적 문제뿐 아니라 자녀 양육에 대한 문제가 현실적인 문제로 대두될 수 있다. 예전에는 사회적인 분위기가 이혼을 말리는 분위기였다면 최근에는 무조건적으로 반대만 하는 분위기는 아니다. 이혼을 막는 장애들이 문제가 되지 않더라도 결혼을 끝내기 전에 유용한 대안을 찾아보는 노력도 필요하다. 만일 그 대안들이 이혼을 하는 것보다 더 나쁘거나 현재의 관계보다 더 나은 것이 없다면 오히려 불만족스러운 부부관계를 지속시킬지도 모른다. 최근 들어 이혼이 보편화되는 경향이 나타나고 있는데 이것은 이혼을 막는 장애물들이 감소되었다는 것을 의미한다.

부부가 이혼 문제에 직면하게 되면 많은 시간 동안 고민하게 된다. 결혼생활은 행복하지 않고 이혼만이 문제 해결의 가장 합리적인 방법이라고 생각하기 시작한다. 그렇지만 이 시점에서 한 번 더 깊이 있게 생각해 볼 필요가 있는데, 이혼만이 최선인가 또는 이혼을 피하기 위해 최선을 다했는가를 자신에게 물어보아야 할 것이다. 그럼 이혼에 앞서 어떤 노력을 해야 하는지를 살펴보도록 하자.

우선 배우자와 솔직하게 대화를 해 보았는가다. 혼자만 마음속으로 속상해하지 말고 배우자에게 어떤 문제로 화가 나 있는지와 결혼생활에서의 불만족의 내용과 정도를 구체적으로 알려 주어야 한다. 당신이 배우자에게 얘기하지 않는 한 배우자는 당신이 괴로워하고 있는 문제와 그 정도를 인식하지 못할 수 있기 때문이다.

둘째, 주위 사람들 때문에 결혼생활을 유지하지는 말아야 한다. 당사자의 현재 상태는 주위에 있는 어느 누구에게도 도움이 되지 않으며, 주위 사람들에게 피해를 줄 수도 있다. 그렇다고 해서 주위 사람들을 위해 부부관계를 유지할 필요는 없으며 부부관계에 대한 어떠한 결정을 내릴 때도 자신의 인생을 생각하고 자신의 감정에 충실해야 할 것이다.

셋째, 혼자 해결하기 어렵다면 전문가에게 도움을 요청해야 한다. 잘 숙련된 결혼문제 전문 상담가들은 위기에 처한 부부들에게 도움을 줄 수 있다. 이들은 많은 연구와 사례에 대한 경험을 충분히 가지고 있기 때문에 당사자들이 생각하지 못하는 여러 가지 해결 방안을 가지고 있을 것이다.

넷째, 이혼이 실패라는 생각을 버려야 한다. 본인이 결혼생활을 유지하려고 아무리 노력을 해도 결국은 이혼을 할 수밖에 없는 경우도 발생할 수 있다. 이 경우에 본인 스스로 실패자라는 생각을 하지 말아야 한다. 결혼생활의 실패에 대한 이유들이 자신의 힘으로는 어쩔 수 없는 일이거나 자신이 처한 환경에서 다른 합리적인 대안이 없는 상황이었을 수도 있기 때문이다. 모든 사람은 실수를 할 수 있고, 자신의 가장 큰 실수가 제대로 된 선택을 하지 못해 자신과 잘 맞지 않는 사람과 결혼을 하게 된 것뿐이다. 따라서 이혼이란 한 개인의 인생에 영향을 미칠 수 있는 가장 큰 도전 중 하나일 수 있다.

지금까지 부부관계에 대해 살펴보았다. 가족관계 중에서 부부관계가 매우 중요하다는 것을 인식할 수 있었으며, 결국 가족관계가 즐겁고 행복한 관계가 되기 위해서는 부부관계가 원만하고 행복해야 함을 알 수 있었다. 부부관계가 얼마나 행복해질 수 있는가는 결혼생활의 만족도에 달려 있다고 할 수 있다. 결혼생활의 만족도가 높아지면 부부관계가 좋아질 것이고 부부관계가 좋아지면 가족관계도 자연스럽게 좋아질 것이다.

3. 부모 · 자녀 관계

가족의 화목을 위해서는 부부간의 원만한 관계뿐만 아니라 부모 · 자녀 간의 신뢰가 중요하다. 부모 · 자녀 간의 관계는 혈연으로 이루어진 일차적 관계로서 본능적 애착이 강하게 작용하며 평생 동안 관계가 지속된다는 특성을 갖는다. 또한 부모와 자녀 간의 연령 및 능력, 경험의 현저한 차이로 인하여 일방적인 상호작용이 이루어지는 수직적이고 종속적인 특성을 갖게 된다. 그러나 이와 같은 관계의 속성은 자녀의 성장과 함께 변화하게 되는데, 자녀는 의존적 관계에서 독립적 관계로 발전하고, 성장한 후에는 부모가 의지할 수 있는 존재로 바뀌게 된다.

부부의 결혼생활은 자녀가 있음으로써 완성되며, 부모 · 자녀 관계가 성립됨으로써 가족의 의미를 지닌다. 자녀들은 부모의 양육 태도, 접촉 양식 등에 따라 성격이 형성되고 사회화된다. 특히 어머니가 자녀를 양육하면서 젖먹이기, 젖떼기, 대소변 가리기 및 독립 훈련을 시키는 것은 아이의 초기 성격 형성에 크게 영향을 준다.

프로이트는 아이가 젖을 많이 먹고 자랐으면 낙관주의적 성격을 가지고, 그렇지 못하면 비관주의적 성격을 가지게 되며, 또 대소변 가리기가 너무 일찍 강요되면 인색, 완고하고 잔인한 성격이 된다고 하였다. 그러나 무엇보다 중요한 것은 바로 자녀를 대하는 어머니의 태도에 달려 있다. 부모들이 자녀를 기르는 데 있어서 특히 주의해야 할 것은 극단의 애호나 태만을 피하고 권위와 사랑의 조화를 이루는 것이다. 부모와 자녀의 접촉에 있어서 일반적으로 대두되는 거절, 과잉보호, 권위주의적 태도 및 모순된 태도에서 나타나기 쉬운 현상을 살펴보자(황종건, 1975). 어느 부모든 자식을 사랑하지 않는 부모는 없겠지만, 어떤 부모들은 어린 자녀들을 미워하고 학대할 때도 있다. 이렇게 부모에게서 학대를 당한 아이는 증오에 차고 반항적인 아이가 되며 때로는 심리적·정신적·사회적 퇴행(regression)을 보이게 된다.

부모의 과보호 현상은 자식이 드물거나 형제가 적은 집에서 많이 볼 수 있는데 이것은 아이를 의존적으로 만들어 다른 사람들과 어울리며 어려운 인생의 경쟁에 자신 있게 참가하지 못하게 한다. 이와 비슷한 익애(溺愛) 속에서 자란 아이는 자기중심적으로 가족을 지배하려 하며 과장된 자기존경에 빠지거나 다른 사람들과 함께 경험과 이익을 나누려 들지 않는다.

아이에 대하여 매우 엄격하고 권위주의적 태도로 훈육하는 가정이 있다. 이런 가정에서는 아이로 하여금 근면과 복종의 미덕을 중시하게 한다. 그러나 이렇게 자란 아이들은 비교적 독립적인 인간이 되지 못하고 때로는 반항적이고 공격적이 되기 쉽다. 한편, 같은 일을 가지고도 어떤 때는 야단치고 어떤 때는 좋다고 내버려 두는 모순된 태도를 보이는 부모가 있는데 이러한 조건에서 자란 아이들은 매우 불안정하고 부모의 눈치를 보며 신경질적인 성격을 갖게 된다.

전통사회에서는 자녀를 출산, 양육함에 있어 가문을 잇거나 노후에 의존할 수 있다는 점이 크게 중요시되었지만 이제는 이러한 중요성이 상대적으로 감소되고 자녀를 키우는 과정 자체에서 보람을 찾는 경우가 많다. 특히 젊은 부모들은 자기가 못 이룬 소망을 아이를 통해 실현하고자 하는 욕망이 작용한다. 게다가 생활양식이 편리해짐에 따라 여성들의 여가가 늘어나게 되어 이러한 시간에 지나치게 아이들을 간섭하거나 과외공부 등에 얽매이게 만들고 있다. 자녀에 대한 개념이 바뀌긴 했으나 여전히 자녀를 자기의 소유물로 생각하는 경향이 짙기 때문이다.

민주주의 사회에서의 부모·자녀 관계는 일방적인 복종의 관계가 아니라 어디까지나 상대적인 자애와 효행의 관계여야 하며, 또한 자녀도 개개의 독립적인 인간으로서의 존엄과 가치를 인정해 주는 입장에서 고려되어야 할 것이다.

아이의 건전한 성장을 돕기 위하여 다음 네 가지 사항에 유의하자. 첫째, 한 가정 안에서 아이들은 있는 그대로 받아들여져야 한다. 둘째, 부모가 아이에 대한 관심과 사랑을 조절해야 한다. 셋째, 가정의 분위기가 부드럽고 허용적이어야 한다. 넷째, 상벌을 주는 데 있어 매우 신중하게 고려해야 한다. 즉, 상벌에 대해서는 자발적이고 자치적인 성격을 띠어야 할 것이다(황종건, 1975).

1) 부모 · 자녀 간의 의사소통

가족의 역할 구조, 가정의 분위기, 부모의 양육방법 등은 자녀의 성격 및 행동적 특성의 형성에 큰 영향을 미친다. 가족 내 부모 · 자녀 관계 속에서 개인의 성격이 형성되며, 현실생활에 대처하는 기술, 인간관계를 형성하고 유지해 나가는 방법 등이 학습된다. 특히 정서적 · 지적인 문제를 지니고 있는 아동의 경우 의학적 원인이 아닌 부모 · 자녀 관계의 문제가 주요 원인으로 작용하는 경우도 많다.

고든(Gordon, 1976)은 부모 · 자녀 간의 관계에서 원활한 의사소통을 하게 되면 자녀가 사회적으로 생산적이고 협동적인 인간이 될 수 있다고 보고, 의사소통의 결핍으로 인한 결과는 부모들의 책임이라고 주장하였다. 부모 · 자녀 사이의 의사소통에서 지켜야 할 기본적인 내용을 이해함으로써 갈등을 초래하는 관계의 문제를 해결해 줄 수 있다. 기본적 의사소통에 장애가 되는 형태는 다음과 같다(이형득 외, 1988). ① 명령과 지시, ② 주의 · 협박, ③ 훈계 · 설교, ④ 충고 · 해결책의 논쟁, ⑤ 강의 · 교수 · 논적 논쟁의 전개, ⑥ 판단 · 비난 · 비판, ⑦ 칭찬 · 동의, ⑧ 욕설 · 조소 · 수치심, ⑨ 분석 · 진단, ⑩ 격려 · 동정 · 위로 · 지원, ⑪ 심문 · 질문, ⑫ 화제 바꾸기 · 빈정거림 · 농담 등이다. 또한 브록과 글렌(Brock & Glenn, 1998)도 효과적인 대화를 가로막는 비효과적인 대화방법을 권위적인 말, 훈계, 충고, 판단, 무조건적 칭찬, 놀림, 조롱, 해석, 잘못된 확신, 공격, 회피

등으로 보고 있다. 이 외의 잘못된 의사소통의 요소로는 '반대와 거부'의 태도와 '남과 비교하기' 등이 있다.

부모와 자녀 간의 대화에서 부모가 자녀에게 전달하는 한마디의 말은 자녀를 어떻게 생각하고 있는지를 드러내며 부모 · 자녀 간 관계에 큰 영향을 미친다. 따라서 자녀를 양육할 때 혹은 자녀와의 대화에서 부모가 사용하는 언어 형태가 부모 · 자녀 관계를 건설적으로 유도할 것인지 혹은 파괴적으로 만들 것인지를 결정하는 중요한 요소라는 것을 명심하여야 한다.

2) 부모의 수용 능력

자녀를 양육하는 부모 역시 사람이기 때문에 자녀에게 언제나 사랑과 인내, 무조건적 수용과 관대함으로 대할 수는 없다. 오히려 이러한 완벽한 부모 노릇을 하여야만 올바른 것이라고 생각하는 부모들의 고정관념이 부모 · 자녀 관계를 더욱 어렵게 만드는 경향이 있다(Gordon, 1975).

자녀의 특정한 행동에 대한 부모의 반응은 상황마다 다르게 나타날 수 있다. 자녀의 행동을 받아들이는 정도를 나타내는 수용 능력의 차이에 따라 아동의 동일한 행동에 대한 평가가 달라진다. 즉, 비수용적인 부모가 수용적인 부모보다 자녀의 행동을 더 문제시하는 경향이 있다. 수용 능력이 큰 부모는 수용 능력이 작은 부모에 비해 자신의 기분이나 주위 상황, 집안 분위기에 크게 좌우되지 않으며, 자녀의 행동에 대해서도 덜 문제시하는 경향이 있다.

평소에는 문제가 없다고 보았던 자녀의 놀이 형태(예: 장난감을 이것저것 잔뜩 꺼내 놓고 노는)가 부모 자신이 매우 바쁜 날에는 수용하기 어려운 문제 행동으로 지각될 수 있다. 또한 평소 자녀에 대하여 좋은 감정을 가지고 있는 경우에는 자녀에 대한 수용 능력이 커지지만 나쁜 감정을 가지고 있는 경우에는 수용 능력이 작아진다. 뿐만 아니라 상황에 따라 수용 정도가 달라지는 경우도 있는데, 예를 들면 친구가 자녀와 함께 자기 집을 방문하였을 때와 자신이 자녀와 함께 친구 집을 방문하였을 때 동일한 행동에 대한 수용 정도가 달라질 수 있다. 자기 자녀가 소파에서 뛰는 행동에 대해서는 "뛰지 마! 왜 그렇게 난리야. 도대체 누구를 닮아서 저러는지······." 하며 야단을 치지만 친구의 자녀가 그 집의 소파에서 뛰는 행동을 보고서는 "애들이 다 그렇지 뭐······." 하며 높은 수용 정도를 나타내는 것이다. 이와 같이 부모의 수용 태도는 비교적 일관성이 없다고 할 수 있다. 그러나 부모의 수용 태도가 자녀의 행동에 영향을 미칠 수 있으므로 가능한 한 일관성이 있는 태도를 갖도록 노력해야 한다.

하지만 부모들이 항상 일관성을 갖고 아이들을 대할 수 없기 때문에 부모는 아이의 행동을 평가함에 있어 자신의 감정이나 행동에 문제가 있는지를 잘 인식할 필요가 있다. 만일 부모의 잘못이나 실수로 아이의 행동을 문제시한 경우라고 판단되면, 자녀에게 솔직하게 표현하는 것이 좋다. 부모의 자존심이나 체면 때문에 자신의 실수를 인정하지 않고 덮어 두려 하거나 오히려 자녀에게 억박지르는 것과 같은 행동을 보일 수도 있는데, 이러한 행동은 부모·자녀 관계를 그르치는 원인이 될 수 있으므로 피해야 한다.

부모·자녀 관계에서 문제가 생길 때는 문제 행동의 원인이 부모, 아동, 환경

통제/지배적인 부모	방임/무관심한 부모	지나치게 의존적인 부모
• 자녀에게 적극 개입, 관여 • 자녀가 자신의 방식, 가치에 따르도록 요구 • 자녀의 자기정체감이나 자율성이 문제됨 • 순종, 의존적인 자녀 또는 정면으로 저항하는 자녀	• 자녀를 지원하는 데 무관심 혹은 무력 • 자녀는 가족 밖의 인간관계가 더욱 중요해짐 • 무계획적, 무질서한 행동	• 의사결정이나 부양책임, 정서적 지지 등의 역할을 자녀에게 부여 • 경제적으로 무능하거나 자녀에게서 보상받으려는 부모

[그림 5-1] 갈등적인 부모·자녀 관계 유형

중 어디에 있는지를 살펴볼 필요가 있다. 부모는 자신의 수용성이 어느 정도이며, 문제의 원인을 제공한 사람이 누구인지를 파악해야 한다. 문제가 부정적인 아동의 행동에서 기인하는 경우도 있으나, 실제 부모의 정서 상태 혹은 외부 상황에 따라 아동의 정상적인 행동이 부정적으로 인식되는 경우도 많기 때문이다.

3) 부모 · 자녀 간 갈등 요인

부모와 자녀 간에 생길 수 있는 갈등 요인을 고든(1975)은 몇 가지로 제시했는데 이를 정리해 보면 다음과 같다. 첫 번째, 부모와 자녀들 간에 가장 대표적인 갈등 요인이라 할 수 있는 요인은 세대차다. 세대차는 성장해 온 사회적 · 교육적 배경이 부모와 자녀가 다른 데서 발생한다. 두 번째, 가치관, 사고방식, 행동규범, 생활 습관, 감정 표현 방식 등의 현저한 차이다. 세 번째, 서로에 대한 이해와 공감하는 영역이 달라서 생긴 차이다. 네 번째, 독립과 보호의 갈등이다. 자녀들은 자율적 독립을 원하지만 부모는 의존하기를 원하고, 부모는 통제하려고 하지만 자녀들은 허용해 달라고 하는 데서 생기는 갈등이다. 다섯 번째, 애정 표현 방식과 자녀의 기대 간의 차이다. 부모는 지나치게 많은 애정과 관심을 보여 주려 하고, 자녀들은 적당한 애정과 관심을 보여 주기를 원한다. 여섯 번째, 부모의 불화다. 부모가 갈등을 보이고 서로 화합하지 못하면 부모 각자가 자녀들에게도 서로 다른 것을 요구하게 되면서 갈등이 생기게 된다. 일곱 번째, 의사소통 방식의 차이다. 부모는 일방적으로 자신들의 생각을 강요하고 명령하면서 따르기를 원하지만, 자녀들은 일방적인 의사소통보다는 자신들의 생각과 의견을 들어 주고 지지하거나 공감해 주기를 바란다. 또한 자녀들은 무슨 일이든 부모가 일방적인 훈계와 설교를 하기보다는 칭찬이나 충고와 제언을 해 주기를 원한다.

이와 같은 부모 · 자녀 간 갈등을 해소하기 위해서는 부모들이 근본적으로 생각하고 있어야 할 부분이 있다. 행동은 우연히 일어나는 것이 아니고 목적이나 원인이 있다는 것이다. 또한 행동을 이해할 때는 사회적인 관계나 배경을 고려해야 한다. 그리고 심리적 목표 및 행위의 목적은 그 행동을 설명해 줄 수 있어야 한다. 자녀의 행동을 이해하기 위해 자녀가 경험한 사건에 대해 스스로 설명하게 하고 경청할 필요가 있다. 사람은 누구나 사회 집단에 소속되고자 하는 기본 욕구가 있으며, 인간은 누구나 자신의 행동에 대한 지침을 가지고 있다는 것을 명심해야 할 것이다.

4) 부모 · 자녀 간 갈등 해소를 위한 관계 증진방법

부모 · 자녀 사이의 의사소통을 원활하게 이루어지도록 하는 기술로서, 고든 (Gordon)은 다음과 같은 세 가지 기술을 제의하였다.

첫째, 문제 소유자가 자녀인 경우 적극적 경청방법이 효과적이다. 적극적인 경청은 자녀에게 문제가 있음이 분명한 경우에 사용하면 효과적이다. 부모가 자녀의 감정 메시지나 문제 메시지를 잘 들어 줌으로써, 자녀의 마음을 열거나 말을 더 하도록 할 수 있다. 듣는 사람의 판단 또는 감정에 대해 말하지 않고서도 자녀의 생각이나 판단 또는 감정을 잘 표현하도록 촉진할 수 있는 방법이다. 자녀의 현재 상황을 알게 되어 문제 해결에 도움이 되는 역할을 할 수 있으며, 자녀는 스스로 문제를 해결하는 과정에서 정신적으로 성숙해질 수 있다.

적극적인 경청을 위해서 부모는 자신이 하고 있던 일, 자신의 생각과 감정까지도 일시 중단하여 자녀의 이야기를 듣는 것이 중요하다. "아! 그렇구나." "흥미있구나." "그것에 대해 더 듣고 싶은데." "자세히 이야기해 봐." "이것은 네게 매우 중요한 것 같구나." 이와 같은 부모의 반응은 자녀에게 자신이 부모로부터 수용되고 있으며 한 인간으로서 존중받고 있다는 느낌을 전하여 마음의 문을 열고 말을 계속할 수 있도록 의사소통을 원활하게 돕는다.

부모는 자녀가 고유한 개성을 지닌 인격체라는 것을 인정해야 한다. 비록 자녀가 보이는 감정이 자신의 그것과 많이 다르다고 해도 진심으로 수용할 자세를 가지고 자녀가 말하고 싶어 하는 것을 들으려는 태도를 지녀야 한다. 자녀가 자신의 감정을 통제할 능력이 있다는 생각, 자녀 스스로 자기 문제를 해결할 수 있다는 믿음을 가지도록 한다. 또한 부정적인 감정은 영속적인 것이 아니라 일시적임을 이해시키고 자신의 감정을 솔직하게 표현하는 것을 두려워할 필요가 없음을 알려 주어야 한다.

자녀가 말하는 도중에 방해를 하지 않도록 주의해야 한다. 이야기를 듣는 도중에 충고나 평가, 교훈적인 메시지를 강요하면 즉시 대화가 단절될 수 있으므로 이야기할 시기를 신중하게 고려해야 한다.

자녀가 부모에게 의사소통을 요구할 때는 어떤 필요성이 있거나 내부적인 욕구가 잠재되어 있다는 것을 의미한다. 즉, 자신의 기분, 감정이 무엇인지 알아주기를 바라는 상태일 경우가 많다. 따라서 자녀의 메시지를 정확하게 해석하여 자녀의 입장을 이해할 수 있어야 한다. 적극적인 경청은 자녀가 보내는 메시지를 정확하게 이해할 수 있게 하는데, 만약 메시지의 내용을 오해하였다고 해도 자녀에게 즉시 피드백을 보냄으로써 정확하게 이해할 수 있도록 한다.

이와 같은 적극적인 경청은 자녀가 자신의 감정을 정확하게 표현함으로써 정화작용을 촉진시키며, 자녀로 하여금 스스로 문제를 해결할 수 있도록 도와준다. 또한 자녀의 감정을 적극적으로 수용하고 있다는 것을 보여 줌으로써 자녀가 부정적인 감정을 두려워하지 않게 해 준다. 뿐만 아니라 서로에 대한 공감대가 형성됨으로써 친밀감, 온정, 사랑을 느낄 수 있어 부모 · 자녀 관계를 증진시킬 수 있다.

둘째, 문제 소유자가 부모인 경우 나-메시지가 효과적이다. 부모와 자녀 중 어느 쪽에 문제가 있는지를 알아낸 후 부모에게 문제가 있는 경우에는 나-메시지를 사용하는 것이 효과적이다. 부모는 자녀의 행동과 태도를 수용할 수 없을 때 자녀에 대한 좌절감, 욕구불만, 분노를 갖게 되는데 이때 대부분의 경우 비효과적인 의사소통 방법을 사용하는 경향이 있다. 즉, 자녀를 무시하는 메시지를 전달함으로써 행동을 수정하려고 하는데, 이때 자녀는 반항적이 되고 적대감만 키우게 된다. 부모의 이러한 태도는 자녀들의 자아개념을 손상시키고 자녀로 하여금 자신을 무능력하고 무기력한 인간이라고 생각하게 한다("나는 나쁜 아이야. 항상 엄마

말 안 듣고, 화나게 하고……."). 따라서 자녀에 대한 부정적인 감정이 있을 때는 의식적으로라도 나-메시지를 사용할 필요가 있다.

나-메시지를 사용할 때는 다음과 같은 몇 가지를 주의해야 한다. 우선, 부정적 감정을 강조하지 않는다. 부모들은 자녀들에게 부정적인 감정을 자연스럽게 전하는 경우가 많다. 그러나 자녀의 행동과 태도에 대하여 우선 긍정적인 느낌을 나타내는 나-메시지를 전달하고, 나중에 실망한 태도를 전달하는 것이 효과적이다. 그리고 감정을 조절할 필요가 있다. 부모는 자녀와의 관계에서 분노와 격한 감정이 생길 수 있는데 감정의 폭발로 판단이 흐려지면 자녀에 대한 객관적인 비판을 하지 못하게 된다. 일차적 감정과 이차적 감정의 차이를 이해하고, 이차적 감정을 분출하는 대신 일차적 감정을 자녀에게 전달하도록 노력한다. 이것은 부모가 느끼는 분노 감정이 자녀로 인한 것인지 아니면 자신에게 누적된 여러 가지 문제의 결과인지를 구분할 수 있게 해 준다.

셋째, 무승부법이다. "엄마 마음만 있는 줄 아세요? 내 마음도 있어요!" 부모·자녀 관계에서 갈등은 항상 존재하기 때문에 이를 해결하기 위한 방법과 기술이 필요하다. 갈등을 해결하기 위한 한 방법은 갈등관계에 있는 어느 한쪽이 이기거나 지는 것으로써 해결하는 것이 아니라 양쪽이 모두 기분 좋게 이겼다는 느낌을 갖게 하는 것이다.

무승부법이 부모·자녀 관계에 가져다주는 효과를 정리하면 다음과 같다.

- 아이들이 갈등 문제의 해결에 참여함으로써 책임을 느끼게 되고 호의적인 태도를 가질 수 있다.
- 해결책을 찾는 과정에서 합리적인 사고력 훈련이 이루어질 수 있다.
- 해결책을 함께 모색함으로써 적대감이 아닌 사랑과 존경의 돈독한 유대관계를 형성할 수 있다.
- 서로 합의점을 찾으므로 강요나 위협, 간섭이 없어진다.
- 아동의 욕구도 부모의 욕구만큼 중요하다는 것을 인정함으로써 인격적으로

존중하며 대할 수 있다.

부모 · 자녀 관계에서의 갈등을 해소하기 위하여 무승부법을 사용할 때는 다음의 6단계 과정을 이해해야 한다.

- 1단계: 욕구의 해결을 위한 문제 정의하기
- 2단계: 가능한 해결방법을 모색하기: 자녀에게 먼저 해결책을 생각해 보도록 하는 것이 좋은데, 의외로 합리적인 해결책을 제시하는 경우가 많다.
- 3단계: 해결방법에 대해 평가하기
- 4단계: 상호 수용할 수 있는 해결책 결정하기: 강요나 설득을 통한 경우 자녀는 실천에 옮기지 않을 가능성이 크다. 서로가 동의하는 것, 자녀가 자유롭게 선택한 해결책을 선택해야 한다.
- 5단계: 결정된 해결방법을 실행해 보기
- 6단계: 실행한 결과에 대해 평가하기

이상으로 부모 · 자녀 간의 관계를 증진하기 위하여 고려해야 할 문제들에 대하여 살펴보았다. 부모의 자녀에 대한 사랑은 크지만 일상의 대화에서 의도와는 전혀 다른 형태로 표현되는 경우가 많다. 부모 · 자녀 간의 잘못된 형태의 대화가 갖는 문제점과 관계 증진을 위한 바람직한 방법들에 대해 살펴보았다. 나–메시지나 적극적 경청과 같은 의사소통 기술을 적절하게 사용하여 부모 · 자녀 간의 유대관계를 친밀하게 유지하는 것은 화목한 가정을 위한 필수적 요소라 할 수 있다. 부모와 자녀가 자연스럽게 서로의 생각과 느낌을 솔직하게 털어놓고 서로 경청하며, 갈등이 생길 때에도 서로의 입장을 존중하면서 문제를 합리적으로 해결하려는 분위기를 가진 가정이라면 더 이상 말할 것도 없이 건강한 가정이다. 이와 같은 건강한 가정을 만드는 기초는 바로 부모 · 자녀 간의 대화다.

4. 형제자매 관계

1) 형제자매 관계의 특성

같은 부모 혹은 어느 한쪽의 부모로부터 태어난 자녀들로 구성되는 형제자매 관계는 가족의 중요한 인간관계다. 가족의 형태, 자녀의 수와 성별에 따라 다양하게 나타날 수 있는 형제자매 관계는 가족관계의 한 형태이지만, 부부관계나 부모·자녀 관계와는 그 성격이 다른 독특한 특성을 지니고 있다. 혈연으로 맺어진 일차적인 관계로서 생물학적으로 많은 유사성을 지닌 혈연적 동료관계이고, 출생순위에 따른 서열적 관계이며, 동시에 부모에 대해서는 동일한 입장의 수평적 관계를 취한다. 형제자매 관계는 평생 동안 관계가 지속되며, 유사한 환경을 공유하고 상호 경쟁적인 관계를 가지게 된다.

형제자매 간의 경쟁관계에서 서로 우위를 차지하려고 다투면서 적응력이 강해지고 유연성을 갖게 된다. 또한 주장하기, 타협하기, 자신을 보호하기와 같은 적절한 사회적 행동을 학습할 수 있으며, 형제자매의 재능에 대한 부러움이 자극제가 되어 인내를 가지고 더욱 노력하여 성공할 수 있게 되기도 한다. 그러나 이러한 경쟁관계는 어느 한쪽 아이 혹은 양쪽 아이 모두의 기를 꺾거나 그들에게 큰 상처를 줄 수도 있다. 따라서 형제자매 간의 갈등 상황에 대한 부모들의 대처 행동양식이 이들의 관계 형성에 영향을 미치게 된다.

심리학자 아들러는 출생 순위에 따라서 개인의 성격 특징이 결정된다고 하였다. 첫째는 동생이 태어나면서 자신이 지키던 자리를 내놓아야 하고, 부모로부터 집중적으로 받았던 애정과 관심이 자연스럽게 동생에게 옮겨지는 것을 경험하게 된다. 물러난 왕과 같은 위치에 놓이게 되면서 그 자리를 다시 찾기 위한 노력을 하여 책임감과 배려심 등을 학습하게 된다. 둘째는 태어날 때부터 형이나 누나, 오빠나 언니라는 경쟁 상대가 있기 때문에 좀 더 우월해지기 위한 도전을 받아들이게 된다. 즉, 둘째는 형의 단점을 찾는 것이 발달되며 형을 능가할 수 있는 능력을 갖추기 위해 노력함으로써 인정을 받고자 한다. 따라서 야망과 능력을 갖도록 학습하게 된다. 그리고 막내는 응석받이로 자라면서 독립심이 부족하고 열등감도 경험하게 되지만, 강한 동기 유발을 학습하게 된다.

형제자매 관계에서 아이가 동생을 거부감 없이 받아들이게 하는 것이 중요한데, 부모의 역할이 매우 크다고 할 수 있다. 큰아이가 동생을 거부감 없이 수용할 수 있도록 하기 위해서는 다음과 같은 몇 가지 방법을 사용하는 것이 좋다. 첫째, 동생이 태어나기 전부터 친구로 만들어 준다. 즉, 엄마 배를 쓰다듬게 하고, 말 걸게 하고, 아기에 대해서 얘기하는 것을 재미있어 하도록 한다. 둘째, 큰아이의 아기 시절을 상기시킨다. 아이에게 너도 아기였을 때 이랬다는 식의 이야기를 들려주는 것이다. 셋째, 앞으로 다가올 일에 준비를 하도록 한다. 즉, 새로운 아기가 태어날 것을 미리 알려 준다. 넷째, 새로운 탄생의 기쁨을 아이와 함께한다. 예들 들면, 새로 태어난 아기의 생일 파티 준비를 도와달라고 부탁한다. 다섯째, 아기에게 선물을 줄 때 큰아이를 위한 선물도 같이 준비한다. 여섯째, 시간을 공유한다. 예를 들면, 아기는 포대기로 업고 큰아이와 함께 놀아 주는 것이다. 일곱째, 아이에게 동생을 돌보도록 하고 칭찬해 준다. 여덟째, 아이가 동생에 대해 갖는 느낌에 공감해 준다. 이때 긍정적인 느낌뿐 아니라 부정적인 느낌도 공감해 주어야 한다. 아홉째, 큰아이가 아기 행동을 하고 싶어 하면 해 보도록 둔다. 즉, 큰아이가 어리광을 부리면 무조건 나무라지 말고 그냥 하도록 놔두는 것이 그러한 욕구를 다루는 가장 쉬운 방법이 될 것이다.

2) 형제자매 간의 갈등 요인

형제자매 관계에서 생길 수 있는 갈등의 주된 요인들을 몇 가지로 정리해 보면 다음과 같다. 우선, 형제간 경쟁을 들 수 있다. 첫째와 둘째 형제간이나 자매간은 모든 면에서 경쟁이 심하고 서로 비교되는 경우가 많다. 둘째, 자녀에 대한 부모의 차별적 애정이다. 부모가 장남을 차별적으로 편애하고 나머지 형제들은 신경을 덜 쓰거나 무관심하게 대한다면 갈등이 생길 수 있다. 셋째, 성격 및 능력의 차이다. 형제나 자매 또는 남매 등 자녀가 여럿이 있게 되면 성격이나 능력에서 차이가 있을 수 있다. 첫째와 막내는 성격에서 대부분 차이를 보이게 되는데, 이는 부모의 양육 태도나 역할 기대가 다르기 때문이다. 또한 자녀가 여럿이면 누구는 공부를 잘하고 누구는 운동을 잘하듯이 능력 면에서 차이가 날 수 있는데, 부모가 자녀들 간에 어느 한 분야만을 비교 대상으로 삼게 되면 갈등이 심해질 수 있다. 넷째, 역할 기대의 차이다. 부모들은 대부분 장남에게 거는 기대가 크고 무엇이든 장남 위주로 대우를 해 주는 경우가 많은데, 이러한 차별적 대우로 인한 갈등이 생길 수 있다. 다섯째, 경제적 이해관계다. 부모가 나이가 들고 자녀들이 결혼을 해서 독립을 하게 되면 재산 분배 문제가 발생할 수 있다. 자녀들 간에 유산 상속 문제로 다툼이 일어나고 심지어는 살인까지 저지르는 사례도 간혹 볼 수 있다. 여섯째, 부모 간 갈등 및 가족 간 불화다. 부모가 갈등이 심해지고 결국 이혼을 하게 되면, 자녀들도 갈등 상황에 처하게 되고 경우에 따라서는 따로 떨어져 살게 되는 상황도 발생한다. 부모의 갈등이 가족 불화의 원인으로 작용하게 되는 것이다.

5. 건강한 가족의 특징

이상으로 가족관계, 즉 부부관계, 부모 · 자녀 관계, 형제자매 관계에 대해 살펴보았다. 가족은 다양한 관계에 놓인 사람들이 모여 사는 것이다. 가족 구성원들이 각자 자기 위치에서 어떻게 역할을 수행하느냐 하는 것이 화목하고 건강한 가족이 되는 데 매우 중요하다. 또한 각 구성원들이 자기 역할을 충실하게 수행하는 것뿐만 아니라 구성원들 간 관계 속에서 일어나는 다양한 상호작용에서 갈등을 잘 해소하는 것도 중요하다고 할 수 있다. 그러므로 건강한 가족관계를 유지하고 발전시켜 나가기 위해서는 가족의 행복과 안녕을 무엇보다 중요시해야 한다.
이를 위해서 가족 구성원들은 서로에 대해 아낌없는 정서적 지지를 해 주고, 효과
적으로 의사소통을 하고, 공유하는 활동이 많아야 할 것이다. 또한 효율적인 문
제해결 능력을 갖추고 각자가 가족 역할을 잘 수행하는 것이 건강한 가족이 되는
길이다.

　보웬(Bowen, 1966)은 건강한 가족 구성원이 되기 위해서는 자아 분화(ego
differentiation)란 개념이 중요하다고 하였다. 그에 따르면 자아 분화란 자신과 타
인을 분화시키는 능력, 즉 사고와 감정을 분리시킬 수 있는 능력을 말한다. 이는
가족 구성원 간에 정서적 유대를 군건하게 하고, 적절한 응집력을 갖추며, 각자
자율성과 독립성을 유지해야 한다는 것이다. 특히 부모와 자녀 간의 심리적 분화

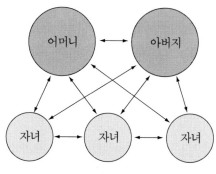

건강한 가족의 모습

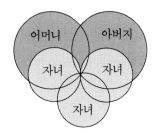

건강하지 않은 가족의 모습

[그림 5-2] 건강한 가족과 건강하지 않은 가족의 구조 비교

가 중요한데, 과도하게 정서적으로 밀착되면 개인의 정체감이 유지되지 않고 타인의 요구에 대해 주체적인 대응을 하지 못하며 서로의 일에 과도하게 간섭을 하게 된다는 것이다. 그렇게 되면 개인의 불안과 스트레스를 다른 가족 구성원에게 투사해서 의존적이거나 회피적인 성향이 발달하게 된다.

제6장 친구관계

　우리 주변에는 친구들이 아주 많고 친구를 잘 사귀는 사람이 있는가 하면, 친구가 그리 많지 않고 친구를 잘 사귀지 못하는 사람도 있다. 친구가 많고 잘 지내는 사람들의 공통점이 있다면, 상대방을 편하게 해 주고 상대방의 이야기를 잘 들어 주고 주위 사람들의 기분을 좋게 해 준다는 것이다. 친구는 언제 만나도 편안하고 부담 없는 상대이며, 기쁠 때나 슬플 때나 즐거울 때나 힘들 때나 늘 곁에 있어 주는 믿을 만한 존재라고 할 수 있다. 또한 친구 사이에는 잘 보이려고 애를 쓰거나 인정받으려는 행동을 억지로 할 필요도 없다. 그저 내 자신의 감정과 기분을 그대로 표현해도 되는 편한 상대다. 오래된 친구일수록 이런저런 설명 없이도 서로를 잘 이해할 수 있다. 이렇듯 친구관계는 우리가 일생 동안 살아가면서 생활에 활력소가 되는 아주 중요한 대인관계 중 하나라고 할 수 있다. 이런 친구 사이에 생기는 것이 바로 우정이다. 친구관계를 설명하기에 앞서 우정에 대해 살펴보고자 한다.

1. 우 정

1) 우정의 의미와 중요성

아마 우리는 태어나고 성장하면서 부모와 형제자매와의 혈연적 인간관계를 가장 먼저 그리고 가장 오래도록 맺고 살아가게 된다. 이 관계는 내가 선택하거나 끊을 수 없는 인간관계이며, 내 자신의 의지와는 상관없이 맺어지는 관계라 할 수 있다. 하지만 친구관계는 내 스스로 선택하고 결정할 수 있는 최초의 관계다. 우리는 평생 동안 여러 유형의 인간관계를 갖는다. 부부관계, 부모ㆍ자녀 관계, 형제자매 관계, 친구관계, 동료관계, 직장에서의 역할관계, 사제관계 등 많은 관계가 있다. 그런데 이런 관계를 잘 보면 일 때문에 맺게 된 사무적 관계로 이해득실을 따지는 관계가 대부분이고, 우정과 사랑이 위주인 관계는 흔치 않다. 특히 오늘날과 같이 모든 것이 빠르게 변화하는 시대, 능률과 성공이 중요한 사회에서는 우정과 사랑으로 맺어진 관계는 찾아보기 힘들다. 그래서 수많은 인간 속에서 소외감을 느끼며 군중 속의 고독을 경험하는 것이 현대인이라고 할 수 있다. 그만큼 삭막한 세상에 살고 있는 우리에게 우정과 사랑은 무엇보다 소중한 인간관계다.

원호택과 박현순(1999)은 우정에 대해 다음과 같이 정리하였다. 우정은 자연발생적이고 자발적이면서 이해와 무관하다는 점에서 이해 타산적인 그 어떤 관계와도 다르다. 혈연관계처럼 주어지는 관계도 아니다. 비공식적인 관계이면서 종교나 이념 등 어떤 목적을 가진 동료나 동지적 관계도 아니다. 그러면서도 혈연관계의 특성을 지니는 자연발생적인 사랑의 관계라고 할 것이다. 우정은 처음 시작 단계에서는 호감이 전제되겠지만, 일단 우정이 형성되면 어떤 조건도 없이 계층이나 지위 또는 남녀를 불문하고 보다 깊은 지속적인 사랑의 관계를 갖게 되며 그 자체가 목적이 된다는 특징이 있다.

요약하면, 우정이란 두 사람 사이에 적극적이고 목표 지향적인 관계를 추구하지만, 친교관계 이상의 어떤 의도도 가지고 있지 않고, 행동 · 정서 · 인지적 수준에서 다차원적인 관계를 맺으며, 언제나 변하는 동적인 관계인 동시에 2자 관계이므로 한 개인의 특성이 아니라는 점을 특징으로 꼽을 수 있다.

어느 학자는 우정이 이루어지는 것은 인간의 리비도(libido)에 근거한다고 하였다. 그는 리비도를 성적인 의미보다 넓은 의미로 사용하고 있다. 성적인 요소가 바탕에 있지만 성적인 것을 초월한 생의 욕구라고 할 수 있을 것이다. 그런가 하면 성적인 것과 전혀 무관하게 어떤 근거도 대기 어려운 인간의 본성에 따라 우정이 형성된다고 보기도 한다. 친애 욕구가 우정의 바탕이라고 보는 입장도 있다. 다른 사람과 사귀려는 기본적인 사회적 욕구인 친애 욕구는 사람과 같이 즐기려는 욕구, 친구를 만들려는 것, 친밀한 관계를 가지려는 것, 사랑하려고 하는 마음 등을 포함한다. 이는 인간의 기본 욕구 중의 하나로서 충족되지 못할 때 심한 좌절을 겪게 된다. 이전 장에서 살펴본 바와 같이 애착 동기나 친애 욕구가 생물학적인 토대를 가지고 있다고까지 말하는 학자들도 있다.

사회심리학에서는 사람들이 스트레스를 받을 때 무리를 지으려고 하는 유군 행동을 우정의 기초로 보고 있다. 한 예로, 한 집단의 실험 대상에게는 위협적인 상황을 만들고 다른 집단에게는 위협적인 상황을 만들지 않고는 두 집단에게 그 상태에서 대기하도록 하면서 대기 시간 동안 혼자 있거나 여러 사람이 함께 있는 것을 선택하도록 하였다. 그 결과 위협적인 상황에서 기다리도록 한 피험자들은 여러 사람이 함께 대기하는 것을 압도적으로 선호하였다. 즉, 사람은 불안하고 불확실한 상황에서 다른 사람과 함께하려는 경향이 있으며, 이것이 우정의 토대가 된다고 볼 수 있다.

인간은 생활하면서 충족해야 할 많은 욕구를 가지고 있는데, 이런 욕구를 충족하려면 적어도 다른 사람의 도움이 필요하고 타인과 친근한 관계를 가져야만 한다. 교우관계가 형성되는 기준을 상호 의존성에 두는 학자도 있다. 특히 자발적인 상호 의존성을 강조하는데, 이는 두 사람의 관계가 수단적인 관계가 아니고 사회적 · 정서적 교류라는 것을 의미한다. 자발적인 상호 의존성이 이루어지는 친구관계에는 동반자적 즐거움이 있고, 사귀는 것 자체가 목적이 되며, 처음에는 한두 가지 특성을 통해 사귀게 되지만 점차적으로 전체 인격 영역으로 확산된다. 자발적 상호 의존성에는 친밀감, 물리적 근접성, 긍정적 존중, 상호 지원적 요소 등이 포함되어 있으며, 상호 지원에는 사회적 지지로서 수용, 소속감, 자존감 향상 등의 정서적 지원, 서로 자극을 주고받으며 정보를 교환하는 인지적 지원, 그리고 물리적 도움 등이 포함된다.

임상심리학자 맥귀니스(McGuiness)는 우정을 돈독히 쌓아 가는 다섯 가지 방법을 제시하고 있다. 그가 얘기하는, 친구관계를 깊게 쌓아 가기 위한 다섯 가지 원리를 알아보자.

우선, 행복의 근원이 사람에게 있음을 알아야 한다. 다른 사람과 깊은 관계를 맺고 있는 사람은 우정을 인간관계에서 최우선으로 생각하는 사람이다. "나의 사랑하는 친구가 죽을 때마다 내 한 부분이 땅에 묻힙니다. 그러나 나의 행복과 생기와 이해심에 끼쳤던 친구들의 영향은 계속 내 안에서 나를 지탱시켜 줍니다."라고 말한 헬렌 켈러는 우정이 자기 자신의 일부라는 것을 잘 표현하고 있다. 다음과 같은 질문을 스스로에게 던져 보라. 곤경에 처했을 때 찾아갈 수 있는 친구가 있는가? 사전 양해 없이 불쑥 찾아갈 수 있는 친구가 있는가? 함께 오락을 즐기는 친구는 몇 명이나 되나? 궁핍할 때 도움을 줄 수 있는 친구는 얼마나 되나? 이런 물음에 긍정적인 대답을 할 수 있는 사람은 진실한 친구를 가지고 있다고 할 것이다.

둘째, 자기를 개방해야 한다. 릴케는 사랑은 외로운 두 사람이 서로를 보호하고 만지고 반기는 데서 싹튼다고 표현하였다. 우리는 자기 자신을 허심탄회하게 드러내는 사람을 좋아한다. 그러나 그러기가 쉽지 않다. 인간은 대인관계에서 가면을 잘 쓰며, 체면을 중시한다. 얼굴이 두꺼운 사람이 출세하고 성공적인 삶을 산다고 흔히 말한다. 가면을 쓰는 것, 낯이 두꺼운 것 등은 어찌 보면 거절에 대한 두려움과 남이 나의 약점을 이용하려는 것에 대한 경계라고 할 수 있을 것이다. 우정의 형성에서 무엇보다도 중요한 것은 자기를 진실하게 드러내는 자기개방이다.

셋째, 말로 표현해야 한다. 상대가 거절할까 두려워 자기 의사를 표현하지 못하는 것이 대학생의 일반적인 경향이다. "단지 표현하지 못하기 때문에 우정이나 사랑이 여물지 못하는 것은 비극 중에 비극이다. 사랑받기를 원하면 사랑하라." 이는 로마의 철인 세네카의 명언이다. 사랑은 사랑의 표현까지 포함한다. 사랑을 표현할 경우 주의할 점이 있다. 우선은 자기 감정을 과장하지 말고 강요해서도 안 된다. 사랑을 되돌려 받을 것을 강요하는 마음으로 사랑을 표현하지 말라. 그리고 유연성을 가져야 한다. 우정을 이루려면 우선 손을 뻗쳐 상대의 반응을 살피고, 상대의 반응에 따라 나갈 것인지 물러설 것인지를 결정하라. 이 사람과 우정을 나누지 못하면 끝장이라든가 나는 비참하다는 생각 같은 것은 버려야 한다.

넷째, 사랑과 우정의 기교를 배워야 한다. 아인슈타인은 사랑하는 누님이 뇌졸중으로 혼수상태가 되었을 때 그 누님 옆에서 하루에 두 시간씩 교양서적을 읽어 주었다고 한다. 사랑의 표현이 혼수상태인 사람에게도 전달될 것이라는 믿음을 가지고 있었던 것이다. 사랑은 진심으로 배려하는 것이지만, 겉으로 드러내는 표현이 있어야 한다. 의례적인 생일 축하나 선물 보내기 등의 기교만 앞세우는 사람은 허공의 꽹과리 같지만, 기교가 없는 사랑 또한 멋이 없고 무미건조하다. 작고 사소한 친절이 힘을 발휘한다.

다섯째, 언제나 빈 공간을 두어야 한다. 친밀한 관계, 예컨대 우정과 사랑 같은 관계에서 가장 갈망하는 두 가지 욕구는 소속되고 싶은 욕구와 자유로워지고 싶은 상반되는 욕구라고 한다. 서로가 친밀해질수록 상대가 독립된 존재임을 이해하라. 서로를 간섭하지 않는 사귐이 오래 간다. 상대를 소유하려 들지 말고 다른 우정도 허용하라. 서로 사랑하는 가까운 사이일수록 자유로운 공간을 두라. 나무는 서로의 그늘에서 자라지 않는 법이다.

2) 우정의 발전과 붕괴

우정은 어떻게 시작되어 발전할까? 우정은 자연발생적인 우연과 특정한 의도의 혼합물이다. 우정은 일반적으로 다음과 같은 단계를 밟아 형성된다. 처음에는 서로 알지만 인사도 하지 않는 단계다. 다음은 의례적인 인사를 나누며 서로 가볍게 접촉하는 단계다. 이 단계에서는 관계를 유지한다는 것이 별로 중요한 의미를 갖지 않으나, 사회적인 매력 요소나 서로에 대한 관심이 오간다. 다음 단계는 서로를 진실로 아는 단계다. 이 단계에서는 자기공개를 하면서 개인적 감정을 서로 소통할 수 있고, 관계 유지가 서로에게 중요하다.

이렇게 우정이 형성되면 두 사람은 많은 시간을 같이한다. 그러나 이런 관계를 유지하기 위해 치러야 하는 부담도 있다. 함께 많은 시간을 보내다 보면 서로에 대한 책임감이 커지고 자칫 독립성이 약화될 위험성이 있으며, 다른 친구들에게 부정적인 영향을 줄 수 있다.

우정의 붕괴에는 몇 가지 요인이 있다. 우선, 우리가 우정의 특징이라고 꼽았던 여러 가지 특성을 충족하지 못하는 경우 관계가 붕괴된다. 진실성이 없고, 비밀유지를 하지 못할 경우, 자발적인 도움이 없는 경우, 있는 그대로 수용하고 이해하지 못할 때, 서로 존중하지 않고 질투하거나 비판적일 때 우정관계는 붕괴된다. 물리적으로 멀리 떨어져 있거나 새로운 친구관계를 형성하는 것도 우정을 붕괴시키는 요인이 될 수 있다.

3) 이성 간의 우정

우리는 흔히 남녀 간에도 우정이 형성될까 하는 생각을 하게 된다. 시대의 변천에 따라 요즘은 이성 간의 우정이 무리 없이 받아들여지고 있는 것 같다. 젊은 이들은 이런 관계를 당연한 것으로 여긴다. 사실 우정은 오래가고 이해 요구가 없이 이루어지는 것으로서 프롬(Fromm)이 말하는 사랑의 한 유형으로 볼 수 있지만, 통상적인 의미의 사랑과는 다르다고 할 수 있다.

우정의 특성은 즐거움과 수용, 신뢰, 존중, 협력, 상호 개방과 이해, 자발성 등이다. 사랑은 이런 특성을 전제로 열정과 상대방의 보호를 최우선으로 한다는 특징이 더 있다고 할 것이다. 열정에는 매혹과 배타성 그리고 성적인 욕망이 큰 비중을 갖는다. 열정적인 사랑에서는 비단 긍정적 흥분만이 아니라 고독이나 질투, 비탄, 아슬아슬함과 같은 부정적인 흥분도 사랑을 가속화하는 요인이 된다. 열정은 희망이나 좌절과 관계없이 타인과 결합하고자 하는 강한 갈망이라고 할 수 있다. 성적인 욕망과 관련된 신경중추는 동기와 정서를 조절하는 변연계에 집중되어 있다. 이 중추는 쾌락중추 및 고통중추와도 연결되어 있기 때문에 유쾌함뿐만 아니라 고통스러운 정서도 이를 증폭시킨다. 부정적 경험인 공포도 성적인 흥분이나 이성에 대한 매력을 증가시킬 수 있다. 한편, 중성적인 흥분은 이전의 매력에 대한 경험을 증폭시키는 것으로 알려져 있다. 즉, 매력을 느끼던 사람에게는 더욱 매력을 느끼게 하고, 매력이 없다고 생각하던 사람에게 더욱 매력이 없다고 느끼게 한다.

유일 배타적인 속성 역시 우정과 구분되는 사랑의 특성이다. 삼각관계를 견딜 수 없는 것이 사랑이다. 나 혼자만이 상대를 사랑해야 하고 상대 역시 그래야 한다. 사랑하는 사람에게 다른 상대가 생기면 질투심이 유발된다. 질투심이란 친구 사이나 형제자매 사이에도 유발될 수 있다. 그러나 "씨앗을 보면 돌부처도 돌아앉는다."는 말이 있듯이 애정의 삼각관계에서는 질투심이 아주 강렬하게 유발된다. 셰익스피어의 걸작 『오델로』부터 삼류 소설에 이르기까지 삼각관계는 사람들을 매혹시키는 영원한 주제이자 강력한 범죄 동기다. 미국의 한 조사 자료를 보면 배우자 간 폭행 및 살인 사건의 55%가 질투심에 따른 것이며, 남자가 남자를 살해한 사건의 20%는 여자를 사이에 둔 삼각관계에서 일어났다고 한다. 말 자체가 어색하기도 하지만 우정의 삼각관계에서는 이런 일까지 일어나지 않는다.

사회적으로 질투심은 바람직하지 않은 것으로 여기지만, 두 사람의 관계를 지키려는 자연스러운 감정 반응의 일환이기도 하다. 더욱이 둘 사이의 관계를 위협할 만한 경험이 있었던 경우라면 근거 있는 질투라고 할 수 있다. 전혀 그럴 만한 근거가 없는 상황인데 질투를 느낀다면 문제가 될 소지가 크다. 그런 사람은 상대를 미심쩍어 하며 의심하다가, 심해지면 피해의식까지 갖게 되어 사실과 상관없이 상대를 핍박할 수 있다. 의처증이나 의부증이 그러한 경우의 극단적인 예라고 하겠다.

그런 경우를 제외하고 이제 우리는 어떻게 질투심을 다룰 것인가 생각해 보아야겠다. 때로는 전략적으로 질투심을 유발하는 경우도 있다. 결과가 성공적이라면 그리 나쁠 것도 없다고 생각하기 쉽지만, 이는 좋은 방법은 아니다. 왜냐하면 언제나 실패할 위험이 있고 상대방에게 상처를 주기 때문이다. 질투를 느낄 때는 우선 자기 감정을 수용할 필요가 있다. 질투를 느끼는 것이 왠지 열등한 것 같고 자존심 상하는 일이라고 느끼기 쉽지만, 솔직하고 자연스러운 감정이 아닌가? 이것은 상대방도 마찬가지다. 자신이나 상대방의 질투를 인정하고 받아들일 수 있다면 고통은 많이 줄어든다. 그런 다음 고통의 근원을 찾아보라. 관계가 긴밀할수록, 위협이 클수록, 그리고 자신이나 상대가 느끼는 질투심의 강도가 클수록 고통스럽다. 어느 것이 중요한 요인인지 탐색해 본 다음에는 자기표현을 하는 것이 중요하다. 혼자 담아 두고 의심과 분노를 키워 가기만 한다든가 부당한 의심을 받는다며 상대를 비난하는 태도를 보인다면 관계는 더 어려워진다. 상대에게 솔직하게 털어놓고 서로 해명하며 불필요한 오해를 풀어야 한다. 그리고 관계를 회복시킬 구체적인 해결책을 찾아야 한다.

2. 친구관계

친구를 사전적 정의로 보면, 가깝게 오래 사귄 사람 또는 나이가 비슷하거나 아래인 사람을 낮추거나 친근하게 부르는 말로 되어 있다. 여기서 말하는 친구는 가깝게 오래 사귀어 온 벗이란 뜻이다. 서로 가깝게 여기고 친한 사람들 사이를 보통 친구관계라고 한다. 인생에서 좋은 친구만큼 소중한 것도 없을 것이다. 연인이나 배우자에게 하지 못하는 말도 친구에게는 솔직하게 털어놓고 이야기할 수 있다. 우리는 한평생 동안 수많은 사람을 만나고 헤어진다. 만나는 대부분의 사람과는 친밀한 관계를 맺지 못하고 그저 스쳐 지나가게 되지만, 소수의 사람과는 친밀한 관계를 맺고 오래도록 그 관계를 지속한다. 이들은 서로를 잘 알고 마음과 뜻이 통해 우리의 삶에 매우 소중한 존재로 남게 된다.

1) 친구관계의 중요성 및 특성

우리는 평생 동안 100명 정도의 사람과 친밀한 인간관계를 맺으며 살아간다고 한다. 인생의 동반자에는 네 가지 유형이 있다. 가족적 동반자, 낭만적 동반자, 사업적 동반자 및 사교적 동반자가 그것인데, 사교적 동반자를 제외한 세 가지 동반자 유형은 그 수가 제한되어 있고 대부분의 인간관계는 사교적 동반자인 친구다(Schmidt & Sermat, 1983). 서로 간에 취미가 맞고 좋아하는 일이 비슷하다 보니 친구가 되기도 하지만, 서로 좋아하는 일이 무엇인지가 그리 중요한 문제는 아니다. 그렇다고 해서 친척처럼 가깝기는 하나 선택의 여지가 없는 사이는 친구관계라고 할 수 없다. 친구관계에서 선택은 필수적인 요소 중 하나다. 친구관계는 공식적인 관계가 아니기 때문에 어디에 얽매여 있지도 않고, 사회적인 압력에 의한 영향도 비교적 덜 받기 때문에 응집성의 질, 즉 친구들 사이의 감정 강도가 매우 중요하다고 할 수 있다. 그러나 일단 친구가 되면 선택의 문제는 그리 중요하지 않게 되는데, 친구 간에는 서로 함께 하는 활동을 즐기는 경향이 늘어나기 때문이다.

기본적으로 친구관계는 두 사람이 상호 호혜적 관계로 관여하는 것으로 기쁨, 수용, 믿음, 존중, 상호 지원, 신뢰, 이해 및 자발성의 여덟 가지 요소를 포함한다(Davis & Todd, 1982). 친구관계는 가족관계, 이성관계, 직장 동료관계와 구분되는데, 권석만(1998)이 제시한 친구관계가 지니는 특성을 몇 가지로 요약하면 다음과 같다.

첫째, 친구관계는 대등한 위치의 관계다. 친구관계는 보통 나이나 출신 지역, 출신 학교나 학력 그리고 사회경제적 지위 등에서 비슷한 사람과 맺는 친밀한 관계다. 물론 때때로 이러한 속성에서 차이가 나는 경우에도 친구관계가 형성될 수 있지만, 일반적으로 친구관계는 수직적 관계보다는 수평적 관계의 속성을 지니기 때문에 인간관계에서 가장 민주적인 관계를 경험하게 된다.

둘째, 친구관계는 가장 순수한 인간 지향적인 인간관계다. 심리적 목적보다는 상대방에 대한 호감과 우정이 친구관계를 유지하는 주된 요인이 된다. 즉, 친구관계는 친구가 인간적으로 좋고 친구와 만나는 것이 즐겁고 유쾌하기 때문에 유지되는 것이다.

셋째, 친구관계는 대등한 위치에서 맺는 편안한 관계다. 친구는 가장 자유롭고 편한 관계로서, 관계를 맺고 끝내는 것은 전적으로 자신의 자유다. 친구 사이에서는 자기개방이 가장 심도 있고 광범위하게 이루어질 수 있다. 따라서 가족이나 연인에게 할 수 없는 이야기를 친구에게는 허심탄회하게 할 수 있는 것이다.

넷째, 친구관계는 서로 공유할 삶의 영역이 넓다. 친구관계는 나이, 학력, 지식수준, 사회경제적 지위 등이 비슷하여 공감할 수 있는 공유 영역이 가장 넓은 관계다. 뿐만 아니라 화제, 취미, 오락, 가치관 등이 유사하기 때문에 친구와의 만남이 즐겁고 편안하게 느껴진다.

다섯째, 친구관계는 의무나 구속력이 적다. 친구관계는 유지해야 할 강제 요인이 없기 때문에 다른 인간관계보다 해체가 용이하다. 따라서 친구관계는 그 관계를 유지하기 위한 자발적이고 적극적인 노력을 기울이지 않으면 약화되고, 따라서 해체되기 쉽다.

2) 친구관계의 기능

친구관계도 다른 인간관계와 같이 여러 가지 사회적 · 정서적 지지와 도구적 지원을 얻을 수 있는 사회적 자원이다. 친구관계에서는 친구 간에 서로 공유하는 활동이 여러 가지 기능을 제공하며, 개인의 성장과 발달에서 여러 가지 중요한 역할을 한다.

　　권석만(2003)과 김영희(2010)는 친구관계의 기능을 긍정적 측면에서 다음과 같이 제시하였다. 친구는 주요한 정서적 지지자이자 공감자이며, 자기 자신과 자신의 삶을 평가하는 주요한 비교 준거가 되고, 즐거운 체험을 공유하는 사람이며, 안정된 소속감을 제공하고, 삶에 현실적 도움을 제공해 주는 관계다.

　　이은해(1999)는 친구관계의 기능을 보는 관점을 다음 세 가지로 나누었다. 첫째, 친구관계의 기능은 긍정적 지원 기능뿐만 아니라 갈등, 경쟁, 배신 등 부정적 속성도 갖고 있다. 둘째, 친구관계의 기능은 상대방이 어떻게 지각하느냐에 따라 달라질 수 있다. 셋째, 친구관계의 긍정적·부정적 측면에 대한 하위 분류는 연구자마다 차이가 있으나 대체로 친밀감, 신뢰, 정서적 안정, 사회적 상호작용, 도움, 자기인정, 갈등, 경쟁 등을 포함한다.

　　번트와 페리(Berndt & Perry, 1986)는 친구관계의 기능을 자기노출, 친사회적 행동, 자아존중감, 지지, 놀이, 활동, 친밀, 갈등과 경쟁, 상호작용으로 분류하였다(이은희, 2005). 이은해와 고윤주(1999)는 친구관계의 질이 긍정적 기능 여섯 가지와 부정적 기능 두 가지, 그리고 관계에 대한 만족감의 아홉 가지 영역으로 구성되어 있다고 하였다. 즉, 긍정적 기능은 정서적 안정, 신뢰, 도움 제공, 친밀감, 나에 대한 인정, 교제의 즐거움으로, 부정적 기능은 갈등과 경쟁으로 보았다.

　　이처럼 친구관계는 부정적 기능보다 긍정적 기능이 더 많다고 볼 수 있다. 예로부터 우리는 부모님에게 좋은 친구를 사귀어야 한다는 말을 자주 듣곤 했다. 그렇다면 좋은 친구란 어떤 친구인지를 살펴볼 필요가 있을 것이다. 원호택과 박현순(1999)은 좋은 친구의 조건을 다음과 같이 정리하였다. 좋은 친구의 조건으로 꼽히는 특성들은 신뢰감, 충성심, 따뜻한 애정, 지지도, 솔직성, 유머 감각, 서로를 위해 시간 내기, 독립성, 좋은 대화자, 지능적·사회적 양심 등이다. 블록(Block)은 충성심, 따뜻함, 솔직성, 유머 감각과 무조건적 수용을 들고 있다. 무조건적 수용이란 아무런 조건 없이 있는 그대로 그 사람 자신을 존중하는 것을 뜻한다. 데이비드(David)와 토드(Todd)도 설문조사를 통해 좋은 친구란 함께 있으면 즐겁고 서로 깊게 믿으며 존중하고 수용하는 사람, 서로 있는 그대로 보일 수 있는 비밀이 없는 사람, 서로 돕고 이해해 주는 사람이라는 응답을 얻었다. 그동안의 연구를 종합해 보면, 좋은 친구의 열 가지 덕목은 진지함과 솔직함, 온정성과 이해심, 충성심, 신뢰감, 지능, 의지할 만한 정도, 열린 마음, 사려 깊음, 유능성 및 사회적 지위다.

원호택은 강의를 통해 수집한 자료에 따르면 대학생들의 자료 역시 이와 크게 다르지 않았다고 보고하였다. 학생들은 친구란 '어려울 때 도움이 되는 사람, 서로 마음이 통하고 이해해 주는 사람, 고민이나 비밀을 털어놓을 수 있는 사람, 믿을 수 있는 사람, 언제든지 서로 편하게 만나고 받아 줄 수 있는 사람, 나와 비슷한 사람, 서로에게 발전적인 사람'이라고 응답했다. 또한 친구의 선택 요인으로는 바람직한 인격 특성과 가치관을 꼽았으며, 진실성, 관대함, 성실성, 따뜻함 그리고 유머 감각을 바람직한 친구가 지니는 인격 특성으로 보았다. 한 가지 흥미 있는 사실은 이성관계와 친구관계의 차이점이었다. 남자의 능력과 여자의 외모는 이성관계에서 관계를 결정하는 가장 중요한 요인이었다. 그러나 이 요인들이 친구관계에서는 별다른 영향력이 없었다. 또 다른 차이점은 친구관계에서는 성격과 가치관이 비슷한 사람을 원하는 비율이 높았으나 이성관계에서는 그리 높지 않아 친구관계에서는 유사성이, 이성관계에서는 상호 보완성이 상대적으로 중요한 매력의 요인으로 작용한다는 것이다.

3) 좋은 친구를 사귀는 법

좋은 친구를 만들기 위해 필요한 몇 가지 교훈이 있다. 그러나 오랜 세월에 걸쳐서 끊으려고 해도 끊을 수 없는 친구를 사귀려면 다음과 같은 정감의 교류가 더욱 필요하다. 비록 친구를 사귀는 마술적인 공식은 없을지라도 심리학적인 결과를 토대로 우정을 발달시키고 유지하는 데 필요한 몇 가지의 원칙을 제시하면 다음과 같다(원호택, 박현순, 1999).

첫째, 자기 일같이 도와주라. 사람은 혼자서 모든 문제를 해결하기는 어렵다.

특히 오늘날과 같이 전문화된 사회에서는 다른 사람의 도움이 필요할 때가 많다. 예로서 건강 문제는 의사에게, 법률 문제는 변호사에게 도움을 구할 수 있다. 각 분야에 친구들이 있는 경우에는 별로 큰 힘 들이지 않고 전문가의 도움을 받을 수 있다. 사람은 정신적으로나 물질적으로 곤경에 처했을 때 우정을 갈망하게 된다. 이런 경우 남의 일을 자기 일처럼 생각하고 나서 주는 사람의 우정은 영원히 잊을 수 없을 것이다.

둘째, 자주 만나서 우애를 다지라. 우정은 꽃밭 가꾸기처럼 하라는 말이 있다. 꽃밭에서 아름다운 꽃을 보려면 정성을 기울여 가꾸지 않으면 안 된다. 우정을 산길에 비유하는 사람도 있다. 산길은 오래 사용하지 않으면 잡초가 우거져 길을 덮어 버린다. 우정도 자주 왕래가 없으면 자연히 기억 속에서 멀리 사라져 버린다. 친구의 경조사는 물론이려니와 일부러라도 시간을 쪼개서 정을 돈독히 하는 만남을 마련해야 한다. 우정은 오가는 정이 있을 때 두터워진다. 특히 가족끼리의 만남은 우정의 깊이를 한층 더한다. 지리적으로 멀리 떨어져 있을 때는 종종 안부 전화라든가 서신 왕래가 있어야 한다. 외국 여행을 간 친구가 생각지도 않았는데 그림엽서를 보내왔을 때 기뻐한 경험이 있을 것이다. 이것은 비단 동년배 사이에서뿐만 아니라 선후배 사이에도 친교를 더해 주는 수단이 된다. 물론 웃어른에게는 깍듯한 예의를 갖추면서 자기 소식을 적극적으로 전해야 한다.

셋째, 적극적으로 감사함을 표현하라. 사람의 마음은 때로는 간사해서 아홉 번 신세를 진 사람도 한 번만 섭섭하게 대하면 그것만을 되뇌는 경우가 있다. 그리하여 친한 친구 사이에도 이러한 서운한 감정이 잡초처럼 솟아나는 경우가 있다. 이 경우 언짢은 감정을 없애 버리고 수없이 고마웠던 일을 생각하면서 고마운 마음으로 꽉 채워야 한다. 언짢은 감정은 서운한 일만 부르고, 고마운 마음은 고마워할 일만 부르게 된다. 우정의 참다운 평가는 그렇게 간단하게 내리는 것이 아니다.

넷째, 당신 자신을 드러내라. 다른 사람들은 당신에게 매력을 느끼기 전에 당신이 누구이며 어떤 사람인가를 알고자 한다. 두 사람의 인간관계를 발전시키기 위해 자신에 대한 정보를 상대방에게 알려 주는 것이 필요하다(Jourard, 1971). 당신의 모든 것을 당신이 말하기 전에 다른 사람이 알아낼 수 있을 것이라고 생각하지 말라. 대신에 당신이 좋아하는 것과 싫어하는 것에 대하여 상대방에게 숨김없이 말하라. 세계에 관한 가치관을 서로 이야기할 때 비록 표면적인 접근 태도에는 약간의 차이가 있다 할지라도 솔직한 감정 전달에서는 어떤 공통성을 발견하게 된다. 물론 이런 자기노출에는 한계가 있다. 관계를 발달시키는 데 있어서 자기노출은 여유 있게 해야지, 지나치게 빨리 하면 불리한 결과를 초래하기도 한다.

다섯째, 좋아하고 있다는 것을 알리라. 상호 친숙성에 관련된 이론에 따르면 사람은 자신을 좋아하는 사람을 좋아한다. 만약 당신이 누군가를 좋아한다면 상대방에게 말하라. 말이 아니라면 행동이라도 표현하는 것이 좋다. 비록 당신의 감정을 솔직하게 털어놓는 것이 거절당할 위험을 안고 있다 하더라도 좋아한다는 것을 알려 주는 것은 진실한 우정을 발전시키는 데 가장 합리적인 방법이다.

여섯째, 상대를 인정해 주라. 우정의 표시는 상대를 당신이 좋아하는 방법으로가 아닌 '있는 그대로' 인정해 주는 것이다. 다른 사람을 인정하는 데 있어서 어떤 조건을 달지 말라. 완전한 사람은 아무도 없으며 모든 사람은 근본적으로 착하다. 뿐만 아니라 바람직하지 못한 특성도 함께 가지고 있지만 상대를 인정해 주어야 하는 것을 명심하라.

일곱째, 같은 활동에 참여하라. 근접성과 매력의 관계에 관한 이론은 같은 활동에 참여하는 것이 우정을 발달시키는 데 가장 중요한 요인이라는 것을 밝히고 있다. 우정이란 자랄 수 있는 시간이 필요하고, 서로 만족할 만한 활동을 공유하는 것은 비록 그것이 단순히 앉아서 이야기하는 정도일지라도 지속적인 우정의 발달을 촉진시키게 된다.

여덟째, 관심 있게 보살피라. 잊어버리기 쉬운 본질이지만 관심과 보살핌은 우정을 형성하고 지속시키기 위한 선행 조건이다. 상대방의 행운에 관심을 표명하고 불행과 슬픔은 같이 나누어야만 한다. 관심 있는 보살핌은 우정을 더욱 견고하게 해 준다.

이상과 같이 친구관계에서 서로에게 좋은 친구가 되기 위한 방법들을 살펴보았다. 우리는 어렸을 때 사귀었던 친구들 중에 평생 오래도록 친구관계를 유지하는 친구도 있지만, 친구로 지내오다 언제인가부터 연락이 끊기고 서로를 찾지 않게 되는 친구도 있다. 친구관계에서 갈등이나 다툼을 미리 예방할 수 있고 이미 일어난 갈등이나 다툼은 원만하게 해결할 수 있다면 더욱 돈독하고 발전적인 관계를 만들 수 있다. 효과적인 친구관계를 유지하기 위해서는 친구의 사생활을 존중해 주고, 필요할 때는 자발적으로 도움을 주며 서로 신뢰를 지켜야 한다. 때로는 허심탄회하게 흉금을 터놓고 마음을 나누기도 하고, 서로의 장점은 칭찬하고 본받으며 단점을 발견하면 조언을 해 주고 고치도록 노력을 해야 한다. 감정적인 지지를 보여 주고 친구가 도움을 주었다면 꼭 보답을 하고 개인적인 감정이나 문제는 숨기지 말고 개방하도록 한다. 친구는 서로의 차이점을 인정해야 하고 갈등이 생긴다면 인정하고 서로에게 솔직한 태도를 갖고, 필요하다면 다른 사람의 도움을 받도록 한다. 앞에서도 언급했듯이 친구관계는 자발적이고 능동적인 선택에 따라 이루어지지만, 자발적으로 해체될 수도 있다. 친구관계란 서로가 끊임없이 진실하게 만날 수 있도록 노력해야만 유지될 수 있는 관계로, 아무런 이득이나 보상을 바라지 않고 어떠한 대가도 없지만 그냥 옆에 있는 것만으로도 충분한 관계가 되어야 한다. 일생 동안 변치 않고 당신 곁을 지켜 줄 친구를 만났다면 당신은 정말 행복한 사람일 것이다.

제7장 이성관계

프로이트는 인간에게 가장 중요한 것은 일과 사랑이라고 했다. 인생에서 사랑이 차지하는 비중은 절반을 차지할 만큼 중요하다고 할 수 있다. 사랑이 중요하다는 증거는 우리 주변에서도 쉽게 찾을 수 있다. 우리가 즐겨 부르는 대중가요만 봐도 사랑을 주제로 하지 않은 노래는 거의 없다. 노래뿐 아니라 소설, 영화, 드라마 등과 같은 대중문화 콘텐츠의 대부분이 사랑 얘기 빼면 보여 줄 것이 별로 없다. 이처럼 우리의 삶에서 사랑은 매우 중요한 것이다. 학문적으로 보아도 이러한 경향은 나타나고 있다. 인간관계에 관한 연구 가운데 아마 사랑이나 결혼에 대한 연구만큼 많은 연구도 없을 것이다.

이성관계에 대한 설명을 하려면 사랑에 대한 고찰을 하지 않고서는 할 이야기가 별로 없다고 할 수 있다. 과연 우리의 삶에서 이렇게 중요한 사랑은 무엇인가? 무엇을 사랑이라고 하는가? 사랑에 대해 정의 내리기는 그리 쉬운 일이 아닌 것 같다. 여기서는 이성관계를 설명하기 전에 우선 사랑에 대한 이야기, 즉 사랑의 의미와 사랑에 관한 학문적 접근 등을 살펴보고자 한다.

1. 사랑에 대한 고찰

1) 사랑의 의미

　동서고금을 막론하고 인간의 심금을 가장 울리는 것은 바로 남녀 간의 사랑이다. 전통적으로 유명한 이수일과 심순애의 신파극의 중심 주제도 사랑이며, 세계적인 명작이라고 할 수 있는 러브 스토리, 로미오와 줄리엣, 로마의 휴일, 카사블랑카, 닥터 지바고, 인어공주, 미녀와 야수 등 수많은 형태의 사랑 이야기가 젊은 시절 우리 가슴을 울렸다. 그러면서도 늘 젊은이들의 마음에서 떠나지 않는 질문이 있다. '사랑이란 무엇일까?' '내가 하고 있는 것이 과연 진정한 사랑일까?'

　사랑이 무엇인지는 어느 누구도 정확하게 정의를 내리지 못하고 있다. 사랑이 이것이다 저것이다 말할 수는 있지만, 그 어느 것도 사랑에 대한 궁극적인 정의는 될 수 없다. 그것은 아마도 우리가 정의할 수 있는 사랑의 실체가 따로 있는 것이 아니며, 사랑은 현상이고 체험이기 때문인지 모른다. 사랑에 대한 사전적 정의는 매우 광범위하고 다양하나 여기서 다루는 이성 간의 사랑에 대한 정의는 남녀 간에 그리워하거나 좋아하는 마음 또는 그런 일로 정의할 수 있다. 사랑은 몸과 마음의 작용인데, 사람마다 몸과 마음의 작용이 다른 이상 사랑도 달라질 수밖에 없다. 단테와 베아트리체, 사르트르와 보봐르, 윈저공과 심슨 부인의 사랑과 같지 않다고 해서 그 사랑이 왜소한 사랑이 아니며, 베르테르와 로테, 스칼렛 오하라와 레드 버틀러의 사랑처럼 열정이 없다고 해서 시들한 사랑도 아니다. 사랑은 이런 것이라고 다른 사람에게 주장할 수도 없고 강요할 수도 없다. 지금 내가 느끼는 것이 사랑인지 아닌지 고민할 수는 있지만, 그 정답은 없다. 사랑이라고 답을 내리든 아니라고 답을 내리든 자신의 결정 이전에 이미 감정은 존재한다. 물론 그런 결정으로 인하여 상대에 대한 태도와 행동은 달라질 수 있지만, 그때까지의 감정이 없어지거나 변하는 것은 아니다.

　　심리학에서는 사랑이란 감정이 이처럼 정의하기 어렵기 때문에 학문적으로 그다지 연구되지 못했다. 여기에서는 프롬과 스턴버그(Sternberg)의 사랑에 관한 입장을 살펴보도록 한다.

2) 사랑에 대한 학문적 접근

(1) 에리히 프롬의 사랑

　　에리히 프롬(Erich Fromm)은 독일의 유태인 가정에서 태어났다. 제1차 세계대전 후에 나치의 박해를 피해 미국으로 망명했으며, 프로이트와 마르크스(Karl Marx)를 깊이 연구했다. 프롬은 프로이트의 정신분석 이론과 마르크스의 이론을 토대로 자본주의 사회의 사회 · 문화적인 현상과 현대 문명의 병을 진단하고 건전한 사회의 실현을 제시하려고 하였다. 그러나 정신분석 이론이 한 개인의 무의식적 충동에 너무 집착하기 때문에 인간의 행동에 영향을 미치는 사회 · 문화적 요인을 간과하고 있음을 알고, 프로이트의 생물학적 리비도설에 비판을 제기하면서 고전적인 정신분석 이론에서 벗어났다. 프롬은 아니(Honey), 설리번(Sullivan) 등과 함께 소위 문화학파라고 불리는 신프로이트 학파를 형성했으며, 인간의 성격이 사회 · 문화적 요인에 의해 형성된다는 입장을 취했다.

　　프롬은 개인의 성격보다는 특정한 사회의 성격을 보다 중요시한 사람으로서, 현대인에게 널리 퍼져 있는 노이로제 증상이나 불안은 개인적인 무의식만을 탐구하는 정신분석 치료보다 사회구조적인 특성을 파악해야 한다고 주장하였다. 예를 들어, 그의 명저 『자유로부터의 도피(The Escape from the Freedom)』에는 현대인의 소외와 고독을 깊이 다루고 있다. 근대 사회에 접어들면서 인간은 중세 사회의 공동체적 구속으로부터 벗어나 그토록 갈망하던 자유를 얻었지만, 막상 자유를 얻고 보니 고독이라는 값비싼 대가를 치러야 했다. 프롬은 고독과 소외를 극복하지 못한 현대인은 다시 자유로부터의 도피를 꾀하게 되며, 이렇게 고도로 산업화된 사회의 병폐로부터 회복되려면 인간이 본래 지니고 있던 고유한 창조성과 사랑이 필요하다고 역설한다.

　프롬은 사랑의 기술을 통해 사랑에 대한 다양한 접근을 시도했다. 프롬이 사랑이라는 가장 절실하면서도 일상적인 주제를 예리한 통찰력을 가지고 심리학적으로 접근해 간 저서가 『사랑의 기술(The Art of Loving)』이다. 여기서 프롬이 말하는 사랑은 매우 폭넓은 사랑이며, 사랑이란 어떤 우연한 기회에 찾아오는 즐거운 것이 아니며 다른 예술과 마찬가지로 기술이 필요하다는 전제하에 사랑을 논하고 있다. 프롬은 현대인이 사랑을 갈망하면서도 사랑에 노력이 필요하다고 생각하는 사람은 많지 않았던 것으로 보았던 것 같다. 그는 현대인들이 사랑에 실패하는 이유를 다음과 같이 지적했다. 사랑을 사랑하는 문제가 아닌 사람의 문제, 즉 사랑하는 능력이 아닌 그 대상이 문제가 된다고 보기 때문이다. 대부분의 사람은 사랑할 대상을 찾는 것이 어렵다고 느낀다. 그러나 상대를 찾는 문제는 소위 사랑에 빠진다고 말하는 초기 경험에 국한되는 것이다. 사랑에 빠지는 것과 사랑하고 있는 지속적인 상태는 다르다. 그것을 구분하지 못하기 때문에 수많은 사람이 사랑에 실패를 거듭하고 있다는 것이다.

　사랑처럼 커다란 희망과 기대를 가지고 시작했다가 번번이 실패하는 활동도 많지 않을 것이다. 그렇다고 사랑을 포기할 수는 없다. 다른 모든 일과 마찬가지로 실패의 원인을 찾아 이를 극복해야 한다. 프롬은 사랑도 그림이나 음악, 건축처럼 기술이라는 것을 알라고 권고한다. 그런 다음에는 우리가 다른 기술을 습득하기 위해 거치는 과정과 같은 과정을 거쳐야 사랑의 기술도 습득할 수 있다. 여기에는 이론의 습득과 실습, 그리고 완전한 기술의 습득이라는 세 가지 궁극적인 목표가 있어야 한다.

① 사랑의 종류

　사랑은 인간의 실존적 문제에 대한 해답이라는 것이 프롬의 사랑에 관한 이론의 핵심이다. 그는 인간의 실존적 불안을 얘기하고 있다. 인간은 태어남과 동시에 태내의 본능과 같은 확실한 세계로부터 무한하고 불투명하게 개방되어 있는 세상으로 내던져진다. 이러한 모태로부터의 분리는 실존적 불안을 야기하며, 인간은 그 고통에서 벗어나고자 개체로서의 생명을 초월한 합일 상태를 추구한다. 이것은 다양한 형태로 나타나는바, 종교적 숭배나 군사적 정복, 예술적 창조, 신이나 인간에 대한 사랑 등 인간의 종교와 철학의 역사를 이루고 있는 근본적인 행위라고 볼 수 있다.

집단과 관습, 신앙에 토대를 둔 합일은 조용하고 관례적인 것으로서 때로는 실존적 불안을 진정시키기에 불충분한 경우가 있다. 따라서 우리는 일상적인 오락이나 노동, 창조적인 활동을 필요로 한다. 또 다른 합일방법으로 술이나 약물에의 도취, 성적인 황홀경 같은 것을 들 수 있는데, 이는 강렬하나 일시적이고 주기적이라는 점에서 위에 언급된 형태와 다른 특징을 가지고 있다.

모태로부터의 분리에서 오는 실존적 불안을 상쇄시키는 가장 완전한 방법은 인간 대 인간의 융합이다. 그것은 사랑에서 찾을 수 있다. 그런 의미에서 사랑이란 수동적인 것이 아니라 활동 그 자체이며, 빠지는 것이 아니라 능동적으로 참여하는 것이다. 주는 것은 빼앗기는 것이 아니라 자기의 의지가 들어 있는 행위로서 더 큰 기쁨을 준다고 프롬은 말하고 있다.

프롬은 프로이트가 사랑을 보편적이고 실존적인 합일의 의미보다 남녀 간의 생물학적인 요구로서의 리비도를 중요시했다고 생각했기 때문에 그를 비판했다. 프롬이 말하는 사랑이란 대상에 따라 구분되는 것이 아니다. 진정으로 한 사람을 사랑한다는 것은 그의 실존을 있는 그대로 사랑하는 것이며, 세계를 사랑하고 인생을 사랑하는 것이다. 따라서 그가 말하고 있는 여섯 가지 이름을 가진 사랑은 대상을 기준으로 구분한 것이 아니라 사랑의 다양한 속성을 나타내기 위한 것이다.

프롬은 모든 사람에 대한 배타성 없는 사랑을 형제애라고 하였으며, 형제애를 모든 사랑의 근본 형태로 보고 있다. 아울러 어린아이의 생명과 욕구에 대한 무조건적인 긍정과 같은 것으로서, 상대방의 생명과 성장에 절대적으로 필요한 보호와 책임을 제공하면서 단순한 생물학적 차원의 존재뿐만 아니라 삶에 대한 사랑을 키워 주는 것까지 포함하는 모성애, 그리고 이와 더불어 맹목적인 일방성을 띠고 있는 모성애에 의한 자아도취적인 성향을 보완하는 엄격함과 복종이 내포되어 있는 부성애를 언급한다. 이성 간의 사랑이라고 볼 수 있는 성애(erotic love)는 타인과의 완전한 융합을 추구하는 사랑으로 본질적으로 배타적이며, 성적인 욕망이 결부되어 있다. 여기서 그는 성적 욕망은 사랑 이외에도 고독이나 불안, 정복 욕구에 의해 자극되기도 한다는 점을 지적하면서, 성적인 행복은 사랑의 결과라고 말한다. '성을 위한 사랑'이 아닌 '사랑을 위한 성'을 강조하는 것이다. 또한 다른 사람을 사랑하는 정도로 자기 자신을 사랑하는 자기애(self-love)가 있는데, 이것은 타인에 대한 사랑과 배타적인 것이 아니다. 자기를 사랑할 줄 아는 사람이 다른 사람도 사랑할 수 있다. 이러한 자기애와 구별되어야 하는 이기심은 자기소외를 초래하는 것으로서, 자신을 전혀 사랑하지 않는 것이다. 끝으로, 신에 대한 사랑도 분리를 극복하고 영원한 것과의 합일을 추구하려는 사랑의 한 형태로 제시되고 있다. 여기서 신의 존재는 최고의 가치이며, 인간이 열망하는 모든 것의 상징이라고 볼 수 있다.

② 사랑의 붕괴

구체적인 사랑의 실천 기술에 앞서 프롬은 현대 서구 사회의 문명을 진단한다. 현대 사회는 자본주의의 발달로 점차 중앙집권화되고, 기업이든 노동자든 거대한 조직을 만들어 대응해 가는 상황에서 원활하고 집단적인 사람, 더욱더 소비적인 성향을 가지고 있으며 충분히 예측 가능해 다루기 수월한 그만그만한 인간을 만들어 가고 있다. 어쩌면 이와 같은 특징은 급격한 서구화 과정을 밟으며 전통적인 가치관의 혼란을 겪고 있는 지금의 우리 사회에서 오히려 더 두드러지고 있는지 모른다. 개인의 고유한 창조성이 발휘되지 못하는 사회에서 개성은 하나의 숭배 대상이 될 수 있다. 틀에 박힌 관료적인 사회나 거대한 조직일수록 소위 개성 있는 사람, 독창적인 사람을 찾고, 톡톡 튀는 아이디어를 높이 사는 우리 사회의 현주소가 이를 반영하는 것은 아닐까 싶다.

이러한 군중 속에서 고유한 개체로서의 개인은 소외된다. 소외된 인간은 여러 가지 오락물과 같은 문화적 완충물로 고독을 달래고 붕괴된 형태의 사랑을 하게 된다. 그 대표적인 것이 바로 성적인 만족을 위한 사랑과 고독으로부터 도피하기 위한 사랑이다. 사랑을 위한 성이 아니라 성을 위한 사랑이 되어 가고 있는 듯한 생각이 든다. 평범한 사람들의 상식으로 쉽게 받아들이기 어려운 성적인 불만이 이혼 사유가 되고 있는 우리 사회의 현실도 이러한 맥락에서 생각해 볼 수 있을 것 같다.

고독의 도피처로 사랑을 맺은 두 사람은 세상을 사랑하기보다는 둘만의 결합 상태로 세상에 방어벽을 치고 있는 동맹자와 같다. 여기서 우리는 인간이 고독해지기 이전 상태인 모태의 결속으로 되돌아가고자 하는 심리적 역행과정의 흔적을 볼 수 있다. 육체적인 성에만 탐닉하는 행위는 삶으로부터 후퇴하는 것이다.

집착적인 사랑이나 우상 숭배적인 사랑도 마찬가지로 병리적인 사랑의 형태다. 이런 사랑을 하는 사람은 자신이 가지고 있는 모든 능력을 사랑하는 상대방에게 투사하여 지고의 선, 모든 사랑과 아름다움과 행복을 갖춘 존재로 상대를 숭배한다. 이러한 사랑은 갑작스럽고 강렬한 것이 그 특징이다. 운명적인 사랑을 예감하고 지고한 여인 로테를 사랑하다 끝내 그녀의 손길이 닿았던 권총으로 자살하고 마는 베르테르나, 오만한 데이지의 사랑을 얻기 위해 일평생을 돈벌이에 바치고 끝내는 그녀의 누명을 대신 뒤집어쓰고 죽어 간 개츠비의 허망한 사랑이 그 예가 될 것이다. 프롬에 의하면 이 모든 사랑은 현대 문명이 초래한 붕괴된 형태의 사랑이다.

그러면 이 시대의 사랑을 위한 실천적 기술은 무엇인가? 프롬은 사랑이란 오직 자기 스스로에 의해 실천될 수 있는 개인적인 경험이라고 못박으면서, 사랑도 다른 예술과 마찬가지로 기술이 필요하다고 역설한다. 이러한 기술을 습득하기 위해서는 훈련과 집중, 인내 그리고 최고의 관심이 있어야 한다.

현대인의 생활은 규칙적인 생활이다. 따라서 적절한 훈련이 없다면 무질서해지고 중심을 잃게 된다. 기술을 습득하기 위해서는 집중과 인내가 필요한데, 특히 인내는 현대인에게 필수적인 덕목이다. 급변하는 주변 정세나 하루가 다르게 발전하는 과학문명에서 현대인에게 익숙한 것은 변화에 재빨리 대응해 뒤떨어지지 않는 신속함이다. 그러나 어느 날 하늘에서 뚝 떨어지는 기술이란 없다. 참을성 없이 빠른 결과만을 추구한다면 어떤 기술도 배우기 어렵다. 끝으로, 배우고자 하는 기술에 대한 최고의 관심이 있어야 한다는 것은 굳이 설명이 필요하지 않을 것이다.

모든 기술이 그렇듯이 사랑의 기술도 간접적으로 배우기 시작하는 것이 좋다. 말하자면 사랑의 기술을 익히기 위해서는 생활의 다른 측면을 통해 훈련과 집중, 인내를 실천하는 데서 출발해야 한다. 자기를 소외시키는 이기심과 달리 생산적인 사랑은 언제나 관심과 책임 그리고 주의와 지식을 갖추어야 한다. 그러므로 진정한 사랑은 인간성을 성숙시키고 행복을 가져온다.

이상에서 살펴본 프롬의 생각은 인간의 실존적 문제에 대한 만족스러운 해답을 사랑이라는 데서 출발한다. 이러한 프롬의 견해는 인간은 태어나면서부터 가장 확실한 본능의 세계인 모태에서, 자연에서, 사회로부터, 인간으로부터 그리고 자기 자신으로부터 떨어져 나와 소외된 존재로서 실존에 대한 불안과 고독을 안고 있는 불완전한 존재라는 점과 사회병리를 전제로 한다.

엄청난 속도로 가파르게 달려가고 있는 과학문명의 반대급부로 우리에게 주어진 것은 무엇인가 생각해 보라. 물질적 풍요와 생활의 편리함을 얻은 대신에 우리는 황폐해진 정신과 오염된 환경이라는 비싼 대가를 지불하지 않는가? 사랑이란 이처럼 불확실한 세계에 던져진 모든 인간의 궁극적이고 참된 욕구다. 그러므로 사랑은 현대인의 실존적 고독과 불안의 치유 가능성을 내포하고 있는 하나의 사회현상이며, 이에 대한 믿음은 곧 인간의 본성에 근거한 합리적인 믿음이라고 볼 수 있다. 우리가 사랑에 대해 더 많이 생각하고 실천하려는 노력을 기울여야 고독이라는 질병을 치유할 수 있다는 의미일 것이다.

(2) 스턴버그의 사랑의 삼각형 이론

이제 비교적 최근에 사랑에 대해 언급한 심리학자의 사랑 얘기를 살펴보자. 스턴버그(Sternberg)는 1986년에 사랑을 해 보았던 사람들을 대상으로 사랑에 대한 흥미로운 연구를 수행하였다. 그는 사랑이 어떤 요소들로 구성되어 있는지 알아보았고, 각 요인이 어떻게 배합되어 있는가에 따라 다양한 사랑의 형태가 나온다는 것을 발견하였다. 요인분석 결과, 사랑의 구성 요인은 친밀감과 열정 그리고 상대방에 대한 개입이라는 세 요소이며, 이 요소들 간의 혼합이 다양한 형태의 사랑을 낳는다는 것이다.

① 사랑의 3요소

• 친밀감(intimacy)

친밀감은 서로가 가깝게 맺어져 있다는 느낌을 말한다. 친밀감을 가진 이들은 상대방의 행복을 증진하려는 욕망이 있고, 함께 있으면 행복감을 느끼며 상대를 존중한다. 어려울 때 상대에게 의지할 수 있고, 서로를 이해하며, 소유물을 함께 나누고 싶어 하는 동시에, 상대에게서 정서적 지지를 받고 또 상대에게 정서적 지지를 주고 싶어 한다. 또한 자기 생활에서 상대를 소중히 여기는 특성을 보인다. 친밀감은 강렬하게 체험되지도 의식되지도 않으나, 안정적이고 오랜 기간 동안 관계를 유지시켜 주는 중요한 사랑의 요인이다.

• 열정(passion)

열정은 상대에게 감정적으로, 그리고 성적인 매력에 의해 끌리는 것과 같은 강렬한 생리적 욕구를 수반한다. 친밀감과 달리 열정은 급격히 달아올라 뜨겁게 상대에게 열중하게 만드는데, 최고 수준에 얼마간 머무르다가 곧 시들어 간다는 특징이 있다. 따라서 짜릿하고 뜨거운 체험과 생리적 흥분을 수반하는 열정은 초기 관계에서는 사랑의 중요한 요인이지만, 장기간 안정적으로 관계를 유지시켜 주는 기능은 약하다.

• 개입(commitment)

개입은 누구를 사랑하겠다는 결단이요, 사랑을 지속하겠다는 책임과 약속으로 다분히 의지적인 요소다. 개입은 두 사람 간의 관계에 맞춰 서로의 생활이나 활동을 조정하고 결정하는 일, 구체적으로 서로 돕고 관여하는 모든 행위와 절차를 포함한다. 약혼이나 결혼, 주거를 마련하기 위한 장래 계획 같은 것이 그 예다. 오래되지 않은 단계에서는 서로에 대한 개입이 적으나, 장기적이고 안정적인 관계를 유지하는 사랑일수록 개입 요소가 큰 비중을 차지한다.

② 사랑의 유형

모든 사랑이 이 세 가지 요인을 포함하고 있거나 세 요인이 균형을 이루지는 않는다. 어떤 관계는 친밀감이 다른 요인보다 더 크게 작용하고, 다른 관계에서는 열정과 개입이 친밀감보다 더 크게 작용한다. 각 요인이 얼마만큼 작용하는지에 따라 똑같이 사랑이라고 부르더라도 실제 내용은 조금씩 달라질 것이다. 스턴버그는 이들 3요소의 배합에 따라서 사랑을 몇 가지 유형으로 나누어 설명한다. 물론 어느 요소도 가지고 있지 않은 것은 사랑이 아니다.

• 우정적 사랑

친밀감 요소만 있는 사랑이 바로 우정적 사랑이다. 우정 같은 사랑을 나누고 있는 사람들은 서로 흥미가 같고 태도에서도 많은 일치를 보이며, 시간이 갈수록 서로에게 믿음을 갖는다. 그렇게 친구같이 편안하게 서로 좋아하다가 결혼하게 되는 경우를 친밀감에 의한 사랑이라고 볼 수 있다. 같이 있으면 편안하고 마음이 통하며, 오래 보지 않는다고 해서 멀어진다거나 보고 싶어 못 견디겠다는 생각은 안 들지만 여전히 서로가 좋아하는 그런 사이다.

이런 사람들은 결혼 후 남편은 일에 바쁘고 아내는 가사와 친교 활동에 바쁜 시간을 보내는 경향이 있다. 결혼 초기에는 친구와 지내는 것처럼 성생활이나 가정생활이 편안하지만, 시간이 감에 따라서 공통의 대화가 줄고 함께 나누는 시간이 줄기 시작하면 서로가 따로 표류할 수 있다. 그리고 점차 서로가 함께한다기보다 평행하게 간다는 생각을 갖게 되기 쉽고, 서로를 지지하고 지탱하는 관계가 빈약해질 때는 메마른 관계로 변해 갈 수 있음을 조심해야 한다.

- 맹목적 사랑

열정만 있는 사랑을 맹목적 사랑, 불같은 사랑이라고 한다. 맹목적인 사랑은 첫눈에 반해 안 보고는 못 살 것 같은 그런 관계다. 쌍방이 이런 경우에는 마치 마른 나무에 휘발유를 끼얹은 것 같은 뜨거움을 서로 나눈다. 흔히 젊은이들이 꿈꾸는 화끈한 사랑이자 상사병을 앓는 짝사랑이며, 눈에 콩깍지가 씌었다고 하는 사랑이 바로 이것이다. 그러나 이런 열정에 들떠 있는 상태는 오래가지 않는다. 절정 경험이란 시간이 감에 따라서 둔해진다. 그래서 뜨겁게 만난 사람들이 식어 가는 열정을 되찾고자 애쓰면 애쓸수록 더 실망하고, 나중에는 싸늘한 잿더미 같은 마음이 될 수 있다.

- 의무적 사랑

결정과 개입만 있는 사랑은 공허한 사랑 또는 의무적 사랑이다. 처음 둘이 만나 친밀감도 싹트기 전에 결혼했던 예전의 우리 사회의 중매결혼이 대표적인 예가 될 수 있다. 이런 경우 결혼이라는 동참관계를 결정한 후에 서서히 가까워지면서 서로 친밀한 관계를 발전시켜 나갈 수 있다. 그러나 친밀감이나 열정적인 경험 없이 단지 같이 사는 것이 편하고 도움이 되기 때문에 관계가 지속되는 경우도 있다. 결국 이런 관계는 처음 출발했을 때처럼 책임과 의무에 의한 삭막한 결혼생활을 이끌 수 있다. 반면에, 친밀감이나 열정을 가지고 결혼하지만 나중에 이런 감정이 사라지고 의무와 약속만 남는 경우도 있다. 결혼을 하고 10년, 20년 살다 보면 애정도 식고 그저 그렇게 사는 것인가 보다 하는 중년기 이후의 부부들이 꽤 있을 것이다. 이들의 사랑 또한 의무감에서 사는 허울뿐인 사랑이다.

• 낭만적 사랑

친밀감과 열정의 요소를 갖추고 있는 사랑이 낭만적 사랑이다. 서로 첫눈에 반해 점차 친밀해져서, 같이 있으면 편안하고 행복하며 떨어지기 싫은 그런 사랑이다. 이것은 세레나데 같은 사랑이며, 첫사랑이요, 로미오와 줄리엣의 사랑이다. 낭만적 사랑에는 구체적인 개입 요소가 빠져 있다. 그러므로 낭만적인 사랑에 있어서 어떤 결정이나 대책은 없다. 말하자면 현실적인 약속이나 결혼을 고려하지 않는 사랑인 동시에, 현실적인 조건이나 제약이 전혀 문제되지 않는 사랑이다. 흔히 첫사랑은 실패한다는 속설이 있다. 첫사랑은 낭만이며, 낭만적 사랑은 현실적인 개입이나 동참관계를 결정하지 않으므로 결혼으로 이어지는 경우가 드물기 때문이다. 그러나 첫사랑의 열정은 식어도 친밀감 요소는 남아 있을 수 있다. 그렇기 때문에 먼 훗날 첫사랑의 인연을 오래된 친구처럼 만날 수 있는 것이다.

• 공상적 사랑

불타는 열정에 이어서 결정이 뒤따르는 사랑이 공상적 사랑이다. 이를 얼빠진 사랑 또는 할리우드식 사랑이라고 부르는데, 서로 열정에 사로잡혀 친밀감이 생기기도 전에 결정을 내려 버리는 형태의 불안정한 사랑이다. 한여름 피서지에서 만나 사랑을 불태우다 전격적으로 결혼하는 경우나, 영화 속의 사랑처럼 혹은 할리우드의 배우들처럼 쉽게 만나 뜨거워져 함께 살다가 다시 또 쉽게 헤어지는 경우가 이에 해당될 것이다. 이들의 사랑은 가마솥이 아니라 쉽게 끓고 쉽게 식어 버리는 냄비와 같다. 이런 만남에서는 열정이 식기 전에 둘 사이에 친밀감을 형성하도록 노력하는 것이 필요하다. 그렇지 못할 때 경제적인 문제나 생활 방식이 다르다는 이유로 헤어지기 쉽고, 기본적인 신뢰감이 형성되지 않았기 때문에 떨어져 있으면 불안해져서 상대방의 사랑이나 두 사람의 관계를 거듭 확인하는 행위를 하게 된다. 따라서 열정이 식으면 약속만 남게 되므로 빈껍데기 같은 결혼생활을 지속하거나 아니면 헤어지기 쉬운 불안정한 관계가 되기 쉽다.

• 동반자적 사랑

동반자적 사랑은 친밀감과 개입이 있는 사랑이다. 서로 호감을 가지고 오래 친구처럼 지내면서 결혼하는 부부에게서 이런 사랑을 볼 수 있다. 이들은 서로에게 크게 요구하는 바도 없고, 같이 인생을 즐기며 서로를 존중하고 신뢰한다. 때로는 서로 다른 생활을 영위해도 크게 괴로워하지 않으면서, 같이 있는 시간에는 즐거움을 느낄 수 있는 잔잔한 사랑으로, 두 사람 간의 신뢰를 깨뜨릴 만한 큰일이 있지 않는 한 평생 동안 잘 지낼 수 있다. 서로 육체적으로 끌리지는 않지만 친구처럼 지내다가 한쪽이 결혼하여 떠나가게 되면 비로소 서로 얼마나 친했고 의지했는지 알게 되는 그런 경우로, 바로 영화 〈해리와 샐리가 만났을 때〉의 두 주인공과 같은 경우일 것이다. 화끈하고 가슴 두근거리는 일은 없어도 부부관계가 이만하면 그런 대로 만족스럽지 않을까? 무난한 사랑이라고 할 수 있다.

• 성공적인 사랑

친밀감과 열정 그리고 개입의 3요소를 고루 갖춘 가장 성공적인 형태의 사랑이자 이상적인 사랑으로 그만큼 이루기도 힘들다. 다른 무엇보다 열정을 계속 유지하는 것이 힘들다. 이러한 사랑을 유지하기 위해서는 항상 서로가 서로에게 새로운 모습을 보이면서 기본적인 신뢰감을 유지하도록 충실한 행동을 하는 것이 필요하다.

3) 실연에 대하여

젊은 날의 사랑의 아픔은 보석 같은 추억이 될 수도 있고, 한 사람의 인생을 망쳐 버리는 암울한 고통이 될 수도 있다. 사랑의 묘약이나 실연을 달래는 묘약이 있다면 얼마나 좋을까? 그러나 불행히도 그런 약은 없다. 어른들은 실연한 사람들에게는 세월이 약이라고 한다. 그것은 아마 경험에서 우러난 말일 것이다. 두 사람이 사랑을 나누다가 헤어질 때는 상당한 심적 고통과 아픔이 따른다. 그렇다고 이별이 없을 수는 없기 때문에 실연에 대해 잠시 생각해 보아야 할 것 같다.

두 사람 간의 사랑의 관계가 깨지는 패턴은 여러 가지다. 그러나 어떤 경우든 관계가 깨진다는 것은 사랑하던 대상을 잃어버리는 상실 경험이자 좌절이다. 사랑하는 대상을 상실했을 때 인간이 보이는 심리적인 반응은 다양하겠지만, 일반적으로 다음과 같은 몇 단계를 거친다.

(1) 현실 부정

맨 처음 단계는 현실에 대한 부정이다. 자기가 원한 이별이든 아니든 간에 사랑하는 이와의 결별은 생활이나 마음의 상태에 많은 변화를 가져오기 마련인데도 마치 아무 일도 없었던 것처럼 지내려고 하는 것이다.

(2) 분노

다음에는 상대에 대해 분노를 느끼는 상태가 찾아온다. 왜 하필이면 그런 사람을 만났을까, 진작 헤어졌어야 하는데와 같은 생각을 하며 상대방에게 서운했던 일들을 떠올리고, 별것 아닌 일에도 자기 자신과 주변 사람들에게 자주 화를 터뜨린다. 분노를 느끼는 단계를 지나면 서서히 현실을 받아들일 준비를 하게 된다. 이제는 끝난 일이라는 생각이 들면서 이별을 감수하고 슬퍼할 마음의 상태를 갖추는 것이다.

(3) 애도 반응

이제 본격적인 슬픔을 느끼는 애도과정이 시작된다. 다른 사람을 만나기도 싫고 멍하니 혼자 있으면서 우울한 상태가 지속된다. 심리적으로 이러한 애도 기간은 반드시 필요하다. 상실의 아픔을 느낄 충분한 시간이 주어져야 한다. 앨범을 정리하듯이 두 사람의 관계의 시작부터 끝까지 되돌아보고, 그에 수반되는 복잡한 감정도 정리해야 하기 때문이다. 따라서 실연의 아픔에서 벗어나고자 필사적으로 다른 이성을 찾아 헤맨다든가 친구들과 어울려 술로 지샌다는 것은, 실연의

아픔을 일시적으로 잊게 해 줄지는 몰라도 감정이나 관계를 정리하는 데 별 도움
이 되지 않는다. 그러나 애도 기간이 너무 길어서도 안 된다. 물론 얼마 동안을 슬
퍼해야 한다는 기준은 없다. 참고로 말하자면 가족의 사망과 같은 커다란 상실경
험이 있을 경우 약 6개월에서 1년간을 정상적인 애도 기간으로 본다.

(4) 현실 수용

애도 기간이 끝나면 이제는 완전히 사실을 수용하는 마지막 단계를 밟는다. 이
단계에서는 다시 마음의 평온을 되찾고, 고통스러운 감정의 소용돌이에서 벗어
나 마음으로 상대를 보내고 자기 생활로 돌아온다.

이별이란 스트레스 사건이며, 스트레스 정도는 생활의 변화 폭에 상응한다. 따
라서 실연이 가져오는 스트레스는 적지 않다고 볼 수 있다. 사람들은 살다 보면
실연도 하고 그러는 것이라며 애써 마음의 고통을 외면할 수도 있고, 합리적인 근
거를 들어 그런 사람과 헤어지길 잘했다고 생각하며 마음의 위안을 얻을 수도 있
다. 또한 이 모든 것이 상대방 탓이라며 상대를 원망하거나 혹은 못난 내 잘못이
라고 스스로를 탓할 수도 있다.

그 어떤 경우건 간에 우선은 자신의 감정을 솔직히 받아들이는 것이 필요하다.
그런 다음에야 이별을 극복해 나갈 수 있다. 그리고 여기에는 시간이 필요하다는
것도 알아야 한다. 마음의 상처란 종기를 도려내듯 할 수 없는 것이기 때문이다.

인생을 풍요롭게 하는 것은 바로 우리의 경험이며, 사랑과 이별만큼 강렬하고
폭넓은 감정 경험도 드물다. 그렇기 때문에 이러한 경험을 통해 인간은 대단히 성
숙해진다. 물론 그 경험을 통해 배울 수 있는 경우에만 그렇다. 만남에는 언제나
헤어짐이 있으며, 이별은 또 다른 만남을 준비하는 법이다. 혼자서 견디기 어려
울 때는 따뜻한 위로를 받을 수 있는 사람을 찾아 마음을 나누거나 전문가의 도움
을 받으라고 권하고 싶다.

2. 사랑과 결혼

앞에서 살펴보았듯이 결혼은 열정적 사랑이나 낭만적인 사랑만으로 되는 것이 아니다. 서로 매력을 느끼는 것은 사랑의 한 조건이지만 결혼을 위한 충분조건은 아니다. 오랜 세월 동안 서로 믿고 살기 위해서는 친밀감이 반드시 필요하다. 친밀한 관계란 자기를 편안하게 노출하고 상대방 또한 있는 그대로 수용할 수 있는 관계다. 진정한 관계를 위해서는 두 사람이 서로를 있는 그대로 수용하고, 자기를 표현하며 상대방의 반응을 처리할 줄 알아야 한다.

사람은 누구나 상대에게 마음을 쓰고 사랑하며, 때로는 사랑하는 만큼 질투하고, 고독을 느끼며 분노 감정을 경험하기도 한다. 심리적으로 충분히 독립되지 못한 사람은 타인과 친밀한 관계를 유지하기 어렵다. 왜냐하면 이들은 타인에게 의존적이므로 상대에게 거부당할 것이 두려워 자기의 공포나 약점, 분노 등을 표현하지 못하기 때문이다. 따라서 진실로 서로를 이해하고 수용한다는 것이 어렵다. 누군가가 늘 옆에 있어야 하는 사람, 자신을 사랑해 주는 사람이 없다는 느낌을 자주 경험하면서 사랑할 사람을 끊임없이 찾아 헤매는 사람은 어떤 면에서 심리적으로 독립하지 못한 사람이다. 또한 아버지나 어머니와 떨어져서 지내는 것이 어렵거나, 부모에게 지나친 요구나 기대를 가지고 있는 사람 역시 독립적이지 못한 사람일 가능성이 크다. 이런 경우는 자신이 먼저 독립된 존재가 되기 위해 노력하는 것이 필요하다.

우리는 결혼식장에서 흔히 신성한 결혼이라는 말과 부부는 일심동체라는 말을 듣는다. 이는 결혼이란 신성하다는 의미와 부부간의 조화로운 생활을 축원하는 말일 것이다. 신성하다는 표현은 인륜지대사라는 의미를 넘어서 신성성을 부여하고 있다. 신성성은 인간적인 속성을 초월하는 완전성, 즉 신의 특성을 나타내는 말이다. 여기서 우리는 신성한 것으로 받아들여야 할 것은 결혼식 자체가 아니라 결혼의 상징적 의미라는 점을 알아야 한다. 결혼은 남녀의 결합, 음양의 조화이자 서로 반대되는 속성의 결합으로서 심리적인 완전성을 상징한다. 이것은 반쪽짜리 두 개가 합쳐 하나가 되는 것을 뜻하는 것이 아니라, 자기 안에 있는 또 다른 면을 발견하고 자기 것으로 만들어 감으로써 스스로 온전한 하나의 개체가 되는 것을 의미한다.

결혼이란 성숙한 두 인격체가 만나 먼 길을 나란히 가는 일대일의 대등한 동반자 관계이지, 결코 한 사람이 상대방에게 업혀 가는 것이 아니다. 부부는 일심동체가 아니며, 의견이 일치되지 않는다고 해서 사랑이 없는 것은 아니다. 성숙한 두 사람이 두 개의 몸과 두 개의 마음을 가지고 서로 조화를 이루는 노력이 필요하다. 일치와 달리 조화는 서로 간의 차이를 인정하고 수용하며, 이를 조정하는 것이라는 점을 알아둘 필요가 있다.

1) 사랑의 미신

이제까지 사랑에 관한 얘기를 들으면서 사랑에 관해 많이 생각해 보았을 줄 안다. 전에 가지고 있던 생각이 달라진 부분도 있을 것이고, 자기 나름대로의 생각이 옳다고 느끼는 부분도 있을 것이다. 여기서는 사람들이 흔히 범하게 되는 사랑에 대한 잘못된 생각을 살펴볼 것이다.

(1) 이게 바로 사랑이야

가장 흔한 생각은 어느 순간 갑자기 사랑에 빠져 이게 바로 사랑이구나 하는 운명적인 느낌이 올 것이라는 생각이다. 첫눈에 반한 열정적인 사랑이 아마 그런 사랑일 것이다. 그러나 모든 사랑이 그렇게 시작되지는 않으며, 그렇게 시작되지 않는다고 해서 그것이 시시한 사랑도 아니다. 친밀감이 있는 사랑은 상대방을 이해하고 자신을 표현하면서 서서히 발전한다. 이 과정에서 느끼는 사랑이란 분명히 알 수 있는 것은 아니지만 훨씬 안정적이고 오래 지속되는 관계를 가져온다.

(2) 사랑은 행복이며, 괴로움과 고통은 없다

사랑은 고통이 따르기도 하고 질투나 좌절, 분노와 같은 부정적 감정에 휩싸이기도 한다. 사랑에는 상반되는 양가적인 감정이 흔히 있다. 사랑하면 질투나 분노를 느껴서는 안 된다는 생각은 잘못된 생각이다. 그렇게 생각한다면 오히려 자신과 상대방에게 솔직하지 못해 친밀감을 방해한다. 진실한 이해와 수용은 질투, 분노 같은 부정적인 감정조차도 표현하고 이를 받아들이는 데서 깊이를 더해 간다.

(3) 진정한 사랑은 영원하다

진정한 사랑이라도 처음에는 맹목적일 수 있고, 열정적인 사랑도 시간이 지나면서 희미해진다. 인간의 감정이란 시간이 흐르면서, 상황이 변화하면서 변하기 마련이다. 따라서 어제 좋아하지 않았던 사람을 오늘은 진정으로 사랑하게 될 수 있고, 반대로 오늘 진정으로 사랑하는 사람이라고 해도 영원히 그러리라고 보장할 수 없다. 자신의 감정이 변하는데도 생각만으로 자신의 감정을 규정짓고 묶어 두려 한다면, 자신을 소외시키면서 상대를 속이는 행위가 된다.

(4) 사랑은 모든 문제를 다 해결할 것이다

결혼 전에 두 사람의 관계에서 문제가 많았던 경우 결혼함으로써 사랑의 힘으로 모두 해결될 것으로 기대하는 경우가 종종 있다. 그러나 현실은 그렇지 않다. 이것은 어느 한쪽이 갈등으로부터 도피하기 위해 결혼이라는 돌파구를 찾는 경우도 마찬가지다. 그것은 마른 짚더미를 지고 불구덩이에 뛰어드는 것과 같다. 사랑은 정서 경험이 주가 되는 인간생활의 한 부분이다. 사랑은 직업이 아니며 여가 활동도 아니다. 더구나 사랑은 만병통치약이 될 수 없으며 영원하지도 않다. 오히려 서로가 깊은 감정적 유대를 맺고 있는 상태이기 때문에 감정적인 갈등이 더 심하게 드러날 수 있다. 사랑은 우리에게 안정감을 주지만, 그 사랑을 유지하기 위해서는 많은 노력이 필요하다. 그러므로 사랑은 우리에게 해결해야 할 과제를 하나 더 부과하는 삶의 과정이라는 점을 잊지 말아야 한다.

2) 지속적인 사랑에서 경계해야 할 일

(1) 사랑과 일치를 구분하라

사랑한다고 해서 서로의 성격, 기호, 취미, 가치관, 태도가 일치해야 하는 것은 아니다. 사랑은 서로의 개성과 독립성을 존중하는 데 바탕을 두고 있음을 잊지 말라. 특히 일시적으로 좋으나 성격이 현저하게 다른 경우를 조심할 필요가 있다. 성격이 서로 보완적인 것이 도움이 되기도 하지만, 현저하게 다를 경우에는 사소한 일에서 마찰이 일어나기 쉽다. 서로의 단점을 보완할 수 있을 정도로 적당히 다른 성격이 좋다.

(2) 사랑과 의지를 구분하라

사랑한다는 것은 의지하는 것이 아니다. 물론 서로 사랑하는 관계에서는 일시적으로 필요에 따라 의지하는 것이 가능하고 이것이 서로에게 힘을 줄 수 있다. 하지만 일방적으로 그리고 지속적으로 의지하는 것은 사랑이 아니다. 일방적으로 의지하거나, 의지의 대상이 되기만 하는 것은 짐이 될 뿐이다.

(3) 일시적 흥분을 조심하라

상대의 외모나 행동에 대한 일시적인 매력은 문제가 될 수 있다. 유행이 바뀌듯 외모나 행동적인 매력은 그리 오래 지속되지 못한다. 영원히 변치 않는 모습이나 행동은 없으며, 사람은 싫증을 잘 내는 동물로 언제나 새로운 것을 추구한다. 따라서 외모나 행동적인 매력에만 끌려 결혼한다면 이런 관계는 금방 싫증나고 깨지기 쉽다. 낭만적 관계를 갖는 동안에는 자기를 잘 포장할 수도 있고, 가장 이상적인 사람으로 생각할 수도 있다. 그리고 상대를 또한 그렇게 바라볼 수 있다는 것을 경계하라.

(4) 낭만적 사랑을 너무 기대하지 말라

낭만적인 사랑을 하는 것은 정신분석에서 말하는 전이관계와 흡사한 상황으로 상대방을 어린 시절의 이상적인 인물상과 혼동하는 것이다. 쉽게 말해, 눈이 멀어 상대방의 단점조차도 장점으로 보인다. 그러나 전이가 해소되면 열정은 금세 사라지고 상대방의 단점이 눈에 띄기 시작하면서 실망이 커진다. 그래서 낭만적인 사랑일수록, 열정에 쌓여 있을 때일수록 주위 사람들의 이야기에 귀를 기울이는 것이 관계를 오래 유지시켜 나가는 데 도움이 된다. 지금까지의 이야기를 통해 낭만적인 사랑이 황홀하기만 한 것은 아니라고 느꼈으리라 생각한다. 현실적인 개입이 뒷받침되지 않으면 허망하게 끝나 버리는 것이 낭만적 사랑이다. 하지만 낭만은 젊은이의 특권이다. 젊은이가 낭만적인 사랑을 찾는 것은 당연하다. 애써 그런 사랑을 찾아보라. 하지만 그런 사랑을 나눌 만한 상대가 나타날 때까지 연애나 결혼을 안 하겠다는 과격한 생각이나, 낭만이 없는 사랑은 진정한 사랑이 아니라는 그릇된 생각은 이제 접어 두자.

(5) 동정으로 사랑하지 말라

동정과 사랑을 혼동하는 사람이 있다. 실패자나 약자에게 가여운 연민의 정을 느끼는 것을 사랑이라고 착각하지 말라. 상대방을 배려하고 위해 주고 싶은 마음이 있다고 해서 사랑이라고 할 수는 없다. 진정한 사랑은 상대방과 내가 동등한 입장에서 일대일의 관계가 가능할 때 가능한 것이다. 내가 상대보다 더 나은 위치에서 베풀어 주는 입장에 있다면 서로 대등한 동반자 관계를 맺기가 어렵다. 결국 불가피하게 어느 한쪽이 다른 사람에게 의지하는 관계가 될 수밖에 없다.

(6) 결혼은 결정이고 선택이다

세상 모든 일이 그렇듯이 결혼 역시 선택의 문제이고 결정의 문제다. 자신의 인생을 누가 대신 살아 주지는 않는다. 결혼생활은 더욱 그렇다. 결혼생활에서 느끼는 즐거움과 행복도 자기 몫이고, 결혼에 실패함으로써 겪는 고통도 자기 몫이다. 그런 결혼을 누가 결정해 주겠는가? 바로 자기 자신이다. 자신이 결정하고 그 결과를 책임져야 한다.

3) 결혼의 준비

전통적인 사회에서는 결혼이 가족이나 부족 간의 결혼이라는 의미가 있었다. 따라서 결혼 상대자는 전적으로 부모나 부족의 어른들이 결정하였다. 근래에도 결혼은 둘만의 사랑으로 되는 것이 아니며, 경제적인 문제를 비롯한 현실적인 문제들이 있어서 부모가 주도권을 갖는 경우가 많다. 그러나 무엇보다도 중요한 것은 당사자의 결정이다.

(1) 배우자의 선택

결혼 상대자를 정하는 데는 개인적인 태도가 영향을 많이 미친다. 그러나 이러한 태도의 기본 골격은 성장과정에서 형성된다. 성장과정에서 우리에게 가장 많은 영향을 주는 사람은 다름 아닌 부모이기 때문에, 결국 배우자 선택에서 알게 모르게 부모의 영향을 받게 된다.

① 배우자 선택방식

우리는 어려서부터 어떻게 자라 왔는지에 따라 상대를 선택하는 데 영향을 받는다. 어머니의 사랑과 돌봄에 만족한 아들은 어머니와 비슷한 모습, 말씨, 행동 방식 등을 가진 여자에게 마음이 끌릴 수 있으며, 그렇지 못한 아들은 어머니와 정반대되는 특성을 지닌 여자를 찾게 된다. 딸 또한 이와 비슷한 방식으로 상대를 찾는다. 가령 아버지가 싫어서 아버지와 정반대의 특성을 지닌 남자와 결혼해 아버지로부터 벗어났다고 생각하는 여성이 있을 수 있다. 그러나 이미 그녀는 선택 과정에서 결정적으로 아버지의 영향을 받은 것이다.

이런 경향은 심리적으로 아직도 부모의 영향권에서 벗어나지 못하고 있음을 나타낸다. 우리는 친근한 방식에 따라 상대를 선택하는 경향이 있다. 부모가 늘 싸우는 방식에 익숙한 사람은 싸울 상대를 고를 수 있으며, 사랑이 넘치는 가정에서 자란 사람은 사랑이 있는 상대를 선택할 수 있다. 특히 가족 문제로 상담을 받는 사람을 보면, 자신도 모르게 자기가 싫어하는 부모를 닮은 배우자를 선택해서 살면서 심각한 갈등을 겪는 경우가 있다. 아울러 결혼은 현실적인 갈등을 돌파하기 위한 도피처로 삼는 사람이 있다. 앞서도 언급했지만 이는 마른 나무를 지고 불 속에 뛰어드는 것이나 다름없다. 이상과 같은 방식으로 배우자를 선택하는 것은 다분히 갈등을 일으킬 소지를 안고 있기 때문에 경계해야 한다.

다른 선택 방식은 자기가 원하는 것을 얻기 위한 결정을 하는 경우다. 이 경우 미리 조건을 열거하고 서로의 조건에 맞는 사람을 고르게 된다. 이런 선택은 개인에게 최대의 강화 가치를 가지고 있는 배우자를 고르는 것이며, 무엇이 가장 가치 있는 강화가 될 것인가는 개인의 상황이나 경험에 따라 다르다. 어떻게 생각하면 현실적인 조건을 따져서 결혼하는 타산적인 결혼이라고 생각할지도 모르나, 일면 합리적이고 이성적인 결정이라고 볼 수도 있다. 이렇게 중매결혼을 한 사람들은 낭만적인 연애결혼을 한 사람들보다 이혼율이 훨씬 낮다는 사실이 이를 뒷받침한다.

끝으로 현재의 상대를 보고 선택하는 방식이 있다. 과거나 미래의 잠정적인 가치가 아니라 현재 경험을 통해 상대를 선택하는 방식이다. 이러한 결정은 심리적으로 독립되어 있고 안정되어 있으며, 서로 이해와 수용을 통해 친밀감을 형성한 대상을 선택하는 것이다.

② 성공적인 결혼 조건

심리학자들의 연구에 따르면 결혼의 성공률을 높이는 일반적인 조건은 다음과 같다. 우선은 서로가 공통점이 많고, 두 사람 다 유복한 아동기를 보냈으며, 부모의 결혼생활이 행복하고, 결혼 상대자의 부모와 갈등이 적은 것이 좋다. 그리고 종교가 같고, 사회경제적인 수준이나 교육 수준이 비슷하며, 적령기 이후에 결혼하는 것이 성공적인 결혼생활을 보장하는 조건이다. 반면에, 결혼의 실패를 높이는 조건으로는 20대 이전의 조기 결혼과 사회경제적 수준 및 교육 수준의 격차가 심한 경우다.

(2) 약혼 시 다루어야 할 문제
① 경제 문제

흔히 결혼 문제로 맨 처음 부딪히는 것이 경제적인 문제다. 신혼여행에서부터 거주지 선정에 이르기까지 결혼을 준비하면서 경제 문제는 신혼부부의 눈물을 흘리게 하는 어려운 문제다. 특히 우리나라 대도시에서는 부모가 집을 마련해 주지 않을 경우 주거 문제가 보통 문제가 아니다. 그리고 매일의 생활을 어떻게 꾸려 갈 것인지 충분히 상의하지 않고 출발한다면, 이는 뜬구름과 같은 결혼생활이 되고 곧 심각한 문제에 부딪히게 될 것이다.

직업은 단순히 생계 유지 수단의 의미만 있는 것은 아니다. 직업 활동은 돈벌이 외에도 자기성취를 위한 활동이며 생산적인 활동이다. 그러나 결혼한 부부라면 직업이 생활 수단이라는 점을 명심해야 한다. 현실을 무시하고 이상만 쫓을 수는 없다. 우리가 꿈만 먹고 살 수는 없기 때문이다. 맞벌이 부부가 많아지고 있는 지금, 여자의 직업에 대한 태도도 분명히 해야 할 것이다. 결혼 전에는 서로가 직업을 가지고 있었으나, 결혼하면 당연히 여자가 직장을 그만둘 것이라고 기대하고 서로 의논도 하지 않았는데 막상 결혼 후 여자가 계속 직장생활을 원하거나, 그 반대로 경제적인 문제로 불가피하게 원하지 않는 직장생활을 하게 되는 데서 마찰이 생길 수 있기 때문이다.

② 성에 대한 태도

보통 결혼 전에 성에 대한 대화를 나누기는 어렵다. 그러나 우리나라 젊은 부부 중에도 성관계를 갖지 않는 부부가 꽤 많은 것으로 보고되어 있으며, 신혼여행에서 성에 관한 지식이 없어서 서로 간에 불화가 생기고 문제되는 경우가 종종 있다. 결혼 전에 성에 대한 올바른 지식과 태도를 갖추기 위해 노력하는 것이 현명하다. 아울러 첫 자녀를 언제 출산할 것이며, 몇 명을 낳을 것인지, 그리고 피임은 어떤 식으로 할 것인지에 대해서도 서로 합의가 이루어져야 한다.

③ 부모

결혼을 앞두고 양쪽 부모님을 어떤 식으로 공경할 것인지 사전에 의논하는 것이 좋다. 요즈음 젊은이들은 대개 양가를 대등하게 생각하는 사람이 많으나, 아직도 출가외인을 고집하는 사람들이 있고 또 부모님 세대의 고정관념도 있다. 따라서 시부모님이나 친정 부모님을 모시는 일, 그리고 어떻게 양가 부모님과 관계를 유지할 것인지 미리 의논하는 것이 필요하다.

④ 의사소통과 역할기대

서로 간의 의사소통 방식과 역할에 대한 기대도 분명히 할 필요가 있다. 사람마다 의사소통하는 방식이 달라 농담을 잘하는 이가 있는가 하면 언제나 직선적으로 대화하는 사람도 있다. 이런 대화 방식은 연애 시기에는 서로 좋게 보고 넘어갈 수 있지만 막상 결혼하면 달라질 수 있다. 결혼하면 상대방이 말하는 것도 달라질 것이라고 막연히 혼자 기대하는 것은 현명하지 못하다. 아울러 부부생활에서 남편이 아내에게 기대하는 역할과 아내가 남편에게 기대하는 역할에 대해 충분히 대화를 나누고 기대 수준을 미리 조정하는 것이 좋다.

(3) 결혼에 대한 미신
① 서로를 완전히 이해한다

결혼 전에 서로를 완전히 이해해야 한다는 생각을 가진 사람이 있다. 그러나 그것은 불가능한 일이다. 세상 어느 누구도 다른 사람을 완전히 이해할 수는 없다. 결혼생활이란 인생을 같이하면서 서로를 점차 이해해 가는 과정이며 그 끝은 없다.

② 결혼은 둘만의 문제다

결혼은 사실 결혼 당사자들이 결정하고 책임져야 할 문제다. 하지만 그런 결정과 책임져야 할 부분에는 양가의 문제도 걸려 있다는 것을 잊지 말아야 한다. 두 사람이 결혼함으로써 새로운 부모가 생기고 친척들이 생긴다. 그들과 새로운 관계를 맺으면서 또 다른 즐거움과 고통이 따르게 마련이다. 결혼의 결정에는 이런 관계에서 발생하는 책임도 포함되어 있다.

③ 사랑만 있으면 문제없다

흔히 경제적인 문제는 사랑만 있으면 문제가 되지 않는다는 생각, 결혼만 하면 어떤 문제도 해결될 것이라는 생각을 쉽게 한다. 그러나 앞에서 언급했듯이 결혼은 새로운 문제를 제기하는 삶이다. 우리는 배우자나 연인으로 살 수만은 없다. 여전히 자식으로서, 사회 구성원으로서 여러 가지 역할을 맡고 있다. 결혼은 이런 역할에 변화를 가져오지만, 기존의 역할들을 없애 주지 않는다. 오히려 결혼을 함으로써 새로운 역할이 더 생기는 것이며, 그중에서도 태어나는 자녀에 대한 부모의 역할은 세상의 어떤 역할보다도 어려운 것임을 명심해야 할 것이다.

④ 결혼하면 저절로 공통의 광장이 마련될 것이다

연애 기간에는 잠시 만나 즐거운 활동을 하고 즐거운 대화를 하면서 보낼 수 있다. 하지만 결혼은 오랜 시간을 지속적으로 함께 보내는 것이기 때문에 즐거움과 괴로움을 모두 함께해야 한다. 그러므로 부부간에 서로를 이해할 수 있는 시간과 기회를 만들어 어려움을 해결해야 한다. 그러나 실제 결혼생활을 하다 보면 남편은 남편대로 사회생활에 바쁘고, 부인은 부인대로 가사와 자녀 돌보기에 피곤해 대화할 시간이 부족하다. 그런 생활이 지속되면 서로 간에 오해도 늘고, 대화하는 것까지 피곤해지기 쉬우며, 그러면서 거리감을 느끼고 권태기에 빠져든다. 대화와 서로에 대한 이해가 없이는 약속만 남는 메마른 결혼생활이 된다. 대화의 기회를 만들려는 서로의 노력과 의지가 있어야 한다.

이상으로 우리는 사랑에 대해 그리고 결혼에 대해 살펴보았다. 인생에서 중요한 사건 중의 하나인 결혼은 매우 신중하게 결정해야 하며, 가장 이상적인 결혼은 사랑하는 사람과 부모님과 주위 사람들의 축복 속에서 하는 결혼일 것이다. 그런데 요즘의 젊은이들이 결혼 자체에 대해서 별로 중요시하지 않고 있으며, 결혼을 한다고 해도 너무 늦은 나이에 하고, 아이를 낳는 것을 꺼리고 있어 국내뿐 아니라 전 세계적으로 사회문제가 되고 있다.

제8장 직장에서의 인간관계

  우리는 누구나 일을 하면서 살아간다. 일이란 모든 생산적인 활동을 의미하며, 일을 하기 위해서는 직업을 가져야 한다. 현대 사회에서는 성인이 되면 대부분의 사람이 직업을 갖게 된다. 직업을 처음 갖는 시기는 개인마다 차이가 있지만 대체로 20대 초반에서 20대 후반 사이가 된다. 20대 후반에서 직업을 갖고 일을 시작하여 50대 중·후반까지 30여 년 정도의 기간을 직장에서 보내게 된다. 고령화 사회로 접어든 요즘에는 일을 해야 하는 시간이 더 늘어나게 되어 인생 후반기에도 일터에서 보내야 한다. 따라서 일이 우리의 삶에서 얼마나 중요한 부분을 차지하는지에 대해서는 더 말할 필요도 없을 것이다. 이렇듯 성인기 대부분의 시간을 보내게 되는 일과 직장에서의 인간관계도 이전 장들에서 살펴본 가족, 친구 및 이성 간의 인간관계 못지않게 중요하다고 할 수 있다.

  우리는 정규 교육기관을 다니면서 자신의 진로를 결정하고 교육을 마친 후에 노력하여 사회로 진출하게 된다. 사회로 진출한다는 것은 어떤 식으로든 새로운 일을 하게 되고 직장이라는 새로운 환경에서 새로운 인간관계를 시작하게 된다는 것이다. 어떤 직업을 갖느냐에 따라 직장이라는 곳에서 일을 할 수도 있고, 개인 사무실에서 일을 할 수도 있다. 어떤 곳에서 일을 하느냐에 따라 함께 일하는 사람도 다르고, 만나는 사람도 달라진다. 즉, 경험하게 되는 인간관계가 달라질 수 있다는 것이다. 어떤 식으로든 많은 변화가 생길 수밖에 없고, 새로운 인간관계를 형성하게 되고, 새로운 경험을 하게 될 것이다. 직업을 갖기 전까지는 가족, 친구 및 이성을 중심으로 인간관계를 맺어 왔다면, 이제부터는 직업 또는 직장과 관련된 인간관계를 새롭게 시작해야 할 것이다.

프로이트는 인생에서 중요한 가치를 일과 사랑이라고 하였다. 사랑은 가족, 친구 및 이성을 통해 실현해 왔다면, 일은 경제적 소득을 얻고 자신의 잠재능력을 발휘하고 자기실현을 가능하게 하는 것이다. 인생의 남은 시간 중 가장 많은 시간을 보내야 하는 직장 또는 일터에서 다양한 직장 동료, 상사, 부하 및 고객들과의 인간관계를 어떻게 성공적으로 형성 및 유지, 발전시켜 나가느냐가 인생 중·후반기를 얼마나 의미 있게 보낼 수 있는지를 결정하는 데 매우 중요한 영향을 미칠 것이다. 따라서 이 장에서는 일과 직업의 의미와 중요성, 직장에서의 인간관계 유형 및 직장에서의 성공적인 인간관계 전략을 살펴보고자 한다.

1. 직업의 의미와 중요성

우리는 흔히 일을 왜 하는가라는 질문을 받으면 단순히 먹고 살기 위해 한다고 대답을 하곤 한다. 물론 먹고 사는 일이 기본적인 이유가 될 수 있지만, 과연 우리는 이러한 이유만으로 일을 하게 되는 것일까? 물론 경제적인 것도 일을 하는 이유겠지만 그것만으로는 충분한 답이 되지 못할 것이다. 일을 하기 위해 직업을 선택하는 데는 여러 가지 중요한 심리적·사회적 및 경제적 의미들이 포함되어 있다.

1) 직업의 의미

첫째, 직업은 생계 유지의 수단이 된다. 직업을 갖는 것은 생활에 필요한 경제적 소득을 얻게 되는 생계의 근거가 된다. 생존에 필요한 기본적인 의식주를 해결할 수 있는 생산적 활동인 것이다. 직장은 자신과 가족의 생계 유지를 위한 경제적 소득을 보장해 주는 매우 중요한 곳이라고 할 수 있다.

둘째, 기본적인 욕구를 충족할 수 있다. 인간은 매슬로의 다섯 가지 기본적인 욕구를 충족하기 위해 일을 해야 한다. 일을 통해 우선 경제적인 안정을 이루어 의식주와 같은 생리적 욕구와 안전의 욕구를 충족하고, 직장을 통해 다양한 사람과 인간관계를 맺음으로써 사회적 욕구인 소속감과 사랑의 욕구를 충족할 수 있다. 또한 직장에서 자신의 능력을 발휘하게 되면 자신이 유능하다고 느낄 것이고, 자존감도 고양될 것이며, 다른 사람들에게도 인정받음으로써 자존의 욕구도 충족할 수 있다. 결국 일을 하면서 자신의 잠재력을 계발하고 능력을 인정받음으로써 자아실현의 욕구를 충족하게 된다.

셋째, 자아정체성을 확립할 수 있다. 가족, 출신 학교 등을 통해 자신을 다른 사람과 구분 지을 수 있듯이 직업과 직장도 자신을 타인과 구분 짓는 특성이 될 수 있다. 직업이나 직장은 그 사람이 누구인지를 정의하는 데 도움을 줄 수 있다.

넷째, 직장은 인생에서 가장 많은 시간을 보내는 곳이다. 직업이나 직장을 구하는 시기가 대체로 20대 후반이라고 할 때 정년을 60이라고 하면 일을 해야 하는 기간은 적어도 40년 이상이 될 것이다. 하루에 8시간 이상을 일한다고 할 때 잠자는 시간을 제외하면 일상적으로 직장에서 보내는 시간이 가장 많은 셈이다. 따라서 직장에서 일을 통한 만족감을 얻지 못하고 직장과 관련하여 맺는 인간관계가 불만족스럽다면 삶의 만족도 또한 낮아질 것이다. 따라서 직장에서의 일과 인간관계를 통해 얻는 만족감은 인생에서의 만족도를 결정짓는 중요한 역할을 하게 된다.

이렇듯 직업과 직장은 내 삶의 대부분을 보내야 하는 곳으로 내 자신의 능력을 발휘하고 자신의 목표를 달성하고 자아실현을 할 수 있는 곳일 뿐만 아니라 다른 사람과의 인간관계를 맺게 되는 곳이기도 하다. 어떤 직업을 갖게 되느냐에 따라 다르긴 하겠지만 타인들과의 인간관계는 내 삶의 만족도에 커다란 영향을 미칠 것이다.

2) 직업의 중요성

직업은 개인적으로든, 사회적으로든 여러 가지 이유에서 중요하다고 할 수 있다. 우선 개인적 중요성을 살펴보면 다음과 같다. 첫째, 앞에서도 언급했지만 가장 기본적으로 중요한 것은 자신과 가족의 생계를 유지하게 해 준다는 것이다. 다른 무엇보다 직업을 통해 경제적 활동을 하는 것은 나와 가족의 기본적인 의식주를 해결해 준다는 것이다. 둘째, 직업은 개인의 가치를 실현시켜 준다. 우리는 누구나 부, 명예, 권력 등 나름대로의 다양한 가치를 추구하면서 살아가고 있는데, 직업은 개인이 바라는 다양한 가치를 실현해 주는 수단이 될 수 있다. 그러므로 개인의 가치 추구가 성공하느냐의 여부는 직업에서의 성공에 좌우된다고 할 수 있다. 셋째, 직업은 개인이 사회적으로 접촉할 수 있는 인간관계의 범위를 결정한다. 우리는 살아가면서 어떤 직업을 갖게 되느냐에 따라 만나는 사람이 달라질 수 있다. 예를 들어, 교사는 학생들을 주로 접촉하게 되고, 의사는 환자들을 주로 접촉하게 되며, 식당을 운영한다면 다양한 계층의 고객들을 만나게 되는 것이다. 넷째, 직업은 개인의 사회적 지위를 결정지어 준다. 어떤 직업에 종사하게 되면서 그 개인은 그 직업에서 어떤 역할과 지위를 부여받게 되고 어떤 업무를 수행하느냐에 따라 사회적 지위가 결정된다. 다섯째, 직업은 개인이 사는 곳을 결정지어 준다. 우리는 자신이 선택한 직장이 위치한 곳에서 생활을 할 수밖에 없다. 자신이 평생 동안 해야 할 일이기에 직장의 위치가 어디냐에 따라 주생활 근거지가 결정될 것이다.

직업을 가진다는 것은 개인적으로도 중요하지만 사회적으로도 중요하다고 할 수 있다. 직업을 갖게 되는 것은 그 사회의 한 영역에서 어떤 역할을 담당하게 되는 것이라고 할 수 있다. 자신이 맡은 역할을 제대로 수행해야만 사회가 유지 · 발전될 수 있다.

2. 직장에서의 인관관계

직장에서 상사와 부하 그리고 동료 간에 좋은 관계를 유지하는 것은 그 자체로 사회적 지지가 되며 직장 스트레스를 낮추는 효과가 있다. 반면, 직장에서의 원만하지 못한 인간관계 때문에 생기는 스트레스는 직무 스트레스보다 더 고통스럽게 느껴지며, 직장 부적응의 주요한 요인이 된다. 또한 이러한 인간관계 스트레스는 직무 동기를 저하시켜 일에 몰두하는 것을 방해하고 수행의 효율성을 떨어뜨려 결국 직무 스트레스를 야기하기도 한다. 따라서 직장 내에서 원만한 인간관계를 맺는 것은 직업 적응과 성공적인 직장생활을 위한 가장 중요한 요소 중의 하나라고 할 수 있다. 이러한 직장에서의 인간관계는 크게 상사 · 부하와의 인간관계, 동료와의 인간관계의 두 가지로 나누어 볼 수 있다.

1) 상사 · 부하와의 관계

직장에서는 상사와 부하 간에 갈등이 많이 발생한다. 직장은 업무 수행을 위한 위계적 조직 사회이기 때문에 업무를 지시하는 상사와 이를 수행하는 부하 간에 갈등이 생기게 마련이다. 부하 직원의 입장에서는 상사가 부당하고 무리한 업무를 강요할 때, 업무 지시나 평소 언행에 있어서 자신을 비인격적으로 대할 때, 자신의 능력이나 성과를 무시하고 정당한 평가나 보상을 해 주지 않을 때, 학연이나 인맥 등을 이유로 특정한 부하 직원을 편애하거나 홀대할 때 상사에게 불만을 느끼게 된다. 상사의 입장에서는 부하 직원이 지시한 일을 제대로 수행하지 못할 때, 사사건건 이의를 제기하고 업무 지시를 받아들이지 않을 때, 상사에 대한 예의나 존중하는 태도가 없을 때, 조직의 규율을 지키지 않고 멋대로 행동할 때, 조직에 대한 소속감 없이 개별적으로 행동할 때 부하 직원에게 불만을 느끼게 된다.

그러나 대부분의 상사와 부하의 관계는 상호작용적이다. 상사는 부하 직원의 태도에 따라 그를 대하는 태도가 달라지며, 마찬가지로 부하직원은 상사의 태도에 따라 그를 대하는 태도가 달라진다. 따라서 상사와 부하 직원이 원만한 관계를 맺기 위해서는 상사는 부하 직원을 존중해 주고 부하 직원은 상사를 존경하는 태도가 필수적이다(권석만, 2003). 또한 상사와 부하에 관한 다음의 내용을 이해할 필요가 있다.

(1) 상사의 유형

직장에 처음 입사를 하고 출근을 하기 시작하면서부터 가장 먼저 해야 할 일 중의 하나가 직장 상사의 유형을 파악하는 것이다. 상사, 즉 리더가 어떠한 유형과 특성을 가지고 있는가는 부하 직원과 관계를 맺는 데 중요하다. 문제가 되는 부하 직원의 행동을 해결하기 위한 접근방법은 관리자의 행동 유형에 따라 달라진다. 관리자의 행동 유형은 억제형, 수용형, 문제해결형의 세 가지로 나눌 수 있다. 이에 대하여 열심히 일하던 부하 직원이 한 번 큰 실수를 저지르고는 상사를 찾아온 경우를 예를 들어 설명해 보면 다음과 같다.

첫째, 억제형 상사는 일방적인 태도와 억압적인 자세를 가지고 있다. 이러한 관리자는 "자네에게는 일을 맡길 수 없어. 다시 또 실수를 저지를지 모르니까 말이야."와 같은 식으로 반응한다. 이 경우 부하 직원은 원한이나 적개심을 품게 될지도 모르며, 일에 대한 흥미를 잃고 더욱 실의에 빠지게 된다. 따라서 상사의 일방적인 태도와 억압적인 자세는 결국 부하 직원과의 관계에 악영향을 미치게 된다.

둘째, 수용형 상사는 부하 직원의 의견과 감정을 포용적으로 받아들이는 유형이다. 이러한 유형의 관리자는 "지난번 실수로 몹시 실망해 있는 것 같군. 이번 일을 같이 해낼 수 있는지 걱정이 되는데, 자네 생각은 어떠한가?"라고 반응할 것이다. 이때 부하 직원은 관리자가 더 이해해 주길 바라면서 자기의 생각이나 문제를 솔직하게 털어놓지 않고 주위의 상황을 경계할 가능성이 있다. 이런 경우에는 관리자가 부하 직원의 행동에 더욱 신경을 쓰게 되므로 문제 행동이 더욱 강화될 수 있다.

셋째, 문제해결형 상사는 부하 직원의 문제를 해결하기 위해 노력하는 유형이다. 이러한 유형의 관리자는 "자네는 지금 사기가 떨어져 있는데 자신감을 회복해야겠어. 우선 일과 후에 우리 부서의 배구 시합에 나와 같이 뛰어 보지 않겠나? 기분 전환이 될 테니까. 그리고 이번 일에 관해서는 내일 아침 구체적으로 이야기하지."라고 말할 것이다. 이 경우 부하 직원은 관리자에게 호감을 가지게 되고 관리자 역시 종업원과 원만한 관계를 유지할 수 있다. 따라서 부하 직원과의 관계를 가장 원만히 이끌어 갈 수 있는 유형은 문제해결형의 상사라고 할 수 있다.

또한 직장의 상사는 부하 직원을 통솔하는 지도자의 역할을 하는데, 이는 크게 과업 중심적 상사와 인간 중심적 상사의 두 유형으로 나누어 볼 수 있다. 과업 중심적 상사는 업무 지향적인 리더로서 주로 업무를 분담하고 지시하며 지휘하는 역할을 하고, 부하 직원의 개인적 생활이나 정서적 교류에는 관심이 별로 없으며, 부하 직원의 업무 처리 능력과 성과에 주된 관심을 갖고 조직의 능률과 업적을 중시한다. 반면, 인간 중심적 상사는 부하와의 관계에서 업무 수행뿐만 아니라 인격적 교류에 큰 가치를 부여하고, 부하 직원 개개인의 성격과 사생활에 대한 관심도 많으며, 그들과 개인적으로 정서적 교류까지 나누는 리더로, 부하 직원 개인의 성격과 업무 스타일을 존중해 주고 그에 맞는 업무를 배정하기도 한다.

이 외에도 상사의 유형은 부하 직원의 지휘 방식에 따라 권위형, 방임형, 민주형으로 나누기도 하고, 역할의 내용에 따라 업무지휘가, 감독평가자, 선도혁신자, 중계조정자 및 화합촉진자로 나누기도 한다. 직장에서의 상사의 역할은 다양하며 어떤 역할에 치중하느냐에 따라 상사의 유형을 나눌 수 있다.

(2) 부하의 유형

직장에서 상사를 모시는 일도 어렵지만 부하 직원을 지도하고 감독하는 일도 쉽지는 않다. 따라서 상사는 부하 직원들의 유형 분류를 이해하고 그에 따라 적절히 대응해야 할 필요가 있다. 부하 직원은 상사를 대하는 태도의 우호성에 따라 추종형, 저항형, 합리형, 분리형으로 구분할 수 있다.

첫째, 추종형 부하는 상사의 의견을 존중하고 순종하며 잘 따른다. 이 유형에는 상사를 높이 평가하고 존경심을 표현하며 상사의 의견을 적극적으로 지지함으로써 상사와 각별한 친교관계를 형성하려고 노력하는 적극적 추종형과, 상사의 지시나 결정에 불만 없이 순종하지만 적극적인 추종 행동은 나타내지 않는 소극적 추종형이 있다.

둘째, 저항형 부하는 상사의 지휘 방식에 불만을 느끼고 반항적인 행동을 나타낸다. 특히 상사가 권위적이고 지배적으로 행동할 경우, 부하 직원의 저항 행동은 강화될 수 있다. 이러한 유형에는 상사의 일방적 지시에 대해 노골적으로 이의를 제기하고 반발하는 적극적 저항형과, 상사가 부당하다고 느껴도 겉으로 반항하지 않지만 간접적인 방법으로 상사의 지시를 잘 따르지 않는 소극적 저항형이 있다.

셋째, 합리형 부하는 상사에 대해서 일방적으로 추종하거나 저항하기보다는 지시 내용의 적절성을 합리적으로 판단하여 행동한다. 즉, 상사의 합리적 지시는 적극적으로 수용하지만 불합리한 지시에는 이의를 제기하고 수정을 요구하기도 한다. 상사의 의견을 존중하되 자신의 의견을 적절하게 제시하는 자기주장적 행동을 나타낸다.

넷째, 분리형 부하는 상사와 소원한 관계를 맺으며 상사의 지시에 정서적 반응을 보이지 않고 무관심한 태도를 나타낸다. 이러한 유형의 사람들은 직장에 대한 몰입도가 낮은 경우가 흔하다.

(3) 상사가 원하는 부하 직원의 특성

상사와 원만한 관계를 유지하기 위해서는 경영자 혹은 상사가 원하는 부하 직원의 특성에 대하여 이해하고 부하 직원으로서 이러한 요건을 갖추어야 한다. 경영자들이 사원으로서 갖추어야 할 중요한 자질이라고 여기는 것은 의사소통 능력, 성실성, 전문 기술, 외모, 업무 경험과 이력, 학위, 성적, 자격증, 대인관계 능력, 지도력, 동아리나 자원봉사 활동 경험 등인데, 이 중에서 대표적인 특성 몇 가지만 살펴보도록 하자.

첫째, 업무 능력이다. 직무 수행 시에는 기본적인 지식과 기술이 필요하다. 그런데 학교에서 배운 지식과 현장에서 실제로 적용하는 지식 사이에는 차이가 있을 수 있다. 따라서 취업 경쟁에서 일차적으로 채용될 수 있는 사람은 직무 수행을 위한 기본적인 기술 이상의 것을 갖추기 위해 준비해 온 사람이다. 즉, 학교에서 배운 지식을 실제 업무에 적용할 수 있는 능력을 지닌 사람들이다. 또한 상사들은 업무 지시를 잘 수행할 수 있는 능력과 기술을 지닌 부하 직원을 요구한다. 따라서 상사에게 인정받는 부하 직원이 되기 위해서는 일단 직무에 적합한 능력과 기술을 구비하여 상사의 요구에 부응하고 직무를 잘 수행할 수 있어야 한다.

둘째, 주도성이다. 주도성을 지닌 사람은 스스로 일을 하려는 강한 동기를 갖기 때문에 타인의 지속적인 감독이 없이도 기대 이상으로 일을 해낸다. 즉, 솔선수범하여 일을 수행하는 사람이라고 할 수 있다. 상사는 부하 직원이 강한 의욕을 갖고 가능한 한 빨리 스스로 업무를 수행할 수 있도록 솔선수범하기를 요구한다. 이렇게 주도적으로 자신의 일을 만족스럽게 해내는 사람들은 계속해서 성장하며 자기 분야에서 인정받고 성공할 수 있다.

셋째, 협동심이다. 주도성을 강조하다 보면 자칫 독선과 독단에 빠지기 쉽다. 어떤 조직이든지 동료들 또는 관련 부서 사람들과 공동으로 일을 추진해야 하는데, 독선이나 독단에 빠지면 효율적인 조직의 업무 수행에 차질을 빚게 된다. 따라서 상사들은 협동심이 있어서 다른 사람들과 잘 화합하여 일을 수행하고 조직 전체의 효율성을 높일 수 있는 부하 직원을 선호한다.

넷째, 회사에 대한 충성심이다. 어떤 조직이나 회사든지 소속된 사람들이 일원으로서 자부심과 긍지를 갖기를 원한다. 그래서 제복을 입게 한다든가, 배지를 달게 하는 등 기업과 동일시하는 정체 의식을 표현하도록 요구하기도 한다. 또한 회사에 대한 충성심에는 회사의 주요 기밀을 보호하는 자세도 포함된다.

다섯째, 직장인으로서의 기본적인 근무 태도다. 직장인에게 요구되는 기본적인 근무 태도가 있다. 예를 들어, 자발적으로 직장의 규칙을 이행하는 태도, 자기가 맡은 일에 대해 책임을 지는 태도, 회사의 다른 사람을 수용하며 관심을 기울이는 태도, 근면하고 성실한 태도, 업무 수행을 위해 적절히 융통성 있는 태도 등이다. 상사들은 부하 직원이 이러한 직장인으로서의 기본적인 태도를 구비하기를 원한다.

(4) 상사에 대한 부하의 기대

부하를 잘 지도하고 관리하여 조직의 목적을 달성할 뿐만 아니라 부하 직원과 원만한 관계를 유지하기 위해서 상사는 자신에 대한 부하들의 기대를 알고 있어야 한다. 부하 직원들은 상사의 행동과 조직에 대해 일반적으로 다음과 같은 기대를 가지고 있다. 따라서 상사는 부하 직원과 원만한 관계를 유지하기 위해서 다음 사항들에 유의하여 부하 직원의 기대를 만족시켜 줄 필요가 있다.

첫째, 성과에 대한 인정과 승진 가능성이다. 사람은 누구나 다른 사람에게 인정을 받으려는 욕구가 있다. 부하 직원은 상사가 자신의 성과에 대해 인정해 주길 바란다. 그리고 조직에 대해서는 승진의 가능성을 열어 주기를 기대한다. 간혹 상사들 중에 부하 직원의 공을 가로채는 경우가 있는데, 이렇게 되면 부하 직원의 사기가 떨어질 뿐만 아니라 결국에는 사실이 드러나 오히려 상사 자신에게 불이익이 될 수도 있다. 부하 직원의 성과나 공로를 인정해 주고 칭찬해 주는 상사로서의 자세가 필요하며, 조직체는 승진의 가능성을 공평하게 열어 주어야 업무 능률을 향상시킬 수 있다.

둘째, 인간으로서의 적절한 대우다. 가끔 아랫사람이라는 이유 하나만으로 부하 직원을 너무 막 대하는 상사들이 있다. 부하 직원이라 할지라도 그들의 인권을 생각하여 최소한의 예의는 지켜 줄 필요가 있다. 인간으로서의 적절한 대우를 받을 때 부하 직원은 직무에 충실하게 될 것이다.

셋째, 사회적 유대감이다. 직장에서 상사와의 관계는 일차적으로는 공적인 관계이지만, 부하 직원들은 상사와 개인적으로도 친밀함을 유지할 수 있기를 기대한다. 직장 내에서뿐만 아니라 사회적으로도 유대감을 형성하기를 원하는 것이다.

넷째, 능력 발휘의 기회다. 매슬로가 주장했듯이 사람은 누구나 자아실현의 욕구가 있다. 따라서 직장인들도 직장 내에서 자신의 능력을 발휘하여 자아를 실현할 수 있기를 기대하고, 조직 내에서 이를 뒷받침해 줄 수 있기를 기대한다.

다섯째, 공감적 능력과 배려심이다. 상사가 공감적 능력과 배려심이 많을 경우에는 상호 신뢰도 커지고 따뜻한 관계를 유지할 수 있는 데 반해서, 상사가 부하를 배려하지 않을 경우 부하 직원은 관계뿐만 아니라 업무의 압력도 큰 것으로 받아들인다고 한다. 따라서 상사는 부하 직원에 대하여 공감적 능력과 배려심을 가져 부하 직원의 정서적 지원책이 되어야 한다.

여섯째, 명확한 명령과 지시다. 때로 애매모호한 업무 지시나 명령을 내려 부하 직원의 스트레스를 유발하는 상사가 있다. 따라서 부하 직원에게 업무를 지시하거나 명령을 할 때에는 명확하게 전달하여 그들이 이를 잘 수행할 수 있도록 해야 한다.

일곱째, 능력이다. 부하 직원들은 능력 있는 상사를 원한다. 즉, 직무에 밝고 능숙해서 업무의 효율성을 높일 뿐만 아니라 부하 직원이 보고 배울 수 있는 본보기가 될 만한 상사가 되어야 한다.

(5) 동료와의 관계

동료는 흔히 연령이나 직위가 비슷하기 때문에 서로 친밀하게 지낼 수 있으면서도 이로 인해 갈등관계에 놓이기도 쉽다. 동료 사이의 갈등은 크게 두 가지 측면에서 살펴볼 수 있는데, 경쟁적 상황에서의 갈등과 성격적인 문제로 인한 갈등이다. 우선, 경쟁적 상황에서의 갈등을 살펴보자. 동료는 흔히 상사의 업무 지시를 공동으로 수행하는 경우가 많기 때문에 업무를 배분하고 수행하는 과정에서 갈등이 생길 수 있다. 또한 서로가 업무 수행 능력을 평가하는 상대적인 비교의 대상이 되기 때문에 경쟁 상황에 놓이게 되고, 그러다 보니 자연히 갈등이 생기게 된다. 특히 동료에 대한 경쟁 의식이 강해서 상사에게 자신의 업무 능력이나 성취를 과장되게 표현하거나 과잉 충성을 하는 직원은 상사의 애정을 독점할 수는 있으나 동료들로부터는 빈축을 사거나 따돌림을 받을 수 있다. 두 번째 갈등은 성격적인 문제로 인한 갈등이다. 동료들 중 자신과 성격적 측면에서 맞지 않는 사람이 있다면 그로 인한 갈등과 스트레스가 생기게 된다. 이러한 갈등은 업무 수행뿐만 아니라 직장생활의 모든 면에서 사사건건 영향을 미칠 수 있으므로 큰 고충이 아닐 수 없다. 따라서 이러한 갈등과 스트레스를 잘 조절해야 동료들과 원만한 인간관계를 유지할 수 있다.

한편, 직장에서의 동료관계는 사람에 따라 다양하게 나타날 수 있다. 예를 들어, 직장 중심적인 인간관계를 나타내는 사람은 동료들과의 관계를 중시하고 동료들에게 애정을 쏟으며 근무 시간 외에도 취미 활동이나 여가 활동을 함께한다. 반면, 직장 탈피적인 인간관계에 시간과 애정을 쏟는 사람들은 직장에서 문제가 발생했을 때 직장 내에서 함께 의논하거나 자문을 구하거나 도와줄 수 있는 지지자를 얻지 못하여 위기와 곤경에 처하게 될 가능성이 많다.

3. 직장에서의 인간관계로 인한 스트레스

많은 직장인은 직장생활에서 스트레스를 받고 있다고 호소하고 있는데, 대부분 업무 때문에 겪는 스트레스와 사람 때문에 겪는 스트레스다. 특히 인간관계 때문에 받는 스트레스는 우리나라에서 특히 중요하게 생각하는 직장 분위기 때문이라고 할 수 있다. 심지어는 직장 내 인간관계 때문에 직장을 옮기려고 하는 직장인들도 있다고 한다. 이태연 등(2006)의 연구에 따르면 인간관계로 인해 신입 사원들이 겪는 스트레스의 종류는 다음과 같다.

첫째, 입사 후 새로운 인간관계를 형성하는 과정에서 겪게 되는 스트레스인데, 새로운 상황에서 낯선 사람들과 인간관계를 맺어야 하는 것 자체가 스트레스라고 할 수 있다. 대학과 같은 수평적 조직 사회에서 생활하다가 직장과 같은 수직적 조직 사회에 적응하는 것이 큰 스트레스로 작용할 수 있다.

둘째, 위계 조직인 직장에서 업무를 지시하는 상사와 이를 수행해야 하는 부하 직원 간의 갈등에서 발생하는 스트레스다. 일반적으로 상사에 대한 주된 불만은 부당하고 무리한 업무를 강요하거나 부하 직원의 능력을 무시하고 부하 직원의 노력에 대해 불공정한 평가를 하는 것이다.

셋째, 동료들 간의 갈등에서 오는 스트레스다. 동료 직원은 상사의 업무 지시를 같이 수행하는 경우가 많기 때문에 업무가 불공정하게 분담되거나 업무를 수행하는 방식이 서로 맞지 않으면 갈등이 발생할 수 있다. 또한 피라미드식 승진 구조에 따라 좋은 평가를 받기 위해 동료 직원들 간에 상사에 대한 충성 경쟁이 벌어지기 쉽기 때문이다.

넷째, 직장의 분위기에 잘 적응하지 못하는 데서 오는 스트레스다. 즉, 조직 문화에 적응하기 힘들어하는 경우에 나타나는 스트레스라고 할 수 있다. 어떤 직장은 상하 간의 위계 질서가 엄격하여 명령이나 지시에 무조건 순종해야 하는 분위기이고, 어떤 직장은 회식 자리에 참석하지 않으면 직장의 분위기를 깨는 행동으로 간주하는 경우도 있다. 이런 직장의 분위기가 자기 성격이나 가치관에 맞지 않으면 스트레스로 작용할 수 있다.

4. 직장에서의 성공적인 인간관계

지금까지 일과 직업에 관한 일반적인 사항과 직업에서 경험할 수 있는 스트레스, 직장에서 인간관계 유형에 대하여 살펴보았다. 직장에서의 성공적인 인간관계를 위해서는 지금까지 살펴보았듯이 상사는 상사로서, 부하직원은 부하직원으로서의 자질을 구비할 필요가 있다. 마지막으로, 직장에서의 바람직한 인간관계를 형성하기 위하여 상사나 부하 모두가 공통적으로 지녀야 할 자세, 즉 성공적인 인간관계를 통해 직장생활을 잘 할 수 있기 위해서는 어떻게 해야 하는지를 살펴보도록 하자.

첫째, 공동체 의식을 가져야 한다. 직장이란 하나의 조직이고 조직에서 기본적으로 구성원들에게 요구하는 것은 공동체 의식의 함양이다. 우리는 하나라는 공동체 의식을 가지고 상부상조하는 자세를 가져야 한다.

둘째, 서로의 인격을 존중해 주어야 한다. 인간은 누구나 하나의 인격체다. 따라서 상하 지위관계를 막론하고 누구든지 인격체로서 서로 존중받기를 원한다. 이를 위해서는 상대방의 존재 가치를 받아들이고 개성을 인정하면서 자유로운 의사 표현이 이루어질 수 있어야 한다.

셋째, 서로 신뢰해야 한다. 모든 인간관계의 바탕은 상호 간의 신뢰다. 직장에서의 건강한 인간관계의 출발도 상호 신뢰감에서 출발한다고 할 수 있다.

넷째, 건설적인 비판을 수용할 수 있어야 한다. 한 개인의 성장을 위해서는 긍정적인 피드백뿐만 아니라 부정적인 피드백도 잘 받아들이고 수용할 수 있어야 한다. 직장 내에서도 서로 건설적인 비판을 주고받아 서로 간의 발전과 성장을 꾀해야 한다. 이는 기업이나 조직에서도 마찬가지다. 기업이나 조직체의 입장에서도 조직 구성원들의 건설적인 비판을 받아들여 더욱 성장할 수 있는 밑거름으로 활용할 수 있는 포용력을 지녀야 한다.

다섯째, 각자 업무를 충실히 담당해야 한다. 조직체나 기업의 일차적 목적은 이윤 추구이며, 따라서 직장인으로서 가져야 할 기본적인 태도는 자신의 업무를 충실히 하는 것이다. 구성원 모두가 자신의 임무에 대해 책임감을 가지고 성실히 수행하면 직장 내에서의 인간관계에도 자연히 긍정적인 영향을 주게 될 것이다.

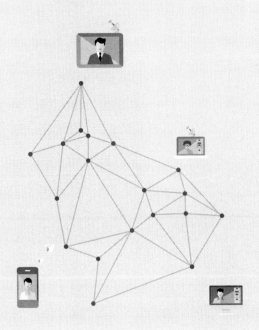

　　인터넷과 정보통신의 발달은 많은 분야에서 변화를 일으키고 있는데, 의사소통 영역도 예외가 아니다. 우리는 오프라인에서의 직접적인 만남에 더 이상 연연하지 않는다. 온라인 채팅을 통해 새로운 사람을 만나고 연인을 만나는 일은 일상적인 일이 된 지 오래이며, 최근에는 결혼에 이르는 커플도 있다고 한다. 실제 가족보다 사이버상에서 만나는 관계가 더 가깝게 느껴지고, 그러한 관계 맺기에 몰두하기도 한다.

　　우리나라는 인구 중 인터넷 사용자의 비율이 가장 높은 나라 중의 하나이며 국내 이동전화 보급률은 89%에 달한다고 한다. 이는 과거 직접적인 면대면 만남을 통해 이루어졌던 사람들 간의 접촉 및 소통이 점차 이메일과 이동전화라는 기기로 대체되고 있음을 보여 주는 현상이라 하겠다. 그런데 이메일과 이동전화로 이루어지는 커뮤니케이션은 비대면성 · 비동시성 · 익명성 · 이동성이라는 새로운 속성을 가지고 있어서 인간관계 또한 이런 속성을 띠는 관계로 점차 변화하고 있다. 그 결과 시공간을 초월한 새로운 인간관계가 형성되어 좁게는 개인적 관계에서, 넓게는 사회적 관계까지 새로운 변화를 가져오고 있다.

제3부

소셜 네트워크 인간관계

사이버 세상은 인간관계 자체에 일대 변혁을 일으키면서 우리가 발 딛고 있는 현실 세계와는 또 다른 세상을 창출하고 있는데, 제3부에서는 그 안에서 우리가 어떻게 소통하고 있는지, 그리고 우리의 인간관계는 어떻게 변화하고 있는지를 살펴보고 있다. 다시 말하면, 컴퓨터의 발전에 따라 우리의 사는 모습, 즉 우리가 어떻게 관계를 맺고 있는가에 주목하고 있다. 결국 제3부의 목적은 이메일과 이동전화의 보편적인 사용, 다시 말하면 디지털 및 모바일에 의존하여 변화하고 있는 인간관계를 파악하여 체계적으로 정리하고, 점차 유비쿼터스 환경으로 전환하고 있는 오늘날 인간관계가 어떻게 변화할 것인지를 예측하고 또 향후 전개 방향을 전망해 보려는 것이라고 할 수 있다.

제9장 디지털 및 모바일 인간관계

  흔히 디지털이나 유비쿼터스라고 하면 대부분 첨단적이고 파격적인 것을 기대
한다. 그러나 기술 그 자체는 새로운 것을 제공할지라도, 이를 이용하는 인간은
크게 변화하지 않는다. 그러므로 새로운 미디어로 인한 인간관계는 상상을 초월
하는 극단적이고 파격적인 인간관계로의 전환이기보다는, 융통성 있고 확장된 인
간관계로의 변화다. 이 장에서는 바로 그러한 인간관계를 다루고자 한다. 이미 우
리 사회는 디지털과 모바일 시대에 접어든 지 오래인데, 변화의 초기였던 1990년
대 중반에 시작된 인터넷을 통한 사이버 공간 속에서의 인간관계를 먼저 살펴보
고, 디지털과 모바일 세상에서의 인간관계를 살펴볼 것이다.

1. 사이버 세상 속에서의 인간관계

  1990년대 중반 국내에 인터넷이 상용화되기 시작한 이후, 급격한 기술 발전으
로 우리 사회는 현재 기가 인터넷 시대를 맞이하고 있다. 그야말로 사이버 세상이

오프라인 세상만큼 우리의 생활 속에 깊숙이 파고들었다. 사이버 시대가 도래하면서 인간관계의 양상은 매우 달라졌으며, 새로운 인간관계 양식이 창출되었다. 따라서 최근에는 인터넷 심리학이라는 새로운 학문이 등장할 만큼 사이버 매체는 우리 삶의 매우 깊숙한 곳에 자리하고 있다. 이러한 변화는 인간관계의 질과 양에 많은 변화를 가져왔다. 따라서 여기서는 사이버 공간의 특성을 이해하고, 사이버상에서 인간관계의 특성과 바람직한 인간의 자세를 살펴보도록 한다.

1) 사이버 세상의 특성

사이버는 어떤 장치에 의해 존재하는 것을 실재 물리적 공간에서 벗어나 시청각으로만 접하는 전자 접촉을 의미하며, 컴퓨터를 통해 이루어지는 것을 대표하는 의미로 쓰이고 있다. 사이버 공간은 더 이상 우리의 생활과 동떨어져 있지 않다. 인터넷이 우리에게 미치는 영향은 매우 크며, 무엇보다도 개인의 정체성과 관련이 크다고 볼 수 있다. 스톤(Stone, 1991)과 터클(Turkle, 1995) 등은 개인이 자신의 정체성을 드러내지 않는 상태에서 자신의 억압된 생각이나 사상 등을 자유스럽게 표현할 수 있는 공간을 갖게 되었다고 하였다. 터클(1995)은 익명성을 가지고 자신의 의사나 생각의 자유를 누리는 것은 대체적으로 긍정적인 측면을 가지고 있다고 주장한다. 즉, 인터넷 세상에서는 개개인이 가지고 있는 고정관념에서 벗어나 좀 더 융통성과 유연성을 가질 수 있고, 평소 갖고 있는 남의 시선에 대한 의식에서 자유로워질 수 있다. 또한 인터넷 세상에서는 표현도 훨씬 자유로워진다. 따라서 사이버 공간에서는 낯선 사람들과의 만남조차 매우 친밀감을 갖게 되고 표현 또한 매우 쉽게 할 수 있다.

사이버 공간에서는 인간관계가 보다 빠르고 가깝게 맺어지는 반면에 익명성으로 인해서 발생하게 되는 인간의 공격성이 직접적으로 표현된다. 상대방에 대한 배려 없이 매우 적극적으로 자신의 감정적인 노출을 하는 문제가 두드러지게 증가하고 있다. 황상민(1997)은 사이버 공간의 특성을 네 가지로 분류하여 다음과 같이 설명하고 있다.

(1) 익명성과 자기표현성

사이버 공간상에서 개인의 이름은 ID로 표현된다. 이 ID는 때때로 닉네임(nickname)이라는 별명을 대신하여 이용될 수 있지만, ID는 일차적으로 사이버 공간에서의 이름이자 주소이기도 하다. 자신을 어떤 이미지로 만들 것인가의 문제는 바로 사이버 공간상의 교류의 일차적인 특성이기도 하다. 타인이 나를 알지 못할 것이며 또 알 수 없다는 익명성은 결국 내가 타인에 대한 나 자신의 이미지를 새롭게 만들 수 있다는 자유를 경험하게 한다.

• 채팅을 통한 인간관계의 시작

개인 자신의 모습을 사이버 공간에서 표현하는 경우는 머드 게임에만 국한되지 않는다. 현실 세계와 가장 유사하면서도 익명성을 누릴 수 있는 만남으로 채팅이 있다. 채팅에 의한 교류는 교류 방식이 현실의 모습을 띠면서도 현실과는 다른 공간 속에서 만남이 이루어진다는 데 더 현실감이 있다.

채팅에서의 만남은 구체적인 만남 그 자체이지만 관계를 지속하고 중지하는 데에 심리적인 부담감이 없다. 그뿐 아니라 이런 교류는 나 자신이 투자를 해야 한다는 심리적 부담이 없으면서 새로운 인간관계를 구체적으로 경험할 수 있다. 특히 채팅이란 컴퓨터 화면상에서 나타나는 언어적 표현을 통해 이루어지기에 인간관계의 모습이 구체적인 실체 그대로 표현된다. 채팅의 참가자는 사이버 공간 속의 만남에서 이전에 자신이 경험했던 인간관계에서 자신이 억제해 왔던 욕구나 갈등을 표현하는 하나의 손쉬운 현실적 대안이 되는 경우로 발전하기도 한다.

〈접속〉이라는 영화는 채팅을 통해서 인간관계의 만남을 수정하고자 하는 사람들의 이야기를 다루고 있다. 컴퓨터라는 기계를 통해 만들어지는 공간 속에 자신의 심리적인 내용을 투사하는 과정을 보여 준다. 채팅의 경험은 현실 속에서 인정하지 못하거나 거부해야 했던 자신의 모습을 어떤 방식으로든 구체화해야 한다. 왜냐하면 채팅 과정에서 자신을 어떤 방식으로든 나타내야 하는데, 이것은 막연히 느껴지는 자신의 모습이 아니라 타인에게 보이는 구체적인 자신의 모습을 만들어야 하기 때문이다.

현실에서의 만남이 아무 생각 없이 우연히 이루어지거나 고통스러운 모습으로 나타나야만 했다면, 가상적 세계에서의 만남은 자신에 대한 모습을 비교적 객관적으로 알고 시작하기 때문에 새로운 사람과의 만남이나 그들과의 관계에 대한 자기성찰이 가능해진다. 즉, 인간관계의 형성과 진행, 그리고 그 변화 상태에 대해 비교적 객관적인 느낌을 가지면서 그 관계 속에 자신을 두는 경험을 할 수 있다.

(2) 주관적 경험의 구체화

컴퓨터 화면에 표현되는 내용은 그 자체로는 혼란스러운 자신의 내적 상태를 반영하는 것이기도 하지만, 자신의 내적 자아를 위해 현실에서 일어날 수 있는 위험이 적은 훨씬 안전한 만남이기에 쉽게 빠져들게 된다. 이런 경우 채팅이 이루어지는 사이버 공간은 마치 대화하는 사람들의 내면적 속성이 거울처럼 그대로 비쳐지는 곳이 된다. 즉, 화면 속의 글들은 사이버 공간에서 하나의 거울과 같은 모습을 띠면서 자아가 가진 혼란을 개별적인 상태로 전환시켜 준다. 예를 들면, 많은 청소년은 사이버 공간의 채팅에서 음란 행동이나 저속한 행동을 쉽게 저지르는 경우가 많다. 이것은 대부분의 경우 현실적으로 억압했던 자신의 모습을 사이버 공간상의 어떤 대상에게 퍼부어 놓는 상황이 된다.

채팅의 대화에서는 자신이 타인에게 보여 주고 싶은 모습을 가능한 한 거칠게, 통제 불가능한 방식으로 나타내고자 하는 욕구가 작용한다. 특히 각각 다른 채팅 상대에게 동일한 방식으로 모습을 나타내지 않으려고 한다. 이처럼 자신의 모습을 가능한 한 예측할 수 없게 나타내려고 하는 것은 변모하는 자신의 다양한 모습 속에서 경험하는 우월감과 통제감의 환상 때문이다. 현실 세계에서 폭주족들이 거리를 주름잡으려고 하면서 자신의 존재를 굉음이나 스피드로 나타내고자 하는 욕망이 있다면, 사이버 공간에서는 음란성이나 상대방에 대한 무제한적인 행동, 거친 표현 등으로 억제된 자신의 모습을 표현하게 되는 것이다. 마치 어린아이가 장난감이나 인형으로 놀이 세계를 만들어 내듯이, 구체적인 성격이나 역할을 통해 사이버 공간에 놀이 세계를 만드는 것이다.

사이버 공간에서 나타나는 다양한 자기의 모습에 대한 흥미와 관심은 마치 나르시스의 경험과 같다. 나르시스의 경험이란 다른 사람들에게 보이는 자신의 모습을 사랑하게 되는 것이다. 사이버 공간에서 표현된 자신의 역할과 성격에 대한 매료는 바로 연못에 비친 자신의 모습에 대한 사랑과 같은 것이다. 우리는 상징적인 측면에서 문학이나 시, 그림을 통해 자신을 은유적으로 표현하기도 한다. 그러나 이제 컴퓨터를 사용하여 무엇을 지시할 수 있고, 이것은 '가상적 세계에서 자신이 얼마나 멍청한지 또는 얼마나 강력한 존재인지와 같은, 평소 자각할 수 없는 자신의 모습도 알 수 있게 되었다.'라고 표현할 수 있는 상황을 만든다. 이것이 바로 사이버 공간에서의 자신의 정체성 발견과정이며 복합 정체성의 창조과정이다.

(3) 복합적 자기표현

사이버 공간에서 일어나는 인간관계의 경험을 통해 청소년들은 이제 단일적이고 고정된 자신이 아니라, 관계와 역할에 따라 다양한 모습으로 나타나는 자신을 표현한다. 가상적 공동체 속에서 나타나는 정체성의 모습은 지속적이고 일관적인 것이 아니라 복합적이며 다차원적이다. 개인의 정체성은 급격한 외부 환경의 변화 속에서 자신과 세상을 비교적 지속적이고 안정적으로 경험할 수 있게 하는 것이다. 이것은 독립적인 존재로서 자신을 나타내고자 하였던 인간이 변화하는 세상 속에서 안정적인 심리 상태를 유지할 수 있게 만든 적응 기제이기도 하다. 그러나 이런 자기적응 방식은 사이버 공간에서는 더 이상 적응적이지 않다.

개인을 특징짓는 자아의 단일적인 정체성이 해체된다는 것은 개인의 존재나 의식을 부정하거나 무시하는 것이 아니다. 단지 개인의 자기정체성 개념이 사이버 공간에서 이루어지는 인간관계에 기초한 공동체를 특징짓는 집단 의식 또는 가상 공동체 의식이라는 개념으로 지칭되는 것이다. 개인의 정체성은 일종의 가상 공동체 의식으로 변형되어 유지된다. 이것은 바로 사이버 공간이라는 새로운 사회 · 문화적 환경 속에서 현실 세계와 사이버 공간의 연결 고리를 갖추면서 일종의 통합적인 자기개념을 유지하려는 적응 기제를 보여 준다. 이는 결국 사이버 공간이 관심에 따라 다양하게 표현되는 개별적 정체성을 통합해 주는 가상 공동체가 출현하는 환경을 제공해 줄 수 있기 때문에 가능한 것이다.

청소년 시기에 개인적 · 사회적 정체성을 형성함으로써 일관된 심리 세계와 자아의 모습을 가지는 것은 무엇보다도 중요한 발달 과업으로 받아들여졌다. 이런 주장은 근대 이후 '특정 개인은 비교적 고정된 정체성 개념이나 역할로 표현되어야 할 뿐 아니라 그럼으로써 안정적인 심리 세계를 유지할 수 있다.'는 기본적인 가정과 부합하였다. 이런 이유로 우리는 개인 존재의 다양성을 필연적으로 개인의 정체성 혼란으로 해석하였다. 그런데 가상공간에서 경험하는 한 개인의 존재는 다양한 모습으로 서로에게 다가간다. 그 속에서 사람들은 자신의 본질적인 모습을 찾음으로써 타인과의 관계를 만들고 유지하는 것이 아니라, 공간 속에서 주어진 공통적인 역할과 관심사를 통해 새로운 동질성을 발견한다. 가상공간에서의 공동체 의식의 출현은 결국 다양성 속에서 자신의 정체성을 찾고자 하는 현실 세계의 우리의 모습을 반영한 것이다.

사이버 공간에서 복합 정체성을 형성한다는 것은 자유롭게 자신의 정체성을 표현할 수 있는 상황임을 의미한다. 사이버 공간에서 자신이 상상하는 어떤 존재나 특성으로 변모하고 어떤 사회적 관계를 만들고 경험함으로써, 현실 세계의 경험이나 학습에 따라 우리가 땜질하듯이 만들어 내는 사고나 개념의 제한으로부터 벗어날 수 있을 것이다. 그럼에도 불구하고 이런 복합 정체성의 경험이 아무런 대가 없이 우리에게 자유를 제공하는 것은 아니다.

복합 정체성을 경험함으로써 현실 세계에서의 정체성의 혼미와 유사한 적응상의 문제가 생길 가능성이 있다. 머드 게임에 빠진 사람이 느낄 수 있는 중독증이나 지나친 자기통제 의식은 사이버 공간에서 경험할 수 있는 정체감 혼미의 한 예가 될 것이다. 이런 현상은 물론 현실에서 경험하는 인간관계보다는 사이버 공간에서 경험하는 인간관계가 더 직접적이고 진지하게 다가온다는 새로운 역설을 경험하는 과정에서도 예견된다. 가상 공동체 의식은 표면적인 실체를 있는 그대로 받아들일 때 청소년들이 경험할 혼란과 상실의 경험을 상쇄하는 역할을 한다. 이런 기능을 하는 가상 공동체 의식이 구체적으로 표현되는 예는 아마도 네티즌이라는 개념일 것이다.

(4) 가상 공동체의 경험

① 개인적 정체성의 표현과 가상 공동체

사이버 공간에서 청소년들은 자신을 다양한 정체성으로 표현하고 자신의 모습이 각기 독립적으로 다른 개체와 만나는 현상을 경험한다. 이런 경험을 통해 개인은 자신의 정체성이 사이버 공간에서 만남이 이루어지는 상황에서의 역할이나 성격 특성으로 달라지는 것을 알게 된다. 구체적인 역할과 맥락 속에서 나타나는 자신의 다양한 모습을 주워 모으는 과정에서 청소년들은 추상적인 새로운 자신의 모습을 경험한다. 이것은 자기가 신이 되어 스스로 창조한 생명체의 운명이나 행동을 조절하는 느낌을 통해 초자연적인 힘이 자기에게 생긴다고 믿는 것과 같다. 그러면서 구체적인 현실 속에서 그 모습의 특성을 그려 나가는 것이다. 이런 측면에서 가상공간에서의 개인의 정체성 개념은 고정적이라기보다는 끊임없이 확장되고 변화하며 또 새롭게 창조된다.

가상 공동체에서 출현하는 새로운 정체성은 현실에서처럼 제한되고 결정적인 속성을 띠지 않고 가변적이면서 실재적이다. 특히 변화의 양상이나 속도가 현실과는 비교할 수 없는 정도로 진전된다. 그뿐 아니라 이 변화의 경로를 규정하거나 인도하는 특정 기준이나 내용이 존재하지 않는다. 그리하여 특정 개인이 자신의 모습을 규정하게 되는 사회적 정체성은 특정 역할이나 위치에 따라 정해지는 것이 아니라 네트워크상에서 이루어지는 활동에 따라, 그리고 서로서로 어떤 공통점을 찾느냐에 따라 달라진다. 인터넷상에 수없이 많은 뉴스 그룹이나 관심 집단 또는 동호회, 자신의 정체성을 나타내는 홈페이지, 채팅은 가상공간에서 각 개인이 자신의 모습을 새롭게 정의하고, 타인과의 관계 속에서 새로운 정체성을 형성하는 가상 공동체의 표현이다.

사이버 공간을 새로운 사회 환경이라고 할 때, 이 환경 속에서 개인의 정체성이 구체적으로 표현되는 방식은 동아리, 즉 모임이다. 모임이 개인의 정체성을 나타낸다는 의미는 그 모임 자체가 참가하는 사람들의 특정 성격이나 역할을 대표하기 때문이다. 모임은 한 참가자의 입장에서 자신을 새롭게 표현할 수 있는 정체성을 제공한다. 그뿐 아니라 참가자들 모두에게는 모임이 하나의 공동체로 작용하기도 한다. 개인의 정체성이 사이버 공간에서는 '모임'이라는 가상 공동체로 나타나는 것이다. 모임이라는 사이버 공간 속의 동아리는 심지어 지역 특성을 가진 중·고교 동문회, 특정 연예인 팬클럽 등 다양한 주제와 참여자로 이루어져 있다. 그리고 이런 모임들은 관심 분야가 상당히 세분되어 있기도 하다.

② 가상 공동체의 형성과 특성

사이버 공간에서 발달되는 공동체는 참가자 모두를 포용하는 공동체라기보다는 개인적 정체성의 표현에 기초한 공동체를 말한다. 그럼에도 사이버 공간의 공동체는 현실 세계의 공동체의 속성을 너무도 많이 내포하고 있다. 따라서 사이버 공간의 공동체에도 일반 사회 속의 질투와 싸움, 배타적 관계가 항상 존재한다. 특히 현실 세계의 윤리 의식이나 사회규범 또는 사회적 질서에 부합하는 행위가 동일하게 존재한다. 그리고 현실 세계에서의 타인에 대한 차별이나 배타성, 심지어 폭력적인 행위가 사이버 공간에도 엄연히 존재한다.

현실에서와 달리 사이버 공간에서는 자신의 정체성에 대한 변신과 파괴, 그리고 새로운 정체성의 창조가 가능하다. 이것은 개인이 자신의 모습에 대해 지속적인 특성을 유지하지 않고 변화시키려는 속성을 더욱 부각한다. 사이버 공간에서

는 개인적 정체성의 유지라는 개념도 상실되어, 개인적 정체성의 개념으로 폐쇄
되고 제한되었던 인간 자아의 모습이 다양한 정체성으로 구체화된다. 이런 경우,
경험을 통해 형성되는 심리적 결과는 결국 새로운 사회적 관계나 표현 양식, 그리
고 새로운 가상 공동체 의식을 학습하는 것이다.

2) 사이버 공간에서의 억제 해제 효과

채규만(2003)은 사이버 공간에서는 억제 해제 효과로 인간관계의 실제 상황에
서는 상상할 수 없는 일들이 발생한다고 하면서 다음과 같이 정리하였다.

첫째, 생활에서의 상호 간의 상호작용이 감소되는 현상이 일어난다. 인터넷에
서 시간을 보내는 만큼 실제 생활에서 사람들과 보내는 시간이 감소하는 것은 자
명하다. 또한 인터넷 중독자들은 컴퓨터 앞에서 보내는 시간 때문에 인간관계와
사생활에 많은 어려움을 겪는다.

둘째, 인간관계가 쉽게 발전하고 소멸하는 현상이 생긴다(Parks & Floyd,
1996). 억제 해제 효과로 인터넷에서 자신의 욕구를 좀 더 분명히 표현할 수 있다
보니 관계가 쉽게 가까워질 수 있지만, 자신을 노출한 만큼의 정서적인 인간관계
기술이 현실에서는 부족하기에 쉽게 뜨거워진 인간관계는 쉽게 식고 만다. 이러
한 예로는 인터넷 대화방에서 쉽게 섹스 파트너를 구하여 성관계만 맺고 헤어지
는 현상을 들 수 있다.

셋째, 인터넷은 새로운 계층을 만들어 내고 또한 새로운 형태의 차별을 가능하
게 했다. 전통적으로는 인종, 학벌, 사회적인 지위를 가지고 타인을 평가하면서
차별적인 행동을 하였지만, 이제 인터넷에서는 자신의 정체성을 쉽게 바꾸어 새
로운 형태의 정체성을 형성하면서 자신들만의 특별한 집단을 형성하고 다른 집
단에 대해서 우월감을 느끼고 차별적인 행동을 하는 것이 가능해졌다.

넷째, 자신의 비현실적이거나 비정상적인 욕구를 실현할 가능성이 높아지고
있다. 그 예로는 인터넷을 통해서 청소년 성매매의 대상을 구한다든가, 사제폭탄

제작에 대한 정보를 얻어서 사제폭탄에 대한 호기심을 해소한다든가 하는 것과 인터넷 성폭력, 자살 사이트 등의 개설 및 운영 등을 들 수 있다.

3) 사이버 세상의 인간관계

일반적인 생활에서 나타나는 적극적인 대인관계에서는 자기개방이 우선된다. 그런데 자기개방이라고 하면 실제 상황에서 경험함으로써 갖게 되는 감정, 생각, 원하는 바 등을 자연스럽게 노출하고 자신의 의견을 반영하거나 타인의 의사를 존중하는 것이다. 타인의 의사를 존중하는 것은 나는 틀리고 너는 옳다는 관점이 아니라 나도 옳고 너도 옳다는 관점에 근거하는 것이 바람직하다. 그러나 사이버 상에서는 자신에게 솔직하고 적극적인 자기개방과 자기수용 및 타인의 수용이 이루어진다고 보기 어려운 것이 현실이다. 그리고 대인관계의 태도와 함께 의사 소통의 유형에 따라서도 다양한 경험을 하게 된다. 그렇다면 사이버상에서의 인 간관계는 적극적이라기보다는 매우 수동적이라고 볼 수 있다.

또한 현실 공간에는 사람들의 의견이나 감정의 표현을 조절하고 억제하게 만 드는 다양한 장치가 발달되어 있다. 법률, 규범, 관행, 보복과 같은 외부적 장치 는 물론이고 책임 의식, 체면, 무의식적인 자기규제와 같은 내부적 장치도 있다. 그러나 사이버 공간에서는 그러한 억제 장치들이 힘을 잃는다. 따라서 사이버 공 간에서는 사람들이 자기 감정과 욕구에 충실하다. 즉, 다른 사람들의 눈치를 보 지 않으면서 자기 감정에 따라서 움직여 과장된 행동이나 표현이 많이 나타난다. 이를 뒷받침할 수 있는 다양한 연구 결과를 살펴보면 다음과 같다.

이희열(2003)의 연구에 따르면, 인터넷 중독의 위험군에 있는 대상들은 비위험 군에 있는 대상들보다 사이버상에서 대인관계가 활발하게 이루어지고 있었다. 그리고 사이버상에서의 의사소통은 다양한 유형으로 이루어지고 있었는데 회유 형이 가장 많았다. 회유형 의사소통의 특징은 자신의 감정이나 사고를 주장하기 보다는 타인의 감정이나 사고가 중요하다고 여기고 긍정적인 반응을 보이는 것이다. 그리고 비난형 의사소통을 사용하는 사람들은 산만형 의사소통을 사용할 가능성이 컸다. 비난형, 산만형 의사소통을 사용하는 사람들의 경우에는 충동성이 높은 것으로 나타났다. 요약하면, 인터넷을 중독적으로 사용하는 위험군이 대인관계는 원만하나 더 충동적이며 의사소통도 산만하여 지나치게 합리적으로 상황만을 중요시하거나 지시적이고 명령적일 수 있다는 것이다.

김지윤(2000)이 사이버 공간을 병리적으로 사용하는 집단과 정상적으로 사용하는 집단으로 분류하여 수행한 연구에서는 병리적 사용 집단은 남성이, 정상적인 사용 집단은 여성이 더 많은 것으로 나타났다. 그리고 대인관계적인 서비스를 주로 이용하는 사람들이 병리적인 경향을 더 많이 보일 것이라는 연구 가설이 지지되었다. 대인관계적인 서비스는 채팅, 온라인 게임, 동호회 등과 이메일, 정보검색 서비스였다. 여기서 대인관계적이라는 의미는 사이버 공간에서의 대인적인 교류를 의미한다. 채팅을 통해서 대화를 나누고, 온라인 게임을 통해서 타인과 경쟁을 하며, 동호회에서 같은 취미를 공유하는 것을 말하며, 이메일의 경우는 대부분이 현실에서 아는 사람들과 의사소통을 하기 위해 사용되기 때문에 그 자체가 사이버 공간에서 대인 교류적 기능을 한다고 볼 수는 없다.

사이버 공간에 빠져드는 경향이 있는 사람들은 그 안에서는 사회적 지지를 충분히 지각하고 있지만 현실생활에서는 낮은 수준으로 지각하고 있으며, 이로 인해 한 개인의 입장에서 지각하는 대인관계 지지의 수준이 건강한 사용자들에 비해서 낮다는 결론을 내릴 수 있다. 이 결과에 대해서는 두 가지 해석을 내릴 수 있는데, 하나는 사이버 공간에서 보내는 시간이 너무 많아 현실생활에서 충분한 양의 대인관계를 유지하지 못하므로 대면적 상황에서만 얻을 수 있는 지지를 지각할 수 없기 때문이다. 그러나 이 결과는 반드시 사이버 공간의 경우가 아니더라도 생길 수 있을 것이다. 사이버 공간이 아닌 현실 속의 어떤 다른 대상과 특별히 오랜 시간을 보낸다면 타인과 상호작용할 시간적 여유가 없을 것이고, 따라서 대인관계 지지를 지각하는 수준이 낮아질 것이다. 다른 하나는 특별히 사이버 공간의 사용에 따른 것으로, 사이버 공간에서 제공하는 대인관계의 매력이 만족을 주어

그 안에서의 관계만으로 개인의 대인관계 모두가 채워지기 때문이다.

가정과 학교 등 현실 사회 구조와 인간관계에서 소외되어 무기력해진 청소년들은 기존 체제와 현실 세계에 회의를 느끼기 쉬우며, 미래에 대한 기대 수준과는 달리 사실상 미래가 비관적이라고 판단하거나 현실 세계에서 미래 지위에 대한 자아상이 불투명해지는 무의미감(sense of meaninglessness)을 느낄 때 정상적인 현실생활과 인간관계에서 이탈되는 행동을 하기 쉽다. 특히 대면적인 접촉이 줄어들고 개별적인 성향이 더욱 확대되며 컴퓨터 등 대상물을 통한 가상세계 접촉이 늘어나는 인터넷 정보화 사회에서 현실의 인간 소외 현상은 더욱 심각해질 가능성이 높다(이동원, 최선희, 1997).

오늘날 컴퓨터와 초고속 인터넷의 보급, PC방의 번창은 청소년들이 인터넷 가상세계를 접하고 이에 몰입하기에 매우 용이한 상황과 환경을 초래하고 있다. 또한 익명성이 보장되고 현실에서의 자기와는 다른 모습으로 자신을 드러내며, 인간관계에서 억제해 왔던 욕구나 갈등을 마음대로 드러낼 수 있는 인터넷 사이버 세계만의 독특한 특성(황상민, 1999; Young, 1998)은 관계에 따른 사랑, 소속, 인정 등의 기본 욕구를 충족하지 못하고 무력감, 무의미, 규범 상실, 사회적 고립에 따른 소외를 경험하고 있는 현실에서 가상의 세계를 향한 도피와 인터넷 중독 등의 부적응적인 행동양식을 학습하게 하였다.

김광수(2002)는 연구를 통해서 인터넷 중독 경향이 클수록 현실에 대한 통제력이 떨어지고, 현실 사회의 여러 가지 사건이나 일들이 지니는 목적과 의미 파악 및 결과에 대한 예측 능력이 떨어지며, 주어진 목적 달성을 위해서 사회적으로 용인되지 않는 수단의 필요성을 더 많이 느끼고, 실제 사회적 관계에서 거리감을 더 많이 갖게 되며, 사회에서 높이 평가하는 문화적 가치나 이상을 거부하거나 평가 절하하는 성향이 높고, 무엇보다도 현실에서 자신이 하고 있는 일에서 만족이나 보상을 얻지 못하는 정도가 크다는 것을 설명하였다.

4) 사이버 시대의 인간 자세

사이버라는 문명의 이기의 주인은 인간이다. 이러한 문명의 이기는 인간의 부정적인 욕망이나 욕구를 충족하기 위한 수단으로 사용될 수도 있고, 인간 간의 상호작용을 증가시키는 긍정적인 수단이 될 수도 있다. 긍정적인 수단으로 사용하기 위해서는 인간의 바람직한 자세가 요구된다(채규만, 2003).

첫째, 사이버 공간은 인간의 만남을 위한 수단이 되어야지 목적이 되어서는 안된다. 인간의 만남을 사이버 공간으로 대치할 수는 없다. 아무리 사이버 공간이나 수단이 발달해도 인간이 만나서 즐기는 스킨십과 만남에서 얻는 정서적인 교감을 대치할 수는 없다. 사이버 공간으로의 도피나 중독은 인간은 사회적인 동물이라는 것에 대한 도전이 될 수 있다. 사이버 공간에 빠져 사는 경우 심하게는 정신과적인 문제가 발생할 수 있다.

둘째, 문자적인 정보의 교환이 주는 제한점을 이해해야 한다. 현재의 수준에서 인터넷의 정보는 주로 문자의 교환이다. 문자로 서로의 감정을 주고받을 때는 비언어적인 정보, 즉 얼굴 표정, 억양, 신체적인 반응 등이 생략되어 있어서 서로 간에 오해가 생길 여지가 많다. 우리가 정보를 교환할 때 비언어적인 정보의 중요성은 70%, 언어적인 정보의 중요성은 20%로 보고 있는데, 문자적인 정보에 의지해서 상호작용을 하고 결정을 내리는 것은 의사소통의 정확성에서 문제가 된다고 볼 수 있다. 어떤 특정한 언어의 의미도 여러 가지 해석이 가능하기에 서로 시간을 가지고 자세히 정보 교환을 하는 것이 중요하며, 사이버상의 문자적인 정보교환의 제한점을 이해하고, 의미 있는 관계를 원한다면 상대방을 이해하려는 더 많은 노력이 필요하다.

셋째, 수직적인 관계보다는 수평적인 관계에 더 관심을 두어야 한다. TV가 우리 안방에서 주인공 역할을 하면서 가족 간의 수평적인 교류보다는 TV 화면을 보는 수직적인 관계로 전락하고 말았다. 더욱이 컴퓨터의 화면에 몰두하면서 인간의 교류가 단절되고 있다. 한쪽으로 치우치면 중용을 잃게 마련이다. 디지털의 수직적인 공간과 인간 간의 수평적인 관계를 활성화하는 작업이 많이 이루어져야 한다. 만남에 따른 스킨십, 자연과의 만남을 통한 삶의 여유 등 인간적인 교류에 상대적으로 더 많은 시간을 보내야 한다.

넷째, 사이버를 통한 저질 정보를 통제해야 한다. 악화가 양화를 구축한다는 말이 있듯이, 디지털 시대에 정보의 홍수 속에서 저질 정보가 유통되어 소비자들에게 피해를 주고 양질의 정보를 몰아내는 경우도 있다. 예를 들어, 인간의 원초적인 감각을 자극하는 정보를 담은 문학작품들은 대중성은 있지만 양질의 정보는 아니고, 오히려 이러한 문학작품이나 정보는 우리의 영혼을 오염시킨다. 말초적인 자극과 쾌락을 추구하게 하는 사이버 정보의 범람은 통제되지 않은 원초적인 인간의 충동을 더 자극해서 인간의 저질화를 부채질할 가능성이 있다. 또한 이성적인 결정을 마비시키고 감정적으로 쾌락적 결정을 하도록 이끄는 경향이 있다. 따라서 사이버상의 저질 정보를 제한 및 추방하는 운동도 벌여 나가야 한다.

다섯째, 사이버상의 정보 교환의 윤리를 제정하고 위반 시 처벌 규정 등을 갖추어야 한다. 검증되지 않은 정보에 의해 선의의 피해자가 속출하는 것이 사이버 시대의 특징이다. 정보의 전파력을 감안한다면 누군가를 중상·비방하는 정보가 얼마든지 난무할 수 있다. 그리고 그 정보가 사실이 아닐 경우에 피해자는 엄청난 손실을 입는다. 사이버 공간이 인간에게 도움이 되도록 하기 위해서는 사이버 공간을 책임 있게 이용할 수 있는 윤리 강령을 제정하여 이를 교육하고 실행에 옮겨야 할 것이다.

여섯째, 사이버 공간의 이용에 적극적인 예방책이 필요하다. 사이버 공간은 어떤 의미로는 중립적인 공간이다. 사이버 공간 자체가 악이거나 선은 아니다. 이를 악용하는 사람에게 일방적으로 당할 것이 아니라 예방적이고 더 적극적인 활용이 필요하다. 예를 들어, 자살 사이트가 문제를 일으킨다면 자살 사이트를 폐쇄하는 데만 신경을 쓰지 말고, 자살 예방 사이트와 우울 환자들의 관심을 끌 수 있는 사이트를 개설해서 그들에게 다가가는 전략을 사용해야 한다.

일곱째, 개인의 프라이버시 침해에 대비해야 한다. 컴퓨터 해커들에 의해 컴퓨터 내 개인 비밀 정보가 무방비로 노출되는 등, 어느 시대보다도 개인의 프라이버시가 위협받고 있다. 옛날에는 연애편지를 비밀리에 보관만 잘하면 자신의 프라이버시 공간에 간직할 수 있었지만, 이제 자신의 컴퓨터에 저장된 정보는 해커들에 의해 유출되고 악용될 소지가 많아지게 되었다. 따라서 이에 대한 대책, 법 제정, 기본적인 윤리 실천이 중요하다.

여덟째, 사이버 공간이 인간의 주인이 아니라 인간이 사이버 공간의 주인이라는 의식을 조성하는 것이 필요하다. 사이버의 가상현실에서는 자신을 더 잘 드러낼 수 있을 뿐만 아니라 자신의 감정을 통제하기 어려운 측면도 있다. 인간의 기본적인 사회적 욕구, 친밀감, 스킨십, 상호작용은 변함이 없기에 이러한 것을 더욱 늘려 가고, 다른 사람들의 사이버 공간을 존중해 주는 배려가 필요하다. 또한 사이버 공간에서보다는 진정한 인격적 만남을 증가시켜야 한다.

5) 변화의 시작

정보 기술의 발달은 우리의 관계마저 변화시키고 있다. 인터넷이 우리 삶에 깊숙이 들어오면서 사람들의 일상생활과 일, 커뮤니케이션 방식까지 변화시키고 있다. 우리 삶의 일부가 되어 버린 인터넷을 통한 인간관계 또한 기존의 그것과는 다른 양상으로 전개되고 있다. 여기에 모바일을 대표하는 이동전화의 가세는 우리의 생활 유형과 인간관계에 또 한 번의 변화를 가져왔다. 더구나 모바일의 확산은 유비쿼터스 환경을 부추기고 있다. 이에 따라 기존의 아날로그식 관계에서 디지털 관계로 전환된 인간관계가, 모바일의 확장으로 부상하고 있는 유비쿼터스 시대가 원하는 이동성이 강조되는 관계로 다시 옮겨 가고 있다.

뉴미디어 도입 초기에는 통신 기술의 발달이 개인의 의사소통 체계와 인간관계에 부정적인 결과를 가져올 것이라는 주장과 물리적 한계를 초월하기에 인간 커뮤니케이션의 전체적인 증가와 발전을 가져와 더 밀접하게 연결될 수 있는 인간관계의 시대가 올 것이라는 주장이 활발하게 전개되는 등 논의가 분분했다. 따라서 디지털에서 모바일로, 다시 유비쿼터스의 개념이 중요시되는 시대로 전환하고 있는 이 시점에서, 이러한 변화를 추동하고 있는 미디어와 연계되어 전개되고 있는 새로운 인간관계를 미디어 특성과 결부하여 논의하는 시도는 매우 의미있는 일일 것이다. 이메일과 이동전화의 보편적인 사용, 다시 말하면 디지털 및 모바일에 의존하여 변화하고 있는 인간관계를 파악하여 체계적으로 정리하고, 점차 유비쿼터스 환경으로 전환하고 있는 오늘날의 인간관계가 어떻게 변화하고 향후 어떻게 전개될 것인지 예측 및 전망해 보는 것은 의미 있는 일이라 할 수 있겠다.

2. 디지털 인간관계

1) 미디어의 진화와 인간관계

(1) 디지털 인맥

미디어의 발전에 따른 대인 간 커뮤니케이션의 변화는 곧 인간관계의 변화로 이루어진다. 왜냐하면 의사소통을 위한 미디어의 발전이 인간관계에 영향을 미쳐 새로운 인간관계를 만들어 내기 때문이다. 한편, 인터넷을 통한 디지털식 온라인 관계가 활성화되자 '디지털 인맥'이라는 개념까지 등장하였는데, 여기에서 한 단계 더 발전하여 사람들은 인터넷을 통해 편하게 이야기를 주고받고 가까운 사람들끼리는 방명록을 쓰면서 서로의 안부를 묻기도 한다. 즉, 인터넷이 사람들이 관계를 맺는 방식뿐만 아니라, 관계를 유지해 나가는 방식에도 영향을 미치고 있는 것이다.

2003년부터 인기를 얻기 시작한 싸이월드 미니홈피는 '1촌 맺기'를 통해 제한된 사람들 간의 사적인 친밀한 관계를 형성해 주었다. 이런 현상은 그동안 디지털 인간관계에서는 신뢰감과 친밀감 구축이 어려울 것이라는 부정적 추측들을 제거하고, 끈끈한 유대관계를 확인할 수 있게 하여, 디지털 인간관계가 대면관계 못지않은 관계가 될 수 있음을 보여 주는 예라 하겠다. 최근에는 국내에서 잘 나가던 싸이월드가 사라지고 그 자리를 외국에서 들어온 트위터와 페이스북이 대신하고 있다. 일부 유명 인사의 트위터 계정은 수만에서 수백만 명의 팔로어가 연결되어 있고, 페이스북에서는 자신이 올린 글에 수천에서 수만 명이 좋아요를 눌러 자신의 유명도를 과시하고 있다. 지금까지와는 다른 인간관계의 형태가 나타나기 시작한 것이다. 즉, 기존의 사이버 세상 속에서의 인간관계와는 다른 새로운 형태의 디지털 인간관계가 등장했다. 여기에서는 이에 대해 알아볼 것인데, 디지털 인간관계에서 SNS(Social Network Service)에 관한 내용은 다음 장에서 별도로 살펴보기로 한다.

(2) 컴퓨터로 매개되는 관계

디지털 인간관계는 결국 컴퓨터가 매개하는 인간관계다. 이는 컴퓨터 매개 커뮤니케이션(computer-mediated communication: CMC)의 등장으로 인해 가능해졌는데, CMC를 일반적인 대면 커뮤니케이션과 비교해 보자. 먼저 대면 커뮤니케이션의 경우, 의사 교환은 송·수신자 간의 직접적인 관계 형성이 이루어진 뒤에 가능하고, 언어적 표현과 비언어적 요소를 통한 정보 교환으로 커뮤니케이션 행위가 이루어지며, 상대방과의 관계 설정 및 대인 효과를 중요시하는 속성을 갖고 있다고 하겠다.

이와 달리 CMC의 경우, 시간과 공간을 초월하는 동시적 또는 비동시적 커뮤니케이션 상황을 허용하고, 컴퓨터 화면을 상대하므로 송·수신자가 신체적으로 떨어져 있으며, 말이 아닌 글로 표현된 메시지를 통해 커뮤니케이션이 이루어지고, 커뮤니케이션을 구성하고 메시지를 교환할 때 저장과 편집을 할 수 있으며, 참여하는 송·수신자들의 물리적 관계 형성이 요구되지 않는다는 특징을 갖고 있다. 즉, 대화 상대의 신원을 모르는 채 익명성을 유지하면서 커뮤니케이션을 진행할 수 있다고 하겠다.

한편, CMC에서는 제공하는 서비스들 중 가장 보편화된 대인 커뮤니케이션 미디어의 하나로 널리 이용되고 있는 것은 이메일(E-mail)이다. 메신저(instant messenger)는 이메일 시스템에서 설정된 특정 집단 내의 연결을 보다 강화하기 위해 개발된 장치로, 연결 대상이 상대적으로 많은 직장인과 학생 집단이 주로 이용하며, 상대방의 상태(부재, 온라인, 다른 용무 중)를 확인하면서 실시간으로 대화를 나눌 수 있는 특징이 있다. 또 최근 부각되고 있는 블로그(blog)는 일반인이 개인의 관심사를 칼럼, 일기, 기사 등의 다양한 형태로 자유롭게 만들어 인터넷에 올리는 1인 미디어 웹사이트를 말한다. 이메일 · 메신저 · 블로그를 비교해 보면, 이메일은 상호 간에 이메일 계정을 알아야 주고받을 수 있고, 메신저는 상호 허용된 경우에만 관계가 형성될 수 있다. 이런 측면에서 블로그는 보다 개방적이고 느슨한 관계를 가지는 반면, 이메일과 메신저를 통한 관계는 좀 더 견고하다고 할 수 있다. 한편, 카페나 동호회로 지칭되는 사이버 커뮤니티는 공통의 관심사를 가진 타인과 오락 및 정보 교환 활동을 함은 물론, 친구 및 친지들과 교류하여 자신의 정체성을 표현하며, 사회성을 기르면서 관계를 형성하는 공간이라 할 수 있다. 이와 달리 싸이월드로 대표되는 미니홈피는 그 홈피의 주인을 중심으로 연결되는 '끼리끼리식' 관계로, 강한 유대감을 보여 준다고 하겠다.

(3) 개인 · 조직 · 사회에서의 디지털 관계

먼저 개인적 관계를 살펴보자. 인터넷을 왜 이용하는가를 조사하면 주로 대인 간 커뮤니케이션, 정보 습득, 오락의 순으로 나타나는데, 인터넷을 통해 확장된 의미로 받아들일 수 있는 대인관계의 두 가지 유형은 다음과 같다.

첫째, 호튼과 윌(Horton & Wohl)이 제시한 준(準)사회적 관계(para-social relationship)다. 준사회적 관계란 실제적으로 관계를 맺기 어려운 유명인들과 사이버 공간에서 관계를 맺는 것을 뜻하는데, 대표적인 예로 유명 연예인과 팬이 사이버 커뮤니티의 팬클럽을 통해 일대일의 관계를 맺는 것을 들 수 있다. 둘째는 초인간적 관계(hyperpersonal relationship)인데, 상대방에게 어떻게 인식되고 비칠 것인가를 염두에 두고, 자신이 바라는 모습으로 자아를 설정하여 노출하기 때문에 그 사람에 대한 평가와 인식이 부풀려질 가능성이 있다고 하겠다.

둘째, 조직 내 관계를 살펴보자. CMC 시스템은 조직 내적으로는 조직의 구성원들을 하나의 망으로 연결하여 신속한 업무 처리와 의사소통 체계를 형성하게 하며, 조직 외적으로는 외부 조직과의 관계를 유지하는 데 필요한 의사소통과 접촉이 신속하게 이루어지게 하여 시간과 경비가 절약되고 효율성이 향상된다. 한편, 조직 내에서 구성원들의 관계는 정보를 교환하고, 공문을 전달하고, 특정한 안건을 결정하기 위해 의견을 교류하는 과정과 연관이 있는데, 이를 위해 동원되는 CMC 시스템은 정보 시스템, 커뮤니케이션 시스템, 의사결정 시스템으로서의 기능을 수행한다고 할 수 있다.

셋째, 사회적 관계를 살펴보자. 인터넷상에서는 연결의 범위를 쉽게 확장시켜 손쉽게 '무리 짓기'를 할 수 있는데, 그런 특성에 힘입어 사이버 커뮤니티가 인터넷상에서 급속도로 확산되었다. 한편, 사이버 공간에서도 참여자들을 집단화하고 응집화할 수 있는 유인책이 필요한데, 관심사, 관계 형성, 정체성 확인이 그런 동기부여를 해 준다. 결국 참여자들은 서로의 관심사를 교류하면서 관계를 맺고, 그런 과정에서 서로 동질성을 확인하면서 자신의 정체성을 찾아가는 연결의 장을 형성하는 것이다.

2) 디지털 인간관계

(1) 시간과 공간을 초월한 융통성 있는 인간관계: 보이지 않는 너와 나

개인 대 개인이 물리적인 만남을 시도하기 위해서는 공통된 시간과 공간이라는 제약이 따른다. 하지만 온라인상에서는 언제 어디서나 새로운 커뮤니케이션의 장을 마련할 수 있다. 이처럼 지리적인 거리를 극복함으로써 커뮤니케이션 상황을 조성하는 데 요구되는 조건들이 불필요해졌기 때문에 융통성이 있고 신속한 상호 교류가 가능해졌다고 할 수 있다. 한편, 면대면 상황에서는 대화 참여자들이 서로 이야기를 나누고, 청취하고, 또 비언어적 행위들을 지켜보면서 의사소통을 하는데, 이때 비언어적 행위[눈 맞춤, 얼굴 표정, 육체적 접촉, 상석(上席) 차지 등]는 커뮤니케이션 과정에서 언어적 표현을 강조 · 보완하고 상황을 암시하는 중요한 역할을 한다. 하지만 온라인 교류에는 그러한 비언어적 요소가 배제되기 때문에, 언어적인 메시지 이외에 송 · 수신자들 상호 간의 심리적 상태와 관계에 관한 정보를 제공해 줄 어떤 장치도 없다. 그런데 이러한 요인들이 결여되어 있다는 사실은 분명 커뮤니케이션 과정뿐 아니라, 이를 통한 관계 형성에도 큰 영향을 미친다고 할 수 있다. 그리고 이메일을 주고받을 때처럼 신분이 노출되거나 확인되지 않는 익명을 통한 교류는 참여자 모두의 신분을 평등화하기도 하지만, 상대방의 정체를 확인할 수 없는 비인격화된 관계 형성을 유발하기도 하는데, 이는 다음과 같은 특성을 갖는다.

첫째, 서로의 신분이 노출되지 않은 상태이므로 의견 교환이 그만큼 솔직하고, 주고받는 주제나 내용에 보다 정확하게 접근할 수 있다. 둘째, 참여자들은 좀 더 자기중심적이 되어 타인보다는 자기 자신을 위주로 교류를 진행한다. 넷째, 교류 과정을 특정인이 독점적으로 지배하는 경우가 적어서 보다 평등한 참여가 보장된다. 이처럼 관계 형성에 있어서 익명성이 보장된다는 점은 긍정적인 측면이 있다. 하지만 익명성을 가면으로 잘못 인식하여 무책임한 비방과 험담을 하여 긍정적인 관계를 훼손하는 경우처럼 부정적인 측면도 있다.

(2) 디지털 무리 짓기: 사이버 커뮤니티

보편화되어 있는 사이버 커뮤니티의 유형은 다음과 같다. 첫 번째 유형은 특화된 영역에서의 참여인 팬덤(대중적인 특정 인물이나 분야를 열성적으로 좋아하거나 몰입하여 이를 다소 적극적으로 표출하는 문화적 현상을 말함)인데, '붉은 악마'와 '노사모'를 예로 들 수 있다. 두 번째 유형은 노인, 여성, 아동, 소수민족 등으로 대표되는 소수집단들의 참여를 위한 공간이다. 세 번째 유형은 동일 연령 및 거주 지역과 관련된 커뮤니티다. 한편, 사이버 커뮤니티에서는 특정 주제에 대한 공통된 관심사라는 관계 형성 동기와 익명성 때문에, 사회적 특성이 이질적인 사람들도 쉽게 연결된다.

참고로 사이버 커뮤니티에서 형성되는 관계는 정보에 의존한 관계라고 할 수 있다. 즉, 사이버 커뮤니티를 유지할 수 있는 힘은 정보, 구체적으로 말하면 제공되거나 교류되고 공유되는 정보가 어떤 정보이며, 얼마나 적절하고 많은 양의 정보이며, 얼마나 신뢰성이 있고 신속한 정보이냐에 달려 있다고 할 수 있다. 인터넷상에서 유명하거나 중요시되는 커뮤니티는 대부분 이런 조건을 갖추고 있다. 한편, 커뮤니티를 규정함에 있어 전적으로 공유된 관심사에만 바탕을 둘 경우, 내부자와 외부자 간의 장벽을 더 높이는 결과를 초래할 수 있고, 그 결과 커뮤니티가 점점 더 협소화 · 경계화 · 폐쇄화되어 인터넷의 의미인 열린 커뮤니티의 성장과 응집을 약화시킬 수 있다. 예를 들면, 극단주의자들은 자신들의 극단주의적 사고에 동의하는 사람들만을 수용하고, 자신들과 다른 의견을 가진 사람들은 배격하고 자신들을 보호하기 위한 보호망을 수호함으로써 스스로를 고립시키곤 한다.

(3) 평등화된 관계: 온라인 연인

면대면 관계에서는 육안으로 확인할 수 있는 실재에서 표출되는 여러 단서가 사회규범적 요인으로 작용하여 위계 질서를 설정하고 정보 및 의사 교환을 통제하거나 저지하는 역할을 한다. 반면에, 디지털 관계에서는 외모, 목소리, 조직의 위계 질서, 젠더와 같은 사회 맥락적 단서들(social context clues)이 중립화됨으로써 평등한 입장에서의 상호 교류가 보장된다. 한편, 온라인상에서 처음 만난 사람과 애정으로 엮이는 낭만적인 관계가 형성되는 일이 자연스럽게 전개되고 있는데, 그동안 인터넷상에서의 낭만적인 관계 형성에 대해 부정적인 인식이 많았다. 이것은 인터넷상에서는 낭만적 관계에서 무엇보다 중요한 신체적 · 감정적 친밀감을 조성하는 데 한계가 있기 때문이었다. 그러나 다른 한편으로 인터넷을 통해 더 진중한 낭만적 관계를 형성하는 것이 가능하다는 주장도 제기되고 있다. 그 이유는 외모나 행동, 겉으로 드러난 감정에 치중하다 보면 상대방의 진정한 모습을 왜곡하거나 경시할 수 있는데, 인터넷상에서는 오직 언어적 표현을 해석할 수밖에 없어 상대방의 생각과 흥미를 더 잘 알 수 있다는 것이다. 하지만 온라인 데이트의 단점도 만만치 않은데, 바로 그것이 초래하는 기만과 과장이다. 이는 눈으로 확인할 수 없는 상황을 악용하는 것이다. 그러나 정보 교환과 자아 노출에 대한 시간이 서로에게 충분히 주어진다면 이러한 단점들은 보완될 수 있을 것으로 생각된다.

3. 모바일 인간관계

1) 휴대전화의 등장과 커뮤니케이션의 변화

휴대전화는 사람들의 사회적 유대감에 어떠한 영향을 미치는가, 즉 휴대전화가 사회적 유대감의 형성, 유지 및 강화에 기여하는가 아니면 오히려 사회적 유대감을 교란시키는가에 대한 문제가 여러 학자에게 던져진 핵심 화두였고, 면대면 상호작용과 휴대전화를 통한 매개적 상호작용 양자 모두에 미치는 휴대전화의 영향에 주목했다. 모바일 커뮤니케이션은 대개 가족이나 지인들로 이뤄진 친밀한 집단 내 커뮤니케이션을 강화하는 역할을 한다. 모바일 커뮤니케이션이 개인의 사적 영역 내의 대인 접촉에 주로 사용되며, 때로는 이 과정에서 면대면 상호작용이 희생되는 일도 나타나고 있다. 결국 휴대전화는 다양한 의례적 상호작용을 통해서 기존의 강한 연결망을 더욱 굳건히 하는 데 기여한다. 사실 모바일 커뮤니케이션이 낳는 결과는 무수히 많다. 즉, 안도감과 안전감의 확보, 일상생활에서의 여러 가지 일들의 세부적 조정, 집 밖에서의 활동을 둘러싼 부모와 자녀 간의 힘겨루기 등 휴대전화가 인간의 삶에 가져온 변화는 헤아릴 수 없이 많다고 할 수 있다.

모바일 커뮤니케이션은 인간관계를 맺고 유지해 나가는 사교적 상황이 전개되는 방식과 그러한 상황들이 처리되는 과정에 근본적인 변화를 초래했다. 가장 큰 변화라고 할 수 있는 것은 사람들이 상대방이 어디에 있든 그들과 커뮤니케이션을 할 수 있게 되었다는 점이다. 모바일 커뮤니케이션은 이용자가 타인에게 직접 연락할 수 있고 또 타인으로부터 언제 어디서든 연락받을 수 있다는 점에서 여타 대인 커뮤니케이션 매체와는 다르다. 모바일 커뮤니케이션을 통해 우리는 특정 개인에게 직접 연락을 할 수 있게 된 것이다. 이러한 점이 우리가 사회적 유대관계를 맺고 유지하고 처리하는 방식에 영향을 미친다. 다른 매개 커뮤니케이션 형태에 비해 모바일 커뮤니케이션은 가족, 친구, 동료 등 가까운 사람들과의 접촉에 주로 이용된다. 모바일 커뮤니케이션을 통해 항상 그들과 접촉할 수 있기 때문에 그러한 인간관계들을 굳건히 하고 심화시킬 수 있다.

최근에 휴대전화는 유아들과 활동이 거의 어려운 노년층을 제외하면 전 국민이 거의 다 사용하고 있는 필수품이 되었다. 아마 대다수의 사람이 휴대전화 없이는 살지 못할 정도로 그 무엇보다 우선적으로 지니고 다니는 도구가 되었는데, 특히 스마트폰이 대중화되어 급속한 보급이 이루어진 이후에는 더욱 그러하다. 요즘 지하철을 타면 대다수의 사람이 다양한 용도로 스마트폰을 사용하고 있다. 문자메시지나 카카오톡 메시지를 주고받거나, 음악을 듣고 있거나, TV를 보거나, 전자책을 보거나, 동영상 강의를 보거나, 통화를 하는 등 다양한 용도와 기능으로 사용하고 있다. 대학에서 강의를 하고 있는 필자는 수업 시간에 스마트폰 때문에 강의에 지장을 받을 정도로 그 폐해가 심각하다. 하지만 이젠 스마트폰을 통해 이루어지는 모바일 커뮤니케이션이 막을 수 없는 대세로 자리 잡고 있다는 것은 부인할 수 없는 현실이 되어 버렸다.

휴대전화 단말기는 이메일, SNS 메시지는 물론 멀티미디어 메시지까지 보낼 수 있다. 휴대전화의 이러한 기능을 사용하여 타인들과 사진과 유머를 공유하고 이성에게 작업 멘트까지 날릴 수 있게 된 것이다. 휴대전화를 통한 매개적 상호작용을 활용함으로써 동료들과의 접촉이 늘어나고, 이에 따라 우리의 삶이 보다 윤택해지는 것 또한 사실이다. 휴대전화 메시지를 통해 동료들과의 모임 약속을 잡고 관련된 준비를 하는 것은 흔한 일이 되었다. 이 메시지들이 타인들과의 인간관계를 유지해 주기도 하고, 사교적 상호작용에 일정한 변화를 주기도 하며, 심지어는 면대면 만남을 대체하는 지경에까지 이를 수 있다. 면대면 상호작용이 여전히 사회적 의례의 중심에 위치하고 있기는 하지만, 휴대전화를 통한 매개적 상호작용이 나날이 그 세력을 확장하고 있고 사회적 의례의 변화를 초래하고 있다는 것 또한 부정할 수 없는 사실이다.

여러 학자가 주장하듯이 휴대전화는 일상생활은 물론 인간관계를 맺고 그 관계를 유지하는 방식에 중대한 영향을 미치고 있다. 이동성, 개별성, 즉시성 및 직접성 등으로 요약되는 모바일 미디어의 매체 속성은 인간생활의 제반 영역에 지각 변동을 가져왔다. 무엇보다 먼저 휴대전화는 삶의 속도와 효율성을 높였고, 비즈니스와 업무 영역은 물론 가정과 개인적 영역에서 유연성을 극대화하였다. 휴대전화가 없었던 때에는 버려졌던 '자투리 시간'을 활용할 수 있게 되었다. 예를 들면, 대형 마트의 계산대에서 계산 순서를 기다릴 때나 버스를 타려고 정류장에서 기다릴 때도 이젠 더 이상 그 시간을 그냥 흘려보내지 않고 있다. 또한 휴대전화가 초래한 인간생활의 변화에서 인간관계에 미치는 영향을 결코 빼놓을 수 없게 되었다. 일상적으로 경험하고 있듯이 휴대전화는 기존에 일면식이 있는 사람들 간의 인간관계를 더욱 공고히 하는 데 없어서는 안 될 존재가 된 것이다. 특히 국내외를 막론하고 십 대 청소년들 사이에서 휴대전화 메시지가 소수의 친한 친구들 사이의 폐쇄적인 인간관계를 더욱 고착화하는 방식으로 이용되고 있다는 것이 선행 연구들의 공통된 결과다. 끊임없는 접속을 통해 소집단의 인간관계가 더욱 굳건해지고 있는 모습이 실증적인 자료를 통해 입증되고 있다. 별 내용도 없는 문자메시지를 끊임없이 주고받음으로써 인간관계가 더욱 굳건해지고, 그 내용보다는 '메시지를 계속 주고받고 있다'는 사실 자체가 더욱 큰 의미를 지닌다는 것이다(배진한, 2009).

한편, 일부 연구자는 휴대전화의 확산에 힘입어 현대인의 사회적 관계의 범위가 확장되고 있다는 주장을 펴기도 한다. 다시 말해서, 휴대전화가 사람들의 사회적 관계의 폭과 깊이를 확장, 심화시켜 줄 가능성이 있다는 것이다. 휴대전화가 초래한 접촉 가능성의 확대는 많은 사람을 폭넓게 만날 수 있는 가능성을 높여 주는 동시에 이미 알고 있는 사람들과의 접촉 기회를 한층 더 늘려 줄 수 있기 때문이다. 이러한 사회관계망의 폭과 깊이가 심화된다는 것은 사회 자본의 형성으로 이어져 전 사회적 차원에서 긍정적인 효과를 일으킬 수 있지만, 불행하게도 휴대전화의 도입이 긍정적인 결과만을 가져오는가에 대해서는 학술적인 면에서나 현실적인 면에서 의문의 여지가 있는 것도 사실이다. 휴대전화가 기존에 알고 지내던 사람들과의 폐쇄적이고 친밀한 상호작용에 빠져들게 만들 수 있다는 것이 바로 부정적 효과의 대표적인 예라 할 수 있다. 휴대전화의 도입이 내집단 구성원들 간의 커뮤니케이션 엔도가미(communication endogamy), 즉 끼리끼리 커뮤니케이션을 더욱 심화시킬 수도 있다는 주장 또한 힘을 얻고 있는 실정이다(배진한, 2009). 그렇다면 우리나라와 같이 혈연, 지연, 학연 등 다양한 연줄로 형성된 인맥주의가 만연된 사회에서는 이러한 끼리끼리 커뮤니케이션의 양상을 휴대전화가 더욱 악화시키고 있다는 가설을 검증해 볼 필요가 있다는 생각이 든다.

리치(Rich, 2008)는 『How Mobile Communication Is Reshaping Social Cohesion』이라는 책에서 커뮤니케이션 테크놀로지들이 사회적 결속에 미치는 영향에 관한 다양한 논의를 개진했다. 휴대전화가 보편적 매체로 그리고 인간 커뮤니케이션의 핵심 매체로 떠오르면서 의례(ritual) 그 자체 그리고 휴대전화를 통한 매개적 상호작용에서의 의례의 이용에 관한 문제는 커뮤니케이션학 분야에서 중요한 화두로 자리 잡게 되었다. 이러한 문제에 대해 리치는 분명한 답을 주고 있다. 휴대전화를 통해 매개된 형태든, 면대면 형태든 의례적 상호작용은 사회적 결속을 낳는다는 것이다. 또한 휴대전화, 특히 문자메시지를 통한 일상적인 의례적 상호작용이 사회를 하나로 묶어 주는 끈끈한 아교 같은 역할을 한다는 것이 그의 일관된 주장이다.

최근 휴대전화는 해마다 신제품이 나오면서 단편적인 기능을 수행하는 일상적 도구 수준을 넘어 현대 사회를 대표하는 상징으로서의 지위를 누리고 있다. 어떤 종류의 휴대전화 단말기를 갖고 있는가를 보면 그 사람의 성향까지도 짐작할 수 있을 정도다. 결론적으로, 휴대전화는 면대면 상황을 꼬이게 만들기도 하지만, 사적 영역 내에서는 사람들 간의 인간관계를 증진하는 데 더 없이 효과적인 매체일 것이다. 단순히 같은 시간, 같은 공간에서만 가능했던 친구, 가족, 동료들과의 상호작용을 휴대전화가 더욱 확장시켜 주는 기능을 수행한다고 할 수 있다.

2) 모바일 인간관계의 특징

컴퓨터가 매개된 인간관계가 이동전화의 등장으로 기존의 유선 연결성에 무선 연결성을 더하였다. 사람들은 이제 이동하면서 자신의 위치를 알리고, 사랑을 속삭이고, 문자메시지로 말로 하기 어려운 단어들을 쏟아낸다. 표면적으로는 이동전화로 쉽게 사람들과 연결할 수 있기 때문에 관계를 더욱 돈독히 하는 장점만 있을 것으로 보인다. 김소라, 전방지, 김유정, 김연정(2007)은 모바일 인간관계의 특징을 다음과 같이 정리하고 있다.

(1) 이동성과 연결을 동시에, 쉽게 연결하고 해체되는 피상적 관계

이동전화는 주어진 공간에 묶여 있을 수 없는 사람들 간의 교류나 연결을 가능하게 하여 관계 형성의 융통성을 한 차원 더 높여 주었다. 즉, 이동전화는 보다 넓은 범위의 대상과 접촉을 가능하게 하고, 또 의사 교류를 할 수 있는 기회를 획기적으로 늘려 주었다. 그러나 그런 연결은 지속적이고 장기적이라기보다는 피상적으로 치우치는 경우가 많아, 친밀하고 신뢰성이 있는 관계로 유지되지 못하고, 가벼운 대화나 정보를 주고받는 피상적 관계가 될 수 있다. 특히 사회적 관계 측면에서 볼 때, 항상 접촉이 가능하다는 사실이 심층적이고 참여적인 경험 대신 피상적이고 방관적인 경험을 하게 만들어, 관계 형성에서 중요한 요소인 친밀도를 증가시키는 대신 양적인 의미나 중요시하는 관계로 전락하게 할 수도 있다.

⑵ 문자로의 연결, 말 없는 소통, 묶여 있는 사람들, 개인 중심적인 교류

문자메시지가 갖는 장점은 해석할 필요도 없는 간단한 문구가 시간과 장소에 구애받지 않고 대상자 개인에게 직접적으로 전달된다는 것이다. 이러한 점이 사람들에게 크게 환영받아 문자메시지 열풍이 급격하게 증폭되고 있다. 청소년들은 사용이 간편하고 용이한 문자메시지를 음성 통화보다 더 자주 이용하고 있어, 짧은 문자메시지를 통한 친밀한 대화가 이들 사이에서는 이미 이상적 행위가 되었다. 그리고 그 결과로 대화가 줄어들고 있다. 즉, 관계를 말에 의한 소통이 아닌 이메일이나 문자메시지에 의한 소통으로 이끌어 가고 있다고 하겠다. 그리고 이동성 미디어가 가진 항시 접촉 가능성의 증가는 언제나 연결될 수 있다는 인식으로 말미암아, 실제로 메시지의 교환이 이루어지는 여부와 상관없이 그 가능성 자체로 사람들을 묶는 '가상의 끈(imaginary lines)'을 제공한다. 한편, 이동전화의 보급과 이용으로 상대방과의 연결이 더 중요시되다 보니, 늘 누군가와 연결된 상태를 기대하고 필요로 한다. 이는 반대로 누군가와 항시 연결되어 있지 않으면 불안감을 느낀다는 의미다. 그러다 보니 이동전화가 없으면 불안하고 죽을 것 같다는 젊은 층이 늘고 있다.

한편, 이동전화로 인해 개인 간의 직접적인 연결이 강화되어 이를 토대로 한 관계 또한 개인 중심적인 성향을 갖는다. 이를 두고 '사인주의(私人主義, privatism)'라고 지칭하기도 한다. 사인주의란 복잡하고 다양한 사회관계 속에서 각자에게 의미 있는 개인적인 영역을 구축하고자 하는 우리의 행위, 사고 그리고 욕망을 가리킨다. 이 때문에 기본적인 대인관계가 강화되는 것처럼 보이기도 한다. 그러나 다른 한편으로는 개인주의의 강화에 따른 고립성이라는 부정적인 측면이 부각되기도 한다. 즉, 이동전화는 제한된 사람들과의 폐쇄적이며 은밀한 상호작용에 탐닉하게 만들 가능성이 높다는 것이다.

⑶ '즉시성'으로 변화된 약속 문화

이동전화의 또 다른 매력은 즉시성과 직접성인데, 이 때문에 사람들 간의 약속

문화가 달라지고 있다. 보충 설명하면, 사람들과 접촉할 수 있는 기제들이 부족한 시기에는 약속을 정하는 것과 지키는 것이 중요한 의미를 가졌다. 그러나 지금은 연락한다는 사실과 만난다는 사실만 알고 있으면 된다. 왜냐하면 시간과 장소는 그때그때 연락하여 알려 줄 수 있기 때문이다. 이동전화는 또한 사람을 느슨하게 만든다. 왜냐하면 언제라도 이동전화로 연락하여 알려 줄 수 있기 때문에 반드시 시간을 엄수해야 한다는 부담감을 줄여 주기 때문이다. 아울러 이동전화는 만남을 주선하고 조직하도록 도와주지만 반면에 만남을 쉽게 취소하는 풍토를 만들기도 한다. 이제 사람들 간의 약속은 그냥 약속일 뿐, 정해진 시간이 되어 성사될 때까지 약속의 의미는 없다고 할 수 있다.

4. 유비쿼터스 시대의 도래와 새로운 인간관계

1) 유비쿼터스형 인간관계를 전망하다

유비쿼터스란 '도처에 있다'는 편재성(偏在性)을 뜻하는 라틴어로, 언제 어디서나 어떠한 수단을 사용하는 정보통신 기능을 이용할 수 있음을 뜻하는데, 이미 네트워크상으로 인간관계를 형성·유지하고 이동전화를 통한 모바일 인간관계를 경험하는 것이 일상화된 우리에게 유비쿼터스 시대의 도래는 크게 낯설지 않다고 할 수 있다. 그리고 앞으로 뭔가 새로운 파격적인 인간관계가 제시되기보다는, 지금껏 진행되고 있는 디지털 인간관계와 모바일 인간관계가 서로 접목되어 좀 더 진화된 인간관계가 펼쳐질 것으로 예상된다. 이런 환경에서 이용자 개인에게 중요한 것은 자신이 원하는 콘텐츠와 서비스를 제공받는 것으로, 자신이 어디에 있는지는 무의미하며, 상대방과 의견과 정보를 상호 교환할 수 있다는 점만이 중요하다고 하겠다.

그러므로 사람들은 자연스럽게, 거대하게 통합된 네트워크 환경에서 끊임없이 자신이 원하는 연결이나 정보 혹은 가치 등을 찾아 떠돌아다니는 '노마드(nomad, 유목민)'가 될 가능성이 크다. 온라인과 모바일이 한층 더 진화된 유비쿼터스 시대에서 기술의 진화만큼 인간관계가 진화할 것인가에 대해서는 아직 판단할 단계가 아니다. 그러나 온라인 연결과 모바일 연결에서 확인할 수 있었던 인간관계가 유비쿼터스 연결에서 어떤 양상으로 전개될 것인가는 어느 정도 예견할 수 있다. 아마도 디지털식 인간관계에다 모바일식의 이동성이 강화된 인간관계가 부상할 것으로 전망된다. 한편, 노마드의 사전적 의미는 유목민이지만, 은유적으로는 유비쿼터스 시대가 요구하는 새로운 인간형을 의미하는데, 유비쿼터스 시대의 유목민은 과거의 유목민과 차별화된다고 할 수 있다. 즉, 과거 유목민은 한 지역에 정착하지 않고 주변 사람들과 연결되지 않는 떠돌이라는 의미인 반면에, 새로운 유목민은 한 지역에 정착하지도 않고 모여 살지도 않는다는 의미만 기존의 유목민과 같을 뿐, 미디어상으로는 주변 사람들과 연결되어 있다는 점에서 근본적으로 차이가 있다.

그래서 새로운 노마드는 공간상의 정착성은 잃었지만 실제 활동상으로는 기기를 통해 사람들과 연결되어 있는 노마드를 의미한다. 즉, 물리적 실체가 어디에 존재하든 간에 이와는 상관없이 자신의 필요와 욕구를 충족하는 개인화된 최적의 디지털 환경을 구축함으로써 현실 세계와 가상 세계를 넘나드는 '사이버 노마드(cyber nomad)'인 것이다. 새로운 노마드형 인간이 사회의 주류로 등장함에 따라 인간관계 또한 노마드식으로 전개될 것으로 예측된다. 즉, 지역이나 특정 영역에 따른 한계에 구애받지 않고 상호 간의 연결만 중요시하는 관계가 지향될 것으로 예측된다. 그렇다면 미디어를 통해 상호 간의 연결은 더 자유롭겠지만 피상적인 관계로 전개될 가능성이 높다고 하겠다.

2) 나 자신이 곧 인간관계망의 중심이다

공동체 사회에서는 자신의 자리를 공동체가 대신해 주는 경우가 많기 때문에,

스스로가 주체가 되어 관계를 형성할 필요가 없는 경우가 많았다. 그러나 공동체와 결별해 홀로 선 노마드 상황에서는 개별적인 존재에 의존한 관계 형성에 스스로가 주체가 될 수밖에 없다. 즉, 공동체에 묻혀 더불어 가는 식이 아니라, 개인 스스로가 중심체적인 단위가 되어 관계를 형성해 나간다는 것이다. 그러기 위해서는 개인은 자발적이고 적극적이며 능동적으로 스스로를 표현해야 한다. 결국 인간관계는 개인이 형성한 관계망 차원에서 논의될 것으로 생각된다.

3) 단기적 인간관계의 성행: '쉽게 만나고 쉽게 헤어진다'

유비쿼터스 시대에는 일종의 '치고 달리기'식 인간관계가 만연해지면서 수많은 단기적 인간관계가 양산될 것으로 예측되는데, 이들 인간관계의 특징은 사람들의 헌신이 필요 없거나 강요되지도, 요구되지도 않는 일회성의 단발적인, 약한 유대로 지탱된다는 것이라 할 수 있다. 하지만 비록 과거처럼 깊은 유대감과 끈끈한 결속력이 있는 관계는 아니지만, 그보다 더 다양하고 부가가치가 높은 관계 구축이 가능할 수도 있다. 그래서 개인들은 정보의 가치를 더욱 높게 인식하고, 그런 정보와 연계되는 관계를 가능하게 해 주는 디지털 기술에 더욱더 집착하게 될 수 있다. 아무튼 관계가 많이 만들어지고 복잡해질수록 쉽게 만나고 금방 헤어지는 수많은 단기적 인간관계가 성행할 것으로 예측된다. 그 결과, 우리는 인간관계에 대한 감성적 만족을 갈망하면서 원초적 인간관계를 다시 그리워할지도 모른다.

4) 수직적 인간관계에서 수평적 인간관계로

과거 수직적 커뮤니케이션이 영향을 미쳤던 영역과 과업들이 차츰 수평적 커뮤니케이션으로 대체되면서 합리적 의사소통도 그만큼 중시될 것인데, 일방향성만을 강조하는 수직적 의사소통 체계와는 달리 수평적 체계는 다방향성(multidirectional)을 띠고 그만큼 수평화된 새롭고 다양한 인간관계가 생성될 수도 있다. 이에 따라 권위·연고·파벌 등으로 엮여 있는 기본적인 '연결' 상태에서 벗어나, 사회적 연결성만이 중시되는 네트워크 사회로의 진입이 한층 더 강화될 것으로 예측된다. 이러한 변화는 다양한 통신 미디어의 등장과 즉시적·직접적 접촉의 가능성으로 더욱 가속화되어 인간관계에 작용하는 권위를 해체하는 결과를 가져올 것으로 생각된다.

제10장 소셜 네트워크 인간관계

대한민국은 지금 SNS(Social Network Service) 열풍에 빠져 있다. 2011년 글로벌 컨설팅회사인 맥킨지가 국내 인터넷 사용자 6,000명을 대상으로 조사한 바에 따르면, 국내 SNS 가입자 비율은 70%로 미국, 일본, 중국 등 15개 조사 대상국 가운데 가장 높았다(중앙일보, 2011. 6. 22.). 스마트폰을 이용해 SNS에 접속하고 있다고 응답한 비율도 67%에 달해 15개 조사 대상국 가운데 가장 높은 것으로 나타났다(소셜미디어연구포럼, 2012). 최근 1년 이내에 페이스북에 가입한 사람들 가운데 40~50대 남성 비율이 가장 높은 것도 흥미롭다. 2000년 중반 10대와 20대를 중심으로 싸이월드 열풍이 불었다면, 2010년을 전후해 페이스북을 중심으로 중·장년층의 SNS 이용률이 급증하고 있다.

스마트폰의 대중적 보급과 여러 형태의 SNS 등장이 맞물리면서 중·장년층들도 SNS를 통해 친구들이나 동호회 사람들과 소통하는 모습을 쉽게 찾아볼 수 있다. SNS가 보다 다양한 연령대와 계층으로 관계를 확장시켜 나가면서, 자연스럽게 SNS에서 전달되는 정보의 양도 더욱 많아졌다(마크로밀엠브레인, 2015). 미디어 이용을 개인이 접하는 일대일의 관계가 아니라 '언제 어떤 장소에서 어떤 미

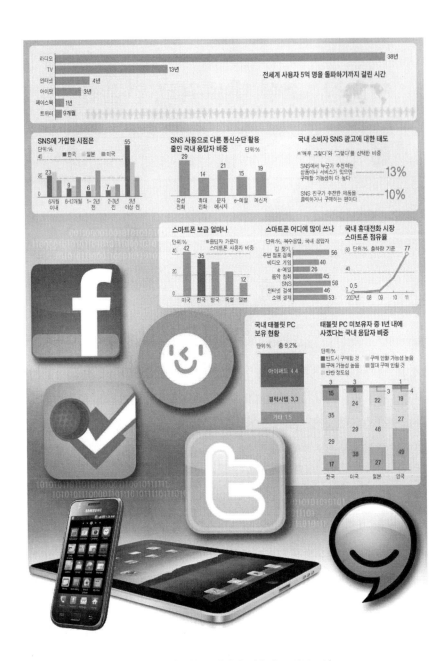

[그림 10-1] 한국 인터넷 사용자 조사보고서

출처: 중앙일보(2011. 6. 22.). 스페셜 리포트.

디어를 누구와 그리고 어떤 활동과 함께 접하고 있는가'에 의미를 둔다면 적극적인 미디어 이용 행위는 이미 잘 알려진 대로 2030세대에게서 가장 많이 나타난다. 이들 세대는 미디어를 단순히 수용하는 것을 넘어 관계 맺기를 통해 미디어를 적극적으로 활용하는 '주체자'의 역할을 하고 있다. 그렇다면 미디어에서 전달하는 정보를 수용하는 것에 익숙했던 4050세대의 모습은 어떨까? 물론 2030세대에 비해 절대적 이용 수치는 낮지만 이들 역시 스마트폰에 익숙해지면서 SNS를 통한 관계 맺기에 진입하고 있는 것으로 나타났다(SK M&C, 2013). 이제 우리나라의 대다수 국민은 SNS를 통해 인간관계를 형성하는 데 익숙해지기 시작했다고 볼 수 있다. 따라서 여기서는 김미경, 김유정, 김정기, 김해원, 민병현(2012)의 연구 결과를 모아 놓은 소셜 미디어연구를 통해 소셜 네트워크 서비스의 의미와 활용, 소셜 네트워크 서비스를 이용하고 있는 사람들의 특성과 소통 방식, 그리고 수용자들의 유형을 바탕으로 소셜 네트워크상에서 이루어지고 있는 소셜 네트워크 인간관계에 대해 알아보기로 한다.

1. 소셜 미디어에 대한 이해

1) 소셜 미디어에 대한 이해 방식

소셜 미디어는 다양하게 개념화되고 있다. 일반적으로는 높은 접근성과 온라인상에서 확장 가능한 출판 기술을 활용하여 사회적 상호작용을 하도록 만들어진 미디어(Social media are media for social interaction, using highly accessible and scalable publishing techniques)로 정의되고 있다. 즉, 사회 구성원들이 자유롭게 참여하여 정보를 제공하거나 이를 교환함으로써 활발한 인적 교류를 형성해 나가는 환경을 뒷받침한다는 것이 일반적으로 소셜 미디어를 이해하는 방식이다.

소셜 미디어는 첨단 정보통신 및 디지털 멀티미디어 기술의 발전과 융합의 결과로서 새로운 사회·문화적 패러다임을 형성했다. 컴퓨터, 디지털카메라, 사용이 간편한 편집 소프트웨어, 그리고 인터넷 서비스의 발달 등은 소셜 미디어 확산의 배경이 되었다. 즉, 누구라도 손쉽게 다룰 수 있도록 제작된 디지털 미디어는 사람들이 각자의 개성에 따라 콘텐츠를 생산하고 배포할 수 있는 환경을 조성했다. 그에 따라 소셜 미디어는 "웹 2.0을 바탕으로 하는 인터넷 기반 애플리케이션의 총체이며 사용자가 생산한 콘텐츠 UCC(user generated content)를 만들고 이를 교환할 수 있도록 하거나 혹은 소비자가 만든 미디어 CGM(consumer generated media)"으로 규정될 수도 있다(Kaplan & Haenlein, 2010).

특히 양방향성이 원활한 인터넷 기반의 매체를 통해서 사람들은 자신과 타인의 생각을 자유로이 공유할 수 있게 되었다. 그로 인해 사회의 공적 영역과 개인 영역 사이의 경계가 많이 허물어졌고 개인 단위의 미디어가 관심을 얻게 된 것 역시 소셜 미디어의 특징 가운데 하나다. 웹 1.0이 기술의 발전을 기반으로 한 정보 전달에 중점을 두었다면, 웹 2.0은 이용자들의 참여와 상호 교류 그리고 정보 교환에 중점을 두기 때문에, 소셜 미디어상에서는 전문가나 기술자가 아닌 일반인도 콘텐츠의 유통을 주도할 수 있게 되었다(FKII, 2008). 그래서 자신의 생각이나 일상사를 글이나 사진 혹은 동영상 등 다양한 형태로 제작하여 다른 사람들에게 노출하는 데 적극적인 이용자들이 소셜 미디어를 더 활발히 이용하는 경향이 있다(SERI 경영노트, 2010).

이와 같이 소셜 미디어는 일반인이 주체가 될 수 있는 개방적이고 상호 소통적인 매체를 의미한다. 그렇지만 모든 미디어가 일정 부분은 소위 '소셜'한 측면이 있을 뿐 아니라 '소셜 미디어'라고 하는 것이 기존 컴퓨터 매개 커뮤니케이션(computer-mediated communication: CMC)의 여러 형태를 종합하고 있기 때문에 소셜 미디어의 고유 특징을 한마디로 규정짓는 것은 어렵다(Hogan & Quan-Haase, 2010). 예컨대, 페이스북(Facebook)이나 트위터(Twitter)는 이메일이나 휴대전화의 문자메시지와 같이 상대에게 직접 메시지를 전할 수 있는 시스템이다. 친구 찾기 사이트의 경우에도 그 안에는 메신저 기능이나 자료를 수집할 수 있는 검색 엔진 등이 포함되어 있다.

결국 소셜 미디어는 디지털 멀티미디어 기술에 힘입어 좀 더 활발한 콘텐츠의 생산과 커뮤니케이션을 가능케 하는 수단으로 인식할 수 있다. 그러나 이러한 기술적 이점 이외에도 소셜 미디어는 온라인상에서 운용되는 미디어로서 참여(participation)와 공개(openness), 대화(conversation), 커뮤니티(community), 연계성(connectedness) 등을 주요한 특징으로 갖는다(iCrossing, 2008). 참여의 측면에서 소셜 미디어는 이용자들에게 일정한 기여를 하거나 피드백을 제공하도록 권장하고 있으며, 이러한 특성은 미디어와 수용자의 경계를 모호하게 만드는 효과를 가져왔다. 소셜 미디어 서비스는 누구라도 참여할 수 있고 피드백을 할 수 있는 기회를 공개하고 있으며 이용자들이 코멘트나 정보를 자유롭게 공유하도록 한다. 전통 미디어가 브로드캐스트(broadcast) 방식의 대화 스타일을 채택했다면, 소셜 미디어는 양방향 대화 방식을 지향한다. 소셜 미디어에서는 커뮤니티를 신속하게 구성하고 효율적으로 운영할 수 있도록 되어 있으며 커뮤니티 속에서 사진, 정치적 이슈, 혹은 즐겨 보는 TV 프로그램 정도 등을 다른 이용자들과 나눌 수 있다. 마지막으로 대부분의 소셜 미디어는 연결성에 큰 의미를 두고 있기 때문에 다른 사이트나 다른 이용자들과의 링크를 이용할 수 있는 시스템으로 되어 있다.

2) 소셜 미디어의 사회성

소셜 미디어에서는 특정한 가치를 공동으로 창출하기 위해 미디어의 기술력과 다수의 사람에 의한 상호작용이 어우러진다. 집단 작업이나 대인 네트워킹에 의해서 운영되는 체계인 소셜 미디어는 단지 의사소통 매개체로서 그 편의성을 높인 차원이었던 기존의 미디어 개념을 확장하여 스스로 생명력을 갖고 움직이고 성장하는 미디어라고 할 수 있다.

우선, 소셜 미디어의 확산은 그동안 미디어 기업들의 고유한 영역에 속했던 정보의 생산과 유통, 분배가 사회 구성원으로서의 개인에게로 상당 부분 넘어왔다는 것을 의미한다. 즉, 소셜 미디어 활용으로 인해 누구나 정보의 생산자가 될 수 있고 이를 전파할 수 있으며, 특정한 정보를 주제로 누구와도 소통할 수 있게 되었을 뿐 아니라 사회 구성원들의 자발적 참여와 동시적 피드백이 활성화되었다. 이러한 점에서 소셜 미디어는 중앙 집중적 국방부 직할부대 및 기관으로부터 하달되던 일방적인 의사소통 방식을 좀 더 혁신적으로 바꾸는 데 일조했다. 구체적으로, 일방적인 의사소통 방식보다는 대중 스스로의 사회적 대화를 유도하여 지식과 정보의 민주화를 뒷받침했고 사람들을 수동적 콘텐츠 소비자에서 적극적 주체로 탈바꿈시키는 데 공헌한 셈이다. 더불어 소셜 미디어는 그 안에서 하나의 커뮤니티를 형성하여 인맥을 확장하거나 다른 사람들과의 교류, 정보의 생산과 유통 과정을 용이하게 할 수 있다. 이로써 소셜 미디어는 온라인상에서도 사회성을 온전히 실현할 수 있는 가능성을 높였다. 소셜 미디어가 급속하게 확산될 수 있었던 이유는 사람들이 놀라운 기술의 편리함에 매료되었기 때문이라기보다는 인간의 본성에 가까운 미디어로서 인간이 인간다울 수 있는 체계를 제공했기 때문이다(iCrossing, 2008). 다른 사람들과 생각하고 거래하며, 열정적으로 토론하고, 친구가 되거나 동료 혹은 연인으로 발전할 수 있는 사람들을 만나는 행위 등 소셜 미디어가 제공하는 다양한 기회는 그동안 인류 문명을 통해 꾸준히 추구되어 온 가치라고 할 수 있다.

또한 소셜 미디어를 통해 업데이트 되는 다른 사람들의 일상사를 확인함으로써 사회적 경험이 가능하다. 최근 마이크로소프트사는 페이스북과 결합하여 이메일을 통해 사회적 경험을 할 수 있는 서비스를 시도했다. 이메일은 실시간으로 다른 사람들의 존재감을 경험할 수 있는 일대다수의 플랫폼이 아니지만 소셜 미디어인 페이스북과의 연동을 통해 지인들의 상황을 확인할 수 있도록 한 것이다.

소셜 미디어의 사회성은 사람들에 의해 소통되는 정보, 인간관계, 사회적 경험 등이 포괄적으로 함축된 개념이라고 볼 수 있다. 기존 미디어 환경에서와는 달리 정보 소통과정에 사회 구성원들이 참여하고, 사회적인 관계를 형성하고 유지하며, 다양한 형태의 사회적 상호작용이 이루어진다는 점에서 소셜 미디어는 사회적인 매체가 된다.

3) 소셜 미디어의 다양성

소셜 미디어는 하나의 개별 미디어 서비스를 일컫기보다 여러 형태의 서비스를 아우르는 개념이라고 보는 것이 옳다. 각각의 소셜 미디어는 이용자들의 특성과 더불어 공진화해 왔고 각기 다른 발전과정을 거쳐 왔으므로(Hogan & Quan-Haase, 2010) 특정한 소셜 미디어를 평가할 수 있는 하나의 표준 잣대를 지정하기는 어렵다. 다시 말해, 소셜 미디어는 일정한 미디어의 한 형태를 이르는 것이 아니라 복합적이고도 다양한 미디어 형태를 포괄하는 개념이다. 소셜 미디어의 범주는 크게 블로그, 소셜 네트워크 사이트, 위키스, 콘텐츠 커뮤니티, 팟캐스트, 포럼, 마이크로블로깅의 일곱 가지로 분류할 수 있다. 각각의 특징을 정리하면 〈표 10-1〉과 같다.

〈표 10-1〉 소셜 미디어 서비스

구 분	설 명
블로그	Web과 Log의 합성어로서 네티즌이 웹에 기록하는 일기나 일지를 의미하며, 가장 최근의 업데이트 목록이 맨 위에 올라오게 되는 일종의 온라인 저널이라고 할 수 있다.
SNS	이용자들이 자신의 개인 웹 페이지를 구축한 뒤 친구들과 연결하거나 콘텐츠를 공유하고 상호작용할 수 있도록 하는 서비스다. 페이스북(Facebook), 마이스페이스(MySpace), 트위터(Twitter), 싸이월드(Cyworld) 등이 여기에 속한다.
위키스	콘텐츠를 추가하거나 정보를 웹 페이지상에서 편집할 수 있으며 일종의 공동 데이터베이스 역할을 하는 것이다. 가장 보편적인 사례는 각국 언어로 서비스되고 있는 온라인 백과사전인 위키피디아(Wikipedia)로, 영어로 된 200만 개 이상의 문서가 존재한다.
팟캐스트	방송(broadcast)과 아이팟(iPod)의 합성어로, 아이튠즈(iTunes)와 같은 서비스를 통해 오디오와 비디오 파일들을 구독할 수 있는 것을 의미한다.

포럼	특정한 주제나 관심사를 두고 온라인 토론이 이루어지는 장소로, 소셜미디어라는 용어의 등장 이전에 이미 활성화되었고 온라인 커뮤니티를 구성하는 보편적인 요소가 된다. 국내에서는 다음의 아고라 등이 대표적이다.
콘텐츠 커뮤니티	특정한 종류의 콘텐츠를 만들고 공유하는 커뮤니티를 이르며 대표적으로는 사진 콘텐츠를 중심으로 한 플리커(Flickr), 북마크 링크 중심의 딜리셔스(Delicious), 그리고 동영상을 다루는 유튜브(Youtube) 등이 있다.
마이크로 블로깅	휴대전화 등을 이용하여 간단한 콘텐츠(혹은 업데이트)를 배포하는 소셜 네트워크 서비스의 일종으로, 트위터가 대표적이다.

출처: iCrossing(2008); FKII(2008)에서 재구성.

2. 소셜 미디어로서의 SNS

1) SNS 출현 배경

소셜 미디어란 사람들의 의견, 생각, 경험, 관점 등을 서로 공유하기 위해 사용하는 온라인 툴과 플랫폼을 총칭하는 용어다. 따라서 소셜 미디어는 공유, 개방, 참여를 지향하는 웹 2.0 시대에 걸맞은 미디어로 지정되고 있다. 일반적으로 소셜 미디어는 텍스트, 오디오, 비디오 등의 다양한 형태를 가지고 있으며 블로그나 소셜 네트워크가 대표적이다. 포괄적인 의미인 소셜 미디어에서 전파와 연결이 강조되는 것이 SNS다. SNS는 인터넷을 통해 새로이 이용할 수 있는 서비스지만 컴퓨터 매개 커뮤니케이션(CMC)이 변형되고 확장된 것이다. 인터넷을 통해 누군가에게 자신의 메시지를 전달하고 연결한다는 점에서 SNS는 CMC 영역에 포함되며, 이메일이나 게시판을 활용하거나 접목하고 있다는 점에서 사이버 커뮤니티가 카페, 블로그, 미니홈피와 마찬가지로 CMC의 확장되고 진화된 서비스라고 할 수 있다.

CMC를 활용하면 공간과 시간을 초월하여 물리적 공간에서 자신의 공간이나 영역 형성이 여의치 않은 개인이나 조직에게 자신을 표현하고 타인과의 관계 형성을 할 수 있는 적절한 공간이 제공된다. 그 공간에서 기술적인 지원에 힘입어 사적인 프로파일을 작성하고 프로파일을 통해 친구를 확인하고 언어, 문화, 국가를 초월하여 유사한 관심을 가진 사람들과 연결하는 것이 SNS다. 그러므로 SNS는 커뮤니티의 연장된 서비스이며 그중에서 특히 사회적 관계 맺기가 강조된 서비스라고 할 수 있다.

예전부터 사람을 거냥하여 '인간은 커뮤니케이션 동물' '인간은 사회적 동물'이라고 표현하였다. 이 표현은 사람은 언제나 누군가와 소통하고 타인과의 관계 맺기를 원한다는 의미다. 사람은 사회적 동물이기 때문에 누군가와 관계를 맺는 것이 일상의 한 부분이므로 관계를 맺기 위한 물리적인 연결 고리를 찾게 된다. 이때 기본적으로 혈연, 지연, 학연이 연결 고리 역할을 수행하게 되고 이러한 연결 고리를 토대로 관계를 구축하고 유지하기 위해 공동체를 형성하여 참여하고자 한다. 크게는 혈연, 지연, 학연이 구심점이 되지만 좁게는 취미, 관심 분야, 직업 등 다양한 영역에서 공통점을 추구하는 커뮤니티를 형성하여 참여한다. 또한 사람은 커뮤니케이션 동물이므로 자신이 누구인지, 무슨 생각을 하고 있는지, 어떤 의견을 갖고 있는지를 상대방에게 전달하고 교류하고 소통하고자 한다. 이러한 욕구를 충족하기 위한 노력으로 사람들은 다양한 미디어를 개발하여 이용해 왔지만 물리적인 요인으로 인해 욕구를 충족하는 데 한계가 있었다. 그러한 한계를 극복하게 해 준 것이 CMC이며 이를 더욱 확장하여 소통과 관계 맺기의 기능을 강화시킨 것이 SNS다.

2) SNS의 개념 정의

소셜 미디어는 하나의 특정한 미디어를 지명하는 것이 아니라 소셜 미디어의 특성을 갖는 다양한 종류의 미디어를 포괄하는 것이다. 소셜 미디어 가운데서도 최근 그 이용자가 급속히 늘고 있으며 특히 인간관계와 대인 커뮤니케이션에 미치는 영향도 비교적 큰 것이 SNS다.

SNS란 개인이 공적인 신상 정보를 만들거나, 자신과 인맥을 맺은 다른 이용자들의 리스트를 분류하고, 다른 사람들의 계정에 만들어진 인맥 리스트를 볼 수 있게 된 웹 기반의 서비스라고 규정할 수 있다(Boyd & Ellison, 2007). SNS를 통해서는 공통의 관심사와 활동을 공유함으로써 이루어지는 사람들 간의 사회관계를 구축할 수 있다. SNS의 개념과 발전과정에 대해 정리한 보이드와 엘리슨(Boyd & Ellison, 2007)은 SNS의 근간이 웹상의 인맥(friend)을 분류하여 공개하는 것으로 이루어져 있다고 했다. 이는 SNS의 출발점이 대인관계를 더욱 효율적으로 운영하기 위한 목적에서 기인한다고 해석된다.

SNS는 친구나 지인과 교류할 수 있는 연결망, 개인의 사적인 정보를 수록할 수 있는 공간을 제공한다는 점에서 오프라인에서 성행하는 관계 맺기를 온라인으로 끌어온 인맥 형성 서비스로 불린다. 통용되고 있는 SNS 대부분이 온라인상에서 관계 형성을 지원하거나 발전시키는 기능을 기반으로 제공되는 서비스다. 그런 의미에서 아이러브스쿨이나 싸이월드와 같이 동창생이나 일촌 관계를 기반으로 하는 서비스나, 페이스북이나 트위터와 같이 유사한 관심을 가진 사람들을 위한 만남이나 가상적으로 어떤 주제에 대해 자신의 견해를 표명하는 공간을 제공하는 서비스도 SNS다.

SNS에 대한 정의는 소셜 미디어에 대한 정의에서 파생된다. 크리스 시플리(Chris Shipley)는 자신의 생각과 의견, 경험, 관점을 서로 공유하고 참여하기 위해 사용하는 온라인 서비스, 미디어 플랫폼을 소셜 미디어로 정의하였다. 소셜 미디어는 포괄적인 의미이며, 소셜 미디어 중 정보 공유를 실천하면서 개인의 참여에 의한 사회적 상호 교류를 충족하고 관계 맺기가 원활하도록 서비스를 제공하는 사이트가 SNS이며, 트위터, 페이스북, 네이버의 미투데이, 다음의 요즘, 유튜브 등이 여기에 포함된다. 물론 이전의 유사한 기능이 가능했던 사이버 커뮤니티, 블로그, 미니홈피도 포함된다.

한편, SNS는 그 용어의 규정에서도 여전히 체계적인 정립이 완성되지 않은 상

태이며 심지어 소셜 미디어와 동의어로 인식되는 경우도 있다. SNS를 지칭하는
용어는 다양하다. 주로 소셜 네트워크 사이트(Social Network Site), 소셜 네트워
킹 사이트(Social Networking Site) 혹은 소셜 네트워크 서비스(Social Network
Service) 등으로 불린다. 그런데 이러한 용어의 사용은 SNS의 어떤 측면에 더 중
점을 두는가에 따라 달라질 수 있다(Boyd & Ellison, 2007). '네트워킹' 이란 주로
낯선 사람과의 관계의 시작을 강조하는 측면이 있다. 그런데 SNS의 주된 목적은
이보다는 자신의 사회적 네트워크를 공개적으로 구분해 놓고 기존의 대인관계를
유지하는 쪽에 더 가깝다. '서비스' 는 SNS의 이용 차원에 무게를 둔 개념이라고
볼 수 있다. 가령, 누가 SNS의 주요 참여자가 되며 SNS를 이용하는 이유는 무엇
인지(Kwon & Wen, 2009), SNS를 이용하는 패턴이 이용자의 특성에 따라 어떻게
달라지는지(Rau, Gao, & Ding, 2008) 등 일정한 서비스로서의 SNS를 고찰할 때
채택된다. 그렇지만 SNS 이용자들은 군이 새로운 사람을 사귀기 위한 '네트워
킹' 을 하지 않더라도 SNS를 통해 확장된 자신의 사회적 '네트워크' 속에서 커뮤
니케이션을 수행한다고 볼 수 있으며, 이러한 현상을 묘사하기에는 소셜 네트워

〈표 10-2〉 SNS의 커뮤니케이션 패러다임

구분	일반 미디어	SNS
콘텐츠 특성	미디어의 콘텐츠	콘텐츠의 플랫폼으로서의 미디어
수용자 특성	대중 또는 정보 소비자	정보의 생산 소비자(프로슈머)
지식 생산 방식	소수 전문가	사용자의 집단 지성
권력관계	중앙 집권형	분산형(네트워크형)
커뮤니케이션 형태	일방적 · 수직적 커뮤니케이션	쌍방적 수평적 커뮤니케이션
관계 확립 방식	필요시 관계 확립	유비쿼터스적 관계 확립
대표 사례	신문, 라디오, TV 등	유투브, 트위터, 페이스북 등

출처: FKII, 소셜미디어(Social Media)란 무엇인가?, IT Issue Report, 2009.

크 사이트라는 표현이 잘 어울린다고 볼 수 있다(Boyd & Eliison, 2007). 소셜 미디어로서의 SNS라는 용어를 놓고 이러한 논의가 존재하기는 하지만, 용어의 통일성을 지향하는 것이 더 효율적인 것인지, 상황에 따라 유연하게 용어를 채택하는 것이 더 타당한 것인지 단언하기는 어렵다.

　SNS에 관한 연구를 해 온 보이드(Boyd, 2006)는 SNS에 대해 프로필이 첨부된 웹 사이트가 사방팔방으로 연결되어 있는 사회 네트워크라고 정의하였다. 이용자 개인이 자신과 관련된 사적인 정보를 제시하여 타인과 교류를 한다는 점에서 SNS가 개인 상호 교류 홈페이지라는 주장(Davis, 2010)도 있다. 마케팅(Marketing, 2008)은 SNS를 공동 관심사를 공유하려는 사람들의 온라인 공동체라고 개념화하였다. 이는 기존의 사이버 커뮤티니와 거의 유사한 설명이지만, 공통의 관심사 및 유사점을 중심으로 응집하는 집단 중심의 커뮤니티와는 달리 SNS는 개인이 중심이 되어 다른 참여자와 관계를 형성하고 그 결과로 참여자들 간의 관계가 축적되어 하나의 네트워크를 형성한다.

　이렇듯 SNS는 자기노출을 통한 관계 맺기를 지원하거나 사람과의 관계에 기반을 두고 지원해 주는 서비스 또는 시스템의 의미를 가진다. 유투브와 페이스북에는 이용자가 자기노출을 할 수 있는 공간이 마련되어 있으며 이를 통해 타인과의 관계 맺기가 가능하다. 유투브는 동영상을 위주로, 페이스북은 프로파일에서의 개인 정보 제시로 자기노출이 행해지는데, 이처럼 자기노출 방식은 상이하지만 이용자가 자신에 관한 정보나 메시지를 노출시키려는 의도는 같다. 그러나 관계 맺기 대상이 유투브는 일반 인터넷 이용자이지만 페이스북은 친구로 허용된 이용자로 제한된다. 이와 같이 자기노출이나 관계 맺기의 방식이 다양한 만큼 각 SNS마다 상이한 방식을 도입하고 사용한다. 그러나 궁극적으로는 관계 맺기나 자기노출의 욕구를 충족해 주고 그러한 욕구 충족을 설정하거나 설정하기를 원하는 친구를 대상으로 한다는 점에서는 유사하다. 그러므로 친구나 지인을 대상으로 자기노출을 하고 그 결과로 관계 맺기가 형성되며 이러한 기능을 수행할 수 있는 서비스를 SNS라고 할 수 있다. 따라서 SNS의 매력은 이용자로 하여금 친구나 지인과 직접적으로 메시지를 교환하고 상호 간의 연결 고리를 만들어 교류하는 데 있다.

다른 한편으로, SNS는 인터넷을 통한 사회적 관계를 형성하는 커뮤니티이며 이용자 중심으로 수평적으로 뻗어 나가는 네트워크다. 나의 정보를 다른 사람과 공유하고 다른 사람이 만든 정보를 내가 활용하고 공유하면서 자연히 상호 간의 관계가 형성된다. 따라서 사회적 정보가 의미를 가지게 되므로 SNS는 온라인상의 공공장소(public space)의 역할을 하게 된다. 공공장소는 사람들을 묶어 주고 상호 간의 교류를 할 수 있는 일상생활에서의 가벼운 만남의 장소이지만 중요한 공간이다. 또한 SNS는 공통된 관심을 중심으로 구성되므로 참여를 통해 자기 자신을 확인할 수 있는 거울 역할을 한다. 이용자는 SNS에 참여함으로써 동질감을 갖거나 정체성을 확인할 수 있다. 커뮤니티에는 '나(I)'와 '우리(We)'의 개념이 포함된다(Etzione, 1993). 참여자 개인으로 보면 '나'지만 이를 확대하여 전체로 보면 '우리'가 된다. 이는 커뮤니티 성격을 띠고 있는 SNS에서도 나타난다. SNS 참여에 각 개인 이용자의 관심뿐만 아니라 집합적으로는 집단이나 조직의 관심이 반영된다. 그래서 SNS는 한 개인의 정체성뿐만 아니라 관련된 집단의 정체성과도 연관된다.

3) SNS와 인간관계

SNS는 기술적으로나 그 안에서 유통되는 내용 면에서 다양한 양상을 띠고 있다. 그러나 SNS에서는 자신의 인맥을 친구나 추종자로 간주하고 자신의 인간관계를 재구성하는 기반을 구축할 수 있다. 이러한 점에서 SNS는 웹상에서 한 개인이 사회적 관계를 유지해 가는 또 다른 인격체적 공간이라고 볼 수 있다. 더구나 기존의 온라인 커뮤니티와 달리 SNS는 개인 단위의 계정으로 이루어지며 그 안에서 자신의 생각이나 관심사, 활동 등을 타인과 공유할 수 있는 개인 중심의 공간이다.

SNS의 신상명세 코너는 자신의 사진은 물론이고 자신에 대한 각종 정보를 담는 곳이다. 보편적으로 SNS 이용자들은 자신의 모습을 공개하는 것은 물론 자신의 인맥도 함께 공개함으로써 내가 알고 지내는 사람들이 어떤 사람들인지를 밝히고 궁극적으로 자신의 정체성을 드러낸다. 즉, SNS는 자신과 타자와의 관계를 스스로 규정함으로써 또 다른 자아를 구성할 수 있는 공간이다. 따라서 SNS의 신상명세는 자신의 인상을 형성하고, 자신을 노출하며, 다른 사람들과의 인맥을 유지하는 바탕이 된다. SNS에서 드러나는 '관계의 공공적 게시'는 개인이 임의로 타자와의 관계를 설정한 것이며 이는 이용자들이 SNS상에서 펼치는 활동을 돕는 중요한 정체성으로서의 역할을 한다(Donath & Boyd, 2004). 여기서 중요한 것은 원래의 자신과 SNS에서 규정된 자신이 언제나 동일하다고 간주할 수 없다는 것이다. 먼저 자아 측면에서 보면, 기술적 제약이나 사회적 맥락 등으로 인해 SNS상에서는 이용자들의 구체적인 퍼포먼스가 달라질 수 있다. 또 타자와의 관계 측면에서 보면, SNS에서의 친구들은 오프라인에서의 친구와 같은 의미라고 볼 수 없으며 이들은 이용자의 행위적 규범을 제시할 수 있는 맥락을 제공한다고 할 수 있다. 한 예로, SNS에 올라 있는 이용자 친구들의 매력 정도가 해당 이용자의 매력을 인식하는 데 있어서 유의미한 영향을 미치게 된다(Walther, Van Der Heide, Kim, Westerman, & Tong, 2008). 이렇듯 이용자들은 또 하나의 자아를 지닌 채로 SNS에서 기존의 사회적 관계를 이어 나가는 경향이 있다. 엘리슨, 스타인필드와 램프(Ellison, Steinfield, & Lampe, 2007)는 대표적인 SNS인 페이스북 이용자들이 새로운 만남을 갖기보다는 기존의 오프라인 관계를 유지하거나 그 관계를 더 돈독히 하는 데 페이스북을 이용한다는 것을 확인했다.

SNS는 마치 오프라인에서 사교 활동을 하는 것처럼 네트워크 체계가 갖춰진 공공의 공간이다(Boyd & Ellison, 2007). 우리나라에서도 싸이월드가 개인의 일상 깊숙이 개입되었다는 것을 알 수 있다(Choi, 2006). 여기에 덧붙이자면, 비록 SNS가 인간관계를 추구하는 측면에서 유사한 형태를 갖추었다 하더라도 SNS는 웹상에서 이루어지는 서비스이며, 그에 따라 매체 환경의 영향을 받기 때문에 매체에 대한 인식을 비롯해 매체와 관련된 개인의 특성이 불가피하게 SNS상의 상호작용을 조정할 수 있을 것으로 예상된다. 예컨대 개인이 SNS상에서 느끼는 사회적 실재감(social presence)이라든지 매체 사용 능력에 대한 효능감(media efficacy)을 인식하는 것 등은 SNS에서의 인간관계에 또 다른 영향을 미칠 수 있다. SNS는 개인의 오프라인 영역을 확장했으며, 그 안에서 고유한 정체성을 갖고 다른 사람들과의 상호작용과 인간관계를 유지할 기회를 제공하는 소셜 미디어로 각광받고 있다.

3. 소셜 네트워크 서비스의 의미와 활용

인터넷 이용은 정보나 오락적인 목적이 아닌 참여에 의한 상호작용적인 목적에 더 큰 의미를 두면서, 막연한 인터넷 검색에서 자신을 알리고 자신들이 직접 참여하여 사람들과 관계를 맺는 것으로 옮겨 가고 있다. 이에 따라 공통된 관심사나 동질성을 가진 사람들을 묶어 주고 모이도록 해 주는 서비스들이 인터넷에서 대세가 되어, 사람들과 연결하여 관계를 맺게 하거나 관계를 관리해 주는 소셜 네트워크 서비스(Social Network Service, Social Network Site: SNS)가 큰 관심을 끌고 있다. SNS 중에서 인지도가 높은 서비스는 싸이월드, 마이스페이스, 페이스북, 트위터 등이 있다. 이들 서비스는 국내외적으로 웹을 기반으로 형성되어 정보 공유와 인맥 형성의 공간으로 활용되고 있다. 네트워크를 기반으로 한 연결이 인터넷의 목적이므로 네트워크를 통해 상호 간을 연결하는 SNS에서 진정한 네트워킹의 의미를 찾아볼 수 있을 것이다. SNS는 온라인상의 타인과의 교류에서 보편적이고 대중적인 방법이 되었으며 여기에 스마트폰이 확산됨으로써 그 이용이 더욱 확대되고 있다. 이처럼 SNS 이용이 일상화됨에 따라 우리의 일상뿐만 아니라 사회·정치·경제적인 측면에서 변화하거나 새로운 현상들이 나타나고 있다. 이미 인터넷이 사회, 문화, 정치 및 경제 영역에 새로운 변화를 가져왔기 때문에 파격적이지 않지만 SNS의 특성이 반영된 변화가 일고 있다. 이러한 변화에는 긍정적인 면도 있지만 부정적이기에 쟁점화되는 부분도 있다.

1) 소셜 네트워크 서비스의 출현과 의미

인터넷이 관계 맺기의 장으로 거듭나면서 인터넷 이용은 정보나 오락적인 목적의 이용보다 이용자 자신을 알리고 직접 참여하여 사람들과 관계를 맺는 상호작용적인 이용으로 옮겨 가고 있다. 한때 온라인상의 동창회 모임의 성격을 띤 아이러브스쿨이나 싸이월드와 같이 공통된 관심사나 동질성을 가진 사람들을 묶어 주고 모이도록 해 주는 서비스들이 인터넷에서 틈새 서비스로 여겨졌지만 이제는 대세가 되고 있다. 그렇다 보니 언어, 문화, 국가와는 상관없이 유사한 관심을 가진 사람들과 연결하여 관계를 맺게 하거나 관계를 관리해 주는 소셜 네트워크 서비스가 크게 관심을 끌고 있다. 세계 전체 인터넷 이용자들 중 71%, 국내 전체 인터넷 이용자들 중 61.3%가 SNS 이용자로 집계될 정도로 성행하고 있다. 특히 페이스북은 2010년 1월에서 11월까지 미국에서 총 사이트 방문자들의 9.9%를 차지하여 구글을 제치고 1위를 차지하였다. SNS 중에서 인지도가 높은 서비스는 싸이월드, 마이스페이스, 페이스북, 트위터 등이 있다. 이들 서비스는 국내외적으로 웹을 기반으로 형성되어 정보 공유와 인맥 형성의 공간으로 활용되고 있다. 네트워크를 기반으로 한 연결이 인터넷의 목적이므로 네트워크를 통해 상호 간을 연결하는 SNS에서 진정한 네트워킹의 의미를 찾아볼 수 있다.

2) SNS 이용 목적

2010년에 실시된 더퓨(the Pew) 조사에 의하면 2006년과 2009년 사이에 미국의 젊은 층 중 블로그 이용이 28%에서 절반으로 하락한 반면에 SNS 이용은 82% 증가하였다(Lenhart, Purcell, Smith, & Zickuhr, 2010). 또 다른 자료에 의하면 페이스북 이용자는 세계적으로 2010년 7월 5억 명을 돌파했으며 트위터는 1억 명을 기록하고 있다. 국내에서도 최근 싸이월드가 퇴조하고 페이스북 이용자는 120만 명을, 트위터와 미투데이 이용자는 100만 명을 넘어섰다.

이와 같이 SNS 이용이 급부상하자 사람들이 왜 SNS를 이용하는지가 중요해졌다. SNS는 개인의 정체성을 바탕으로 이용자 간에 수평적으로 뻗어 나가는 네트워크로 이용자의 자기노출, 관계 맺기 등의 욕구를 충족해 줄 수 있는 공간이다. 그러면서 SNS는 친구 맺기로 생성된 사회관계망을 통해 사람들을 연결해 준다. 그러므로 SNS의 이용 동기나 목적에는 이러한 SNS 기능이 반영되어 있다. 이는 SNS에 대한 이용 동기를 묻는 여러 조사를 통해 확인할 수 있다. 조인슨(Joinson, 2008)은 SNS 이용 동기로 사회적 연결, 개인 정보와 콘텐츠 공유, 사회적 조사, 네트워크 검색, 지위 업그레이드를 제시하였다. 브라츠에그와 하임(Brabtzaeg & Heim, 2009)은 SNS 이용 동기로 새로운 사람들과의 교류, 친구와 연락하기, 사회화를 꼽았다. 심홍진과 황유선(2010)은 트위터의 이용 동기를 정보 교환을 통한 사회 이슈 참여, 상호작용을 바탕으로 팔로어 그룹 형성, 편리한 소통 가능, 정보 전달의 용이성, 휴식 및 오락, 사적 기록 공간, 글쓰기 유용성으로 정리하였다. 램프, 엘리슨과 스타인필드(Lampe, Ellison, & Steinfield, 2006)는 고등학교부터 알고 지내는 오랜 친구들과 연락하기 위해, 사회에서 사귄 사람들의 프로필을 검색하기 위해, 기숙사에 살고 있는 사람들에 관한 정보를 얻기 위해, 수업을 같이 수강하는 사람들에 대한 정보를 얻기 위해, 학교 행사나 이벤트를 검색하기 위해, 페이스북을 통해 알게 된 사람들과 교제하기 위해, 데이트할 사람을 찾기 위해, 연애 상대를 구하기 위해 페이스북을 이용하는 경향이 있다고 분석하였다. 락케와 본즈-락케(Raacke & Bonds-Raacke, 2008)는 SNS 이용 동기를 오래된 친구에게 연락하기 위해, 현재 친구와 연락하기 위해, 사진을 올리거나 보기 위해, 새로운 친구를 사귀기 위해, 옛 친구를 찾기 위해로 제시했다. 나일랜드와 니어(Nyland & Near, 2007) 또한 SNS 이용 동기로 새로운 사람 만나기, 오락, 관계 유지, 사회 이벤트 알기, 미디어 공유를 제시하였다. 이와 유사하게, 친구에게 연락하기, 친구와 계획 세우기, 새로운 친구 사귀기, 누군가에게 재미 삼아 접근하기 위해 SNS를 이용하는 것으로도 조사되었다(Lenhart & Madden, 2007). 이 외에도 페이스북 이용 동기로 소속감(Ridings & Gefen, 2004), 자아 정체성 찾기(Park, Kee, & Valenzuela, 2009)가 지적되었다.

이런 논의들을 종합하면 SNS를 이용하는 목적에는 오락 등의 모든 미디어 이용에서 확인되는 요인 외에 정보 획득, 사회적 상호작용(교류), 개인 정체성 확인과 같은 SNS 특성이 반영된 동기 요인이 포함되어 있다. 이를 통해 SNS 이용자는 자신의 사회관계 형성 및 친구 맺기, 자기노출, 친구 및 지인에 대한 정보 검색 욕구를 충족하기 위해 SNS를 이용한다는 것을 알 수 있다. 결국 소셜 네트워킹 사이트에 가입하는 동기는 다양하고 복합적인데, 크게 이성적 동기와 비이성적 동기로 구분할 수 있다. 링크드인 같은 사이트에 가입하는 동기는 주로 커리어 개발과 관련된 이성적 계산에서 비롯된 것인 반면, 마이스페이스에 가입해 친구를 모으는 청소년들은 사회적 유대관계를 맺으려는 비이성적 본능에 따른 것이라고 볼 수 있다.

3) SNS의 속성에 따른 기능

(1) 관계 맺기

관계 맺기는 커뮤니케이션을 통하여 개인과 개인이 상호 호환적인 지식을 공유하며 역동적으로 상호작용을 하는 것이다(Simmel, 1950). 이처럼 관계 맺기는 단순히 누군가와 물리적으로 연결된 상태가 아니라 의견, 생각, 감정 등을 공유함으로써 연결된 상태를 뜻한다. 이러한 연결이 SNS를 통해 더욱 강조되고 있다.

전통적으로 인간은 한정된 공간과 시간 속에서 상대방과의 직접적인 만남을 통해 관계를 형성하고 유지하여 왔다. 그러나 전화나 컴퓨터 등과 같이 사람과의 연결을 대체할 수 있는 미디어가 출현하자 실체를 동원한 만남이 없이도 상호 간의 교류가 이루어져 관계 형성이 가능해졌다. 특히 인터넷 이용으로 온라인상에서의 상호 간의 접촉이 많아지면서 온라인상에서의 관계 맺기가 용이해졌다. 이미 사이버 커뮤니티 이용자들 간의 적극적이고 밀착된 관계 맺기가 행해졌듯이 SNS를 통한 관계 맺기 또한 자연스러운 일이다.

　SNS에서 관계 맺기의 기본 요소인 친구는 일반적인 친구와 그 의미가 유사하기도 하지만 다소 상이한 면도 있다. 물리적 공간에서는 자주 만나고 여러 경험을 같이 겪으면서 추억을 공유하고 감정적인 교류를 통해 친밀감을 갖는 관계, 또는 지연, 학연, 취미 등의 공통점을 갖고 많은 시간을 같이 나눈 사이를 친구라고 한다. SNS에서는 이용자가 초대하거나 스스로 찾아와서 초대된 사람이 친구가 된다. 물리적 의미에 준하면 개인이 친구라고 인정하고 지칭할 수 있는 대상은 한정적일 수밖에 없다. 그러나 SNS에서는 물리적인 친구의 요건은 크게 중요하지 않다. '친구로 설정하겠느냐'의 질문에 '예'라고 하면 친구로 맺어지며 그 대상과 숫자적인 제한은 없다. 예를 들어, 페이스북의 친구 범위는 전 세계이며 친구 가능 수는 최소 6억 명에 달한다. 친분이 어느 정도인가는 중요하지 않고 얼마나 많은 친구를 갖고 있는지가 더 중요시되기도 한다. 그래서 인맥 관리의 의미가 부각되며 트위터의 추종자(팔로어)가 몇 명인지, 페이스북에 확인된 친구가 몇 명인지가 중요하다.

　SNS에서 관계 맺기의 특성은, 우선 다소 느슨하게 엮인 관계라고 할 수 있다. 트위터처럼 단순히 메시지를 공유하고 전파하는 과정에서 생겨나는 관계에 불과해 교류와 공유를 하고 있지만 친밀감은 확신할 수 없는 관계일 수 있다. 둘째, SNS에서는 사회적이고 공개적인 관계 맺기에 치중한다. SNS 이용자는 유사한 취향이나 재미있고 유익한 정보를 가진 사람들과 공개적으로 상호 교류하는 관계 맺기를 한다. 그렇다 보니 어떤 경우는 선택한 친구의 규모가 많이 커져 직접적인 교류를 할 수 있는 한계를 넘어서 친목에 치중되는 관계 맺기로 유지될 수 있다. 셋째, SNS에서는 이용자 중심으로 관계가 형성되고 유지되므로 관계 형성의 허브는 자연히 이용자 자신이 된다. 그래서 내가 중심이 된, 내가 주도하는, 내가 만들어 가는, 나 스스로가 참여하여 만드는 관계 맺기가 가능하다(정재기,

2007). 넷째, SNS에서의 관계 맺기는 인터넷에서 개인의 정체성을 바탕으로 특정 이용자에서 수평적으로 뻗어 나가 연결된다.

(2) 자기표현의 장

어떤 관계 형성에서도 타인과의 원활한 상호 교류를 위한 자기표현은 반드시 수행되어야 한다. 왜냐하면 누군가와 상호 교류하기 위해서는 상대방이 나를 알아야 하고 그러기 위해서는 나의 정체성에 관한 정보를 전달해야 하기 때문이다. 이처럼 자신의 인상이나 정보를 타인에게 알려 주는 과정을 자기노출(self-disclosure) 또는 자기표현(self-presentation)이라고 일컫는다(Goffman, 1959). 따라서 자기표현은 언어적 · 비언어적 표현으로 자신의 모습(this is me)이나 자신의 정체성(who I am)을 타인에게 의도적으로 전달하는 것이다. "나는 표현한다. 고로 존재한다."라는 말이 있듯이, 사람은 어떤 방식이든 허용하는 한도 내에서 자기노출을 하려 한다. 페이스북의 프로필이나 트위터의 제한된 글자 내에서도 이용자의 개인 정보 및 성향 등이 표현되고 노출된다.

SNS에서의 자기노출은 이용자 자신이 부여하며 자신이 어떤 사람이 되고 싶고 어떤 사람으로 알려지고 싶은지를 스스로 판단하고 자체적으로 통제한다. SNS에서 제공되는 자신에 관한 어떤 정보, 즉 일기, 개인 사진과 동영상, 정치적 소견, 취미나 관심사에 관한 정보를 통해 스스로 보여 주고 싶은 자아를 설정하고 자기의 이미지를 관리하고 자신의 모습을 자율적으로 나타낼 수 있다. 고프먼(Goffman, 1959)은 주어진 상황에서 자신을 드러내는 것을 공연에서의 연기 수행에 비유하였다. 공연 무대에서는 공연자가 주체가 되어 공연을 주도하기 때문에 공연자가 의도하는 방향으로 연기를 통해 자신을 노출할 수 있다. 이처럼 자기표현은 무대 위의 공연에서처럼 자신의 모습 모두가 표출되는 것이 아니라 선별되어 표현된다. 이는 상대방을 기만하거나 해를 끼치는 것이 아니라 자신에 대한 부정적인 요소를 최소화하여 상대방과 효율적으로 상호 교류하기 위한 것이다.

또한 사회적인 교류가 목적인 SNS에서의 자기노출은 집단적 혹은 사회적 의미를 갖는다. SNS에는 '나'와 '우리'의 개념이 함께 포함되어 있다. 이용자 개인이 집단으로 연결되고 이용자 자체가 집단이기도 해, 이용자로 보면 '나'이지만 이를 확대하여 전체로 보면 '우리'가 될 수 있다. 그러므로 SNS에는 각 개인의 성향이나 관심이 반영되어 있을 뿐만 아니라 집합적으로는 집단의 성향이나 관심이 반영될 수 있다. 결국 SNS에서 확인되는 한 개인의 정체성은 그와 관련된 집단의 정체성과도 관련된다. 그 이유는 SNS가 개인들의 모임이기도 하지만 특정한 분야에서 공통된 관심과 문제를 가진 사람들의 모임이기도 하기 때문이다.

4. 소셜 네트워크 서비스의 수용자

1) 소셜 수용자들

소셜 미디어의 확대는 소셜 네트워크 서비스, 즉 SNS의 확산을 불러왔다. SNS를 이용하는 수용자들은 모든 신기술 수용의 단계에서 나타나는 것처럼 10대에서 30대 사이의 연령층이 주를 차지한다. 이들은 정보 추구나 자아 추구 혹은 자기표현, 관계 맺기 등의 이유로 SNS를 활용하고 있다. SNS 수용자는 참여 정도에 따라 비참여형에서 관람자형, 참여자형, 비평가형, 창작자형으로 구분하기도 하며, 영국 오프콤에서는 SNS 이용 행태에 따라 사교형, 관심 유발형, 추종형, 신뢰형, 실용형으로 구분하기도 한다. SNS는 사람들 간의 관계를 변화시키기도 한다. SNS안에서 자기표현과 소통을 확대하면서 일상의 이야기, 즉 스몰 토크(small talk)가 증가하였고, 페북 친구, 트윗 친구 등과 같이 기존 친구 개념과는 다른 의미의 친구관계가 형성되기도 한다. SNS가 확대되면서 새로운 수용자군이 발견되는데, 디지털 군중이나 집단 지성의 개념, SNS 안에서도 여전히 존재하는 유력자와 추종자(팔로어) 개념 등이다. 끝으로, SNS 수용자 간의 디바이드는 세대 간의 격차나 사회 자본의 불균등한 분포 등을 조장할 수 있다는 점에도 관심을 기울일 필요가 있다.

2) 소셜 네트워크 제너레이션의 출현

지난 2011년 10월 28일자로 우리 사회 스마트폰 가입자가 2,000만 대를 넘어섰다. 이는 2009년 아이폰이 국내에 들어온 지 2년 만의 일이다. 우리나라만큼 빠른 속도로 가입자가 늘어난 예가 세계 어디에도 없다고 한다. 2,000만 대 스마트폰 가입자는 5천만 국내 인구 중 40%에 해당하는 수다. 스마트폰 가입의 확대는 SNS를 이용하는 사람들을 그만큼 빠르게 늘려 갔다. 이는 인터넷만으로는 할 수 없는 일이었다. 우리나라뿐 아니라 SNS는 점점 세상을 바꾸는 힘, 그 중앙으로 돌진하고 있다.

2011년 1월 튀니지에서 시작한 재스민 혁명은 24년간 튀니지를 집권한 벤 알리 정권을 붕괴시키는 데 식량 가격의 급등, 높은 실업률 등이 근본적인 이유였으나 실제 혁명을 확산시킨 데에는 다른 무엇보다 페이스북이나 리얼타임 웹의 영향이 컸다는 이유로 페이스북 혁명 혹은 SNS 혁명이라고 불린다(CNN, 2011. 1. 13.). 튀니지의 활동가들은 홈페이지가 정부의 폐쇄 조치로 활용할 수가 없게 되자 'Free form 404'라는 슬로건 아래 시위 영상을 모아 유튜브에 올렸고, 다시 유튜브가 차단되자 페이스북과 트위터를 이용해 시위를 조직화하고 이 소식을 전 세계의 SNS 이용자들에게 전했다. "혁명과정에서 튀니지 독재정권의 붕괴과정은 방송되지 않고 단지 트윗되었다."(김유향, 조희정, 2011)는 말이 SNS의 위력을 그대로 보여 준다.

국내에서도 2011년 10월 26일 서울시장 선거에서 SNS의 위력을 목격하였다. 2010년 지방선거에서 이미 SNS를 활용한 투표 독려로 20대 후반의 청년 투표자들의 투표율이 7.5% 상승(지방선거 투표율이 2009년 29.6%에서 2010년 37.1%로 증가)했던 사례를 한 차례 경험한 후였다.

이제 정치는 물론 각종 사회문제, 일상의 모든 일에서 SNS를 통해 영향력을 발

휘하는 새로운 세대들이 등장하고 있다. 이처럼 소셜 미디어를 통하여 관계를 향
유하려는 새로운 세대를 가리켜 SNG, 즉 소셜 네트워크 제너레이션(Social
Network Generation)이라고도 한다(SK M&C, 2011).

3) SNS 수용자 유형

커뮤니케이션과 관계라는 측면에서 본다면 정도의 차이는 있지만 모든 미디어
는 이용자들에게 대화를 통한 관계 맺기를 목적으로 한다는 점에서 본질적으로
'소셜' 할 수밖에 없다(임영호, 김은미, 2011). 소셜 네트워크는 소셜 미디어가 존재
하지 않으면 가능할 수 없다. 여기서 말하는 소셜 미디어란 "사람들이 자신의 생
각과 의견, 경험, 관점 등을 서로 공유하고 참여하기 위해 사용하는 온라인 툴과
미디어 플랫폼"을 말한다(위키백과, 2011. 8. 19.). 인터넷 발달 단계 중 웹 2.0의 특
성인 참여와 공개, 공유의 기술적 속성이 구현되면서 정보가 급속도로 퍼져 나갈
수 있게 하고 비로소 소셜 네트워크를 구성할 수 있게 하는 것이 소셜 미디어다.

그러나 퍼스널 컴퓨터나 개인 휴대전화 등 최근의 소셜 네트워크를 활성화하
는 미디어들은 애초 등장할 때 매스미디어와는 달리 개인과 개인의 소통을 위한
도구였다. 이 개인 미디어들 안에서 개인과 개인의 관계가 거미줄처럼 빼곡하게
얽히면서 역설적으로 소셜 커뮤니케이션이 폭발적으로 늘어나게 됐다는 점에서
대단히 흥미로운 현상이다. 이용자들 간의 상호작용은 소셜 미디어의 핵심 요소
이며, 이용자들은 이 소셜 미디어 속에서 지속적인 관계를 맺고 끊임없이 범주를
확장시킨다(이원태, 2010).

소셜 미디어가 갖고 있는 참여, 공개, 대화, 커뮤니티, 연결이라는 특성으로 미
루어 볼 때, SNS 수용자들이 이 다섯 가지 특성을 어떻게 활용하느냐에 따라 각
각의 유형이 분류될 수 있다. 『그라운즈웰(*Groundswell*)』이란 책에서 SNS 수용
자의 유형을 사다리 모델(social technographics ladder)로 구분한 리와 버노프(Li
& Bernoff, 2008)는 소셜 미디어에 참여하는 정도에 따라 [그림 10–2]와 같은 6단

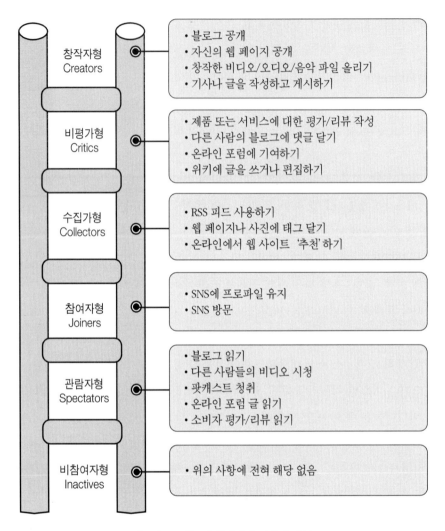

[그림 10-2] 소셜미디어 이용자 구분

출처: Li & Bernoff (2008).

계 수용자 유형을 제시하였다.

　리와 버노프의 설명에 따르면, 창작자형은 한 달에 한 번 이상 블로그나 그 밖의 온라인상의 글을 올리고 웹 페이지를 관리하는 사람이며, 비평가형은 다른 이의 콘텐츠에 반응하는 사람으로 블로그나 온라인에 댓글을 남기고 평점을 매기거나 후기를 남기는 사람이다. 정보를 수집하고 모음으로써 창작자들과 비평가들이 생산해 내는 콘텐츠들을 정리하는 사람들이 수집가형에 해당하고, 마이스페이스닷컴이나 싸이월드 등과 같은 소셜 네트워킹 사이트에 가입하여 활동하는 사람들은 참여자형에 해당한다. 그리고 위의 네 그룹이 생산해 내는 콘텐츠를 소비하는 사람들로 가장 비중이 높은 것은 관람자형, 그 어떤 것에도 속하지 않는 사람들은 비참여형이다.

영국의 오프콤에서도 2008년 영국 국민들의 SNS 이용 행태 조사 결과를 발표하면서 SNS 이용자 유형을 다음 다섯 가지로 분류하였다(OFCOM, 2008).

- **사교형**(Alpha Socialiser): 소수. 25세 이하의 남성으로 이성 및 새로운 사람을 만나고 즐기기 위해 사이트를 이용하는 사용자
- **관심 유발형**(Attention Seeker): 일부. 대부분이 여성으로, 주로 사진을 올리고 상세한 프로필을 올려 타인의 관심을 유도하고 싶어 하는 사용자
- **추종형**(Follower): 대다수. 모든 연령대의 남성 및 여성으로 동년배들이 하는 행동을 따라 하기 위해 사이트에 가입하는 사용자
- **충실형**(Faithful): 대다수. 주로 20세 이상의 남성 및 여성으로 일반적으로 학교 및 대학 등 예전 친구들과의 관계를 구축하기 위해 소셜 네트워킹 사이트를 이용하는 사용자
- **실용형**(Functional): 소수. 대부분 나이가 있는 남성으로 특정 목적을 가지고 사이트를 이용하는 사용자

SNS 수용자들이 소셜 네트워크 서비스를 어떻게 활용하는지에 대해서는 앞서 제시한 소셜 미디어의 특성인 참여와 공개, 대화 커뮤니티, 연결이라는 특성을 얼마나 잘 활용하느냐에 따라 정도의 차이가 있겠으나, 기본적으로 모든 SNS는 사람들 간의 관계를 '더 자주' '더 편리하게' 그리고 '공간의 제약 없이' 잘 유지하고 확장하려는 쌍방향의 욕구에 기반을 두고 있다. 상대적으로 SNS를 이용하

지 않는 비이용자들도 여전히 존재한다. 이들에 대해 오프콤은 같은 보고서에서 다음과 같은 세 가지 유형으로 나눠 볼 수 있다고 지적한다.

- **보안 염려형**(Concerned about safty): 주로 연령대가 많은 사람들로 온라인의 보안과 안전에 대한 염려를 가진 이용자들
- **무경험형**(Technically inexperienced): 주로 30대 이상의 컴퓨터와 인터넷 경험이 부족한 사람들
- **합리적 거부형**(Intellectual rejects): 10대 후반 청소년과 성인들로 소셜 네트워크에 무관심하거나 이를 시간 낭비라고 여기는 사람들

4) SNS 이용 동기

사람들은 왜 블로그를 할까, 사람들은 왜 트위터나 페이스북을 이용하는 것일까, 싸이월드를 하던 수많은 사람은 왜 트위터나 페이스북으로 옮겨 갔을까, 트위터나 페이스북을 이용하는 이유는 동일한가, 남들은 다 한다는 트위터나 페이스북을 이용하지 않는 이유는 무엇인가 등 SNS를 이용하는 수용자들의 이용 동기나 채택 요인에 대한 관심은 뉴미디어가 등장할 때마다 연구자들이 갖는 관심 중의 하나다.

그동안 새로운 미디어 채택에 영향을 주는 요인에 관한 연구는 로저스의 1962년 혁신확산 이론(innovation diffusion theory)이 대표적이며 최근의 기술 수용과 관련하여 기술수용 모델(technology acceptance model: TAM)을 받아들여 왔다. 그 밖에 변화에 대한 저항의 태도를 보이는 소비자를 언급한 잘트만과 왈렌도르프(Zaltman & Wallendorf, 1983)의 연구나 람(Ram, 1987)의 소비자 연구에서의 혁신저항 모델(model of innovation resistance)도 뉴미디어 채택과 비채택에 많은 시사점을 던져 준다.

SK M&C의 보고서(2011)에 따르면, 기존의 인터넷과 SNS를 사람들이 어떻게

구분해서 사용하고 있는지를 확인해 본 결과, 인터넷은 상품 정보나 최근의 사회 이슈 등 '다른 사람들로부터 정보를 얻고 싶을 때' 주로 이용하는 반면, SNS는 새 친구를 사귀거나 내 의견을 알리고자 할 때 등 '내가 다른 사람들에게 다가가거나 말을 걸고 싶을 때' 이용한다. 보고서에서는 SNS란 좀 더 적극적으로 관계를 확장시킬 수 있는 '멍석'을 인터넷이라는 마당 위에 깔아 놓은 셈이라는 것이다.

특별히 트위터나 페이스북을 이용하는 사람들 간에도 차이가 있었는데, 아래 그림에서 보는 것처럼 트위터 이용자는 전문가의 의견 듣기, 개인적 의견 개진 등 공적 관계 맺기의 경향이 두드러지며, 페이스북 이용자는 모르는 사람들과 친해지고 일상을 나누는 등 사적 관계 맺기에 가깝다.

인터넷이나 블로그, 싸이월드, 트위터, 페이스북 등 SNS가 가능한 모든 미디어를 이용할 때 기본적으로 정보 추구나 정보 공유, 자기표현 혹은 자아 추구, 커뮤니티 활동을 주축으로 한다는 데는 크게 변함이 없다. 다시 말해, 이용 시에 어떤 구체적인 목적으로 활용하느냐의 문제는 큰 틀에서 크게 달라지지 않는다는 것이다. 다만 좀 더 큰 틀에서 사회 전체가 새로운 기술로서 혹은 뉴미디어로서 이들을 새롭게 채택하느냐 마느냐의 문제는 앞서 혁신 모델이나 기술 수용 모델 아니면 혁신저항 모델에서의 논의를 들여다볼 필요가 있다.

뉴미디어 채택에 관한 통합 모델의 연구 가설을 트위터와 페이스북에 적용한 박종구(2010)의 논문에 의하면, 트위터나 페이스북 이용 의사를 결정하는 요인에는 새로움을 추구하는 소비자의 혁신 성향, 주관적 규범이나 사회적 이미지를 고려한 사회적 영향, 적합성과 관찰 가능성으로 설명되는 인지된 혁신 특성, 그 밖에 혁신 저항이 발견된다고 한다.

보다 자세히 들여다보면, 우선 소비자의 혁신 성향은 말 그대로 새로움을 추구하는 성향으로, 새로운 미디어를 남들보다 먼저 경험해 보길 좋아하거나 관련된 정보를 자주 찾아보고 특별히 새로운 미디어에 대한 관심이 많은 일종의 얼리 어댑터의 기질을 갖고 있는 사람들에게서 나타나는 특징을 갖는다.

두 번째, 사회적 영향 요인은 두 가지 측면에서 모두 작동한다. 우선은 수용자의 주관적 규범에 따른 것으로, 가까운 사람들이 트위터나 페이스북을 긍정적으로 평가한다거나, 이용을 권유하는 지인들이 많거나, 이를 이용하지 않으면 시대에 뒤떨어진다고 생각하는 주변의 사람들이 많거나 할 경우 등 가까운 사람들의 의견이 트위터나 페이스북 이용 의사에 영향을 준다는 것이다. 사회적 이미지의 경우도 SNS 이용 의사에 영향을 미치기는 하지만, 박종구의 연구에 따르면 페이스북에서는 잘 나타나지 않으나 트위터를 이용하는 사람들에 대해서는 의사소통 능력이 높을 것이라고 생각하거나, 시대에 앞서가는 사람들이라고 생각하고, 이들이 사회적 이슈에 대해 더 잘 알고 있을 것이라고 생각하고 그러한 사회적 이미지가 트위터 이용 의사에 영향 요인이 되기도 한다는 것이다.

세 번째, 인지된 혁신 특성은 SNS 이용이 자신의 이용 욕구와 필요에 부합하는 경우다. 예를 들어, 다양한 사람과 소통하고 싶은 욕구나 필요 때문에, 자신의 생각을 공유하고자 하는 욕구, 여가 시간을 잘 활용하고자 하는 필요성 등에 적합하기 때문에 SNS를 이용한다는 보다 구체적이고 적극적인 이용 동기가 존재하는 경우다.

마지막으로, 혁신 저항 요인은 SNS를 이용하지 않는 특별한 이유가 있는 사람들의 경우다. 트위터나 페이스북을 통해 다른 사람들의 이야기를 듣는 것이 귀찮다거나, 다른 사람들의 일상을 아는 것 자체가 피곤한 일이라고 여기고, 혹은 새롭게 인맥을 형성하는 일에 관심이 없고, 시간 낭비일 뿐이라고 생각하는 일종의 혁신 저항 요인이 SNS를 이용하지 않도록 하는 결정 요인으로 작용한다.

이들 요인 중 트위터와 페이스북 모두에서 이용 의사에 가장 큰 영향을 미치는 결정 요인은 주관적 규범 항목인 '가까운 사람들은 자신이 새로운 SNS를 이용해야 한다고 생각할 것이라고 인식하는 정도'라고 한다. SNS 이용 의사를 결정하는 데 자신의 개인적인 이용 욕구나 필요성보다도 자신이 '이용해야 할 거라고 생각하는 타인의 인식'에 더 영향받는다는 사실은, 황상민(2011)의 『한국인의 심리코드』에서 밝히듯이 미국에서는 '나'에 대해 관심이 있는 반면 한국에서는 '남이 보는 나'에 관심을 갖는다는 것과 일맥상통한다.

필자는 페이스북을 활용하여 다양한 사람의 페이스북 이용 동기에 대해 질문을 하였는데, 몇몇 분이 직접 밝힌 이용 동기를 살펴보면 다음과 같다. 페이스북 이용 동기에 대한 물음에 직접 답변한 글을 그대로 옮긴 것이다.

페이스북을 시작하게 된 동기는 안 하면 시대에 뒤처지는 사람이 되는 것 같은 느낌이 들어서 시작했고 계속 하게 되는 것은 나 이외의 누군가와 서로 크게 간섭하거나 간섭받지 않으면서 의견을 나눌 수 있어서입니다. 의외의 몰랐던 정보나 지식을 알게 되는 기쁨도 있고요.

예전엔 싸이월드(하다가 중단……), 기타 여러 관심 카페들(취미나 전공이나 친목 모임 등……)에 가입해서 활동했지요. 그런데 중간에 모두 중단하게 되더라고요. 일부 모임 관련 카페 정도만 가끔 확인하게 되고요. 블로그는 내 자료와 일상생활을 정리한다는 마음으로 몇 개 시작했는데, 마찬가지고요. 전 사실 트윗보다는 페북에 더 매력을 느끼는데요. 일단은 네트워킹이 쌍방향으로 된다는 느낌이 트윗보다는 강한 것 같고, 제 자료(사진, 글, 동영상)도 따로 내 프로필에 정리도 좀 더 체계적으로 되고요. 아이폰을 마련하면서 때와 장소를 가리지 않고 보고 남길 수 있다는 장점도 있고요. 시대의 유행 같은 흐름 같아요. 아이러브스쿨 → 다음카페 → 싸이월드 → 블로그 → SNS 다음엔 어떤 유형의 네트워크 서비스가 나타날지 궁금하기도 하고요.……

전 먼저 2년 전에 조선일보를 통해 페북을 알게 되어 가입하게 되었습니다. 처음에는 많은 사람들과 네트워크로 연결되고 정보교류를 할 수 있을 거라는 생각으로 시작을 했습니다만 당시엔 주변에 같이 할 만한 분들이 없어서 계정만 만들어 놓고 있었습니다. 저도 좀 생소했고요. 그러다가 금년 초에 트위터를 시작하고 나서부터 트위터를 통해 새로운 SNS의 맛에 빠져들게 되었습니다. 그런데 트위터를 하다 보니 트위터의 특성상 정제되지 않은 많은 말들이 올라오기도 하고.

또 어떤 업체에서는 단순히 아웃바운드 형태의 홍보성 글에만 열을 올리는 경우가 있어 약간 실망했습니다. 그러다 트위터와는 약간 다른 공개적이지만 자신을 밝히고 약간은 폐쇄적인 측면에서 운영이 되면서 정제된 언어들로 의견을 밝히거나 혹은 격려를 해 주는 그런 부분들이 매력적이더군요. 그래서 최근에서 페이스북에 접근하는 경우가 많아지고 있습니다. 아무튼 공개되었건 그렇지 않았건 간에 서로 자신을 밝힌 분들이 자신의 가치철학이나 자신의 전문 분야에 대한 견해를 밝히는 이런 소셜 네트워크가 우리 삶을 바꿔 놓고 있는 것은 사실인 것 같습니다. 좋은 연구 모임을 만들어 주신 손 선생님께 감사의 마음을 듬뿍 전합니다…….

저는 네이버에서 블로그를 하고 있었지요. 싸이월드는 사진에 특화되어 텍스트나 생각의 공유보다 사진을 통한 근황 전달의 느낌이 강하기에 저와 맞지 않다고 생각했습니다. 그래서 네이버에 더 끌렸던 것 같습니다. 우연히 외국 드라마, 영화를 보다가 페이스북을 알게 되었습니다. 외국 애들이 왜 페이스북에 그렇게 난리인가 한번 보자 하는 생각, 국제적인 네트워크니 영어도 좀 늘겠지 하는 생각 등으로 시작을 했지요. 네이버보다 캐주얼한 느낌이라 가볍게 생각을 적을 수 있고 싸이월드보다 사진 올리기가 쉬웠습니다(맥을 사용하기 때문에 편한 점도 있습니다). 그런데 역시 페이스북의 가장 큰 강점은 유튜브와 같은 즉시성이라 생각됩니다. 그래서 이번에 아이팟 터치에 카메라가 달려 나오기에 구매를 했습니다. 찍고 바로 올린다. 올리면서 바로 적는다. 다른 서비스보다 빠르고 편한 접근성이 가장 큰 매력으로 생각됩니다.

트위터는 직원 권유로, 페북은 3년 전에 아무것도 모르고. 트위터는 초창기에 가입이 힘들어서 나머지는 눈에 들어오지도 않았네요. 구분이 안 되고 상업성 글이 많아서 메마른 느낌이 들어요. 페북은 구분이 돼서 보기 좋고, 가입하기도 쉽고, 인간미가 느껴져서 저도 요샌 페북에 푹 빠지네요. 몇 년 전 유행하던 아이러브스쿨과 싸이월드와는 다른 것 같아요. 인간관계 네트워크의 폭이 다르다고 해야 하나요? 지식의 깊이도 많이 다릅니다. 아무튼 페북이 최고야~~~!

우선 교수님의 연구에 큰 성과가 있으시길 바랍니다.

전 처음에 트위터를 먼저 시작했습니다. 다양한 정보를 제가 팔로한 분들에게서 내 선택에 맞는 정보를 얻고자 시작했습니다. 그러던 중 페이스북을 알게 되었고 평소 희망하던 것을 구현할 수 있겠다 생각했습니다. 그래서 지금은 페이스북 8 대 트위터 2 정도로 하는 편입니다.

첫째, 저는 업무 특성상 매 시간의 시점별로 의사결정을 해야 하는 직업(증권사 직원) 특성상 당일, 매주, 매월, 매분기별로 시차를 두고 의사결정을 하는데 일기 형식의 결정된 사항을 일정 기간 경과 후에도 객관적으로 설명할 수 있는 웹 환경이 너무 필요하다 생각했습니다.

둘째, 위에서 결정하기 위한 과정을 말로 순간 표현하면 기록에 한계를 가지지만 페이스북의 노트를 활용한 다양한 결정된 정보를 가공 및 저장된 정보 재활용을 위한 공개적 객관성이 부여된 자료 활용은 블로그보다 접근성 및 가공성 등 편리함을 느꼈기 때문에 좋았습니다.

셋째, 위에서 자료를 현재 구두로 진행되는, 설명, 설득을 통한 의사결정에 향후 많은 기존 거래 고객을 포용하려 시작하게 되었습니다. 현재 이를 위한 다양한 정보 생성 작업 중입니다.

넷째, 트위터는 상기 업무와 연관된 작업을 하는 데 제약이 많아 보였으나 페이스북은 상호 교류 및 의견 수렴 등 공간 활용에 매력적인 장점을 가진 것으로 판단됩니다.

따라서 저는 개인적으로 향후 페이스북 활용을 SNS의 90% 수준까지 활용할 계획입니다.

트윗과 페이스북을 시작하게 된 동기라. 일단 이전에 싸이월드, 블로그, 카페 등을 통해 사람들과 온라인상으로 연결되기를 원해 여러 번 시도해 보았고 지금도 하고 있습니다. 트윗과 페이스북은 저희 회사 사장님의 권유로 시작해 보았습니다. 일전에 다른 분들이 추천했을 때 안 움직였지만. …… 일단 사용해 보니 (며칠은 헤맸습니다) 쌍방향 커뮤니케이션이 훌륭하더군요. 그리고 특히 페이스북이나 트위터 모두 친구 추천 방식, 그리고 간결한 글쓰기, 좋아요나 RT 기능의 훌륭함. 링크, 공유 기능의 탁월성, 그리고 여러 어플들의 재미 등 기능적으로도 즐길 수 있는 게 많습니다. 블로그나 카페 포스팅에는 쓰는 사람이나 읽는 사람 모두 많은 에너지가 들어가는 데 비해, 트윗과 페이스북은 간결한 정보(그러나 정보의 질은 낮지 않고 오히려 더 훌륭하다는 생각~~!!)를 실시간으로 접할 수 있는 강점!

지금 트윗과 페북의 사용 목적은 1. 일단 짧게나마 매일매일 내 생각들을 정리하고 표현하기. 2. SNS상 훌륭하신 분들의 생각과 의견 청취(의견 수렴에도 탁월함!!) 3. 관계 맺기(페이스북, 트윗에서 연결된 분이 실제 만남으로 이어진 사례가 훨씬 많습니다) 등입니다. 무엇보다 재미있지요. ……

호기심이었습니다. 뭐길래 사람들이 이렇게 난리야? 도대체 뭐길래. ……
단지 호기심에 시작한 페북이나 트위터지만, 저에게 많은 부분 도움이 되고 있습니다. 혼자만의 생각이 아닐까라며 속으로만 앓고 있던 많은 부분들을 공감하는 사람이 정말 많구나라고 느끼는 게 저에게 이용에 있어 가장 큰 기쁨 중에 하나가 아니었을까 합니다. 지역적으로 묶어 주는 역할이 미비했던 이전 시스템들에 비해 지역 정보도 편하게 이용할 수 있고, 정보도 실시간이고, 공부도 할 수 있고, 계속 사용하는 이유야 정말 많아요. 이것저것 가입 절차나 복잡한 매뉴얼이 아니어서 이런 것들이 모두 가능한 듯 보이는데요. 저에겐 ……

저는 sns를 적극 활용하시고 즐기시는 사장님 덕분에 사내 강의로 페이스북 저자를 접하게 되었습니다. 페이스북의 미래를 볼 수 있었습니다. 흔히 지금을 정보의 홍수라고 하는데, 이제는 믿을 만한 사람들의 추천을 통해 정보를 걸러서 보고 들을 수 있게 한다는 것이 참 흥미로웠습니다. 저조차도 고가의 노트북이나 핸드폰 등을 살 때에는 아무리 인터넷을 뒤지고 찾아도 고민되던 것이, 지인의 추천 한마디로 바로 구입하는 등의 사례를 인터넷에서 직접 구현할 수 있다는 것이 좋았습니다. 페북이 활성화되면 네이버 등의 포털 사이트를 첫 화면으로 두던 사람들의 인터넷 접속 기반 환경이 달라질 것이고, 이제는 웹의 천하통일이 이루어질 것이라는 내용이었습니다. 웹에서의 하루는 나의 일상에서의 하루와 확연히 다르게, 빠르게 흘러가고 있으니, 조금이라도 빨리 시작해야겠다는 마음이 들어서 활동하기 시작했고, 스마트폰도 예약해 둔 상태입니다(빨리 왔으면 좋겠습니다).

계속 이용하게 되는 이유는 간단합니다.

여러 사람의 생각을 듣고 공유하고…… 다른 사람이 추천해 주는 글과 동영상을 보다 보면 시간이 어떻게 가는지 모르겠습니다. 아직 많은 시간을 투자하지 못해서 재미……까지는 아니지만(아직은 활발한 활동보다는 적응 중이라서요) 다른 사람과 연결되고 정보를 공유할 수 있음에 매력을 느끼는 중입니다. 이것을 가능하게 해 주는 것은(크게 재미를 느끼지 못함에도 하루에 일정 시간을 할애하여 사진과 글을 확인하고 한두 개 댓글을 남기는 것), 메일로 쏟아져 나오는 친구들의 활동 내역 전송 덕분이라고 생각합니다. 메일을 확인하는 순간, 내 친구 누구누구가 내 사진에 글을 남겼구나, 또는 친구와 친구가 되었구나. 한마디로 호기심과 궁금함을 일으키게끔 설계해 둔 기반 환경 때문에 사람들이 이렇게 빠져들지 않나 하는 생각을 해 봅니다.

이상으로 페이스북을 이용하고 있는 몇몇 분의 이용 동기를 살펴보았다. 이를 요약해 보면, 인간관계의 폭을 넓힐 수 있어서, 즉 다양한 사람과 친구가 될 수 있고, 다양한 사람의 생각을 볼 수 있어서라는 점, 쌍방향 커뮤니케이션이 가능하다는 점, 가입하기 쉽다는 점, 다양한 정보와 지식을 접할 수 있다는 점, 상호 교류와 의견 수렴에 좋다는 점, 페이스북을 통해 알게 된 사람을 실제로 만날 수 있다는 점, 즉 관계 맺기가 좋다는 점, 자신의 일상을 정리하고 표현할 수 있다는 점, 자신의 생각을 여러 사람과 공유할 수 있다는 점, 호기심 등이 있다. 종합해볼 때, SNS 이용 동기는 예전에 사용하던 소셜 네트워킹 사이트와는 달리 가입이 쉽고 다양한 사람과의 쌍방향 커뮤니케이션이 즉각적으로 이루어지고, 나의 생각에 대한 다른 사람들의 공감 반응을 확인할 수 있으며, 다른 사람들이 제공하는 정보와 지식을 활용할 수 있고, 다양한 계층의 사람들과 관계를 맺는 것이 가능해졌다는 것이라고 할 수 있다. 특히 페이스북 같은 경우는 자신이 오프라인상으로는 결코 관계를 맺을 수 없는 사람들과 친구가 되고 의사소통을 할 수 있다는 점이 매우 강력한 이용 동기로 작용하고 있다는 것을 알 수 있다.

5) SNS 수용자의 소통 방식

소셜 미디어는 새로운 소통 패러다임으로 부상하였다. SNS는 기본적으로 '관계의 유지' 뿐 아니라 '관계의 확장'에 대한 수용자들의 욕구를 기반으로 한다. 앞서 언급했듯이, 정도의 차이는 있지만 소셜 미디어 이전의 모든 미디어는 이용자들에게 관계 맺기를 목적으로 한다는 점에서 본질적으로 '소셜'할 수밖에 없다(임영호, 김은미, 2011). 영화나 텔레비전, 신문, 잡지와 같은 올드미디어는 물론 인터넷, 휴대전화를 중심으로 한 모바일 미디어 등 모든 미디어는 나를 넘어 타인과의 소통을 지향한다는 점에서 본질은 다르지 않다. 다만, 개인 미디어라고 치부하던 퍼스널 컴퓨터, 스마트폰이 개인이 아닌 사회를 지향한다는 점에서, 일대일 소통과는 전혀 다른 방식의 소통이 일어나고 있다는 점에서 주목하는 것이다.

소셜 미디어가 우리 사회의 소통 방식에 영향을 미친 특성 중의 하나는 무엇보다 다양한 의견과 이슈를 생산해 낸다는 점이다. 마이크로 블로그나 모바일 기기의 확산으로 콘텐츠 생산 부담이나 시공간적 제약이 획기적으로 감소했으며, 그로 인해 다양한 이슈를 만들어 내기가 쉬워졌고, 기존 미디어가 취급하지 않았던 이슈들을 제기할 가능성도 그만큼 높아졌다. 살인 누명을 쓰고 온두라스에 구금 중이던 한지수의 사연이 트위터에 전해지면서 구명 캠페인이 전개되고 그 결과 2010년 11월 무죄 석방된 일이나, 2011년 장애인 특수학교인 인화학교를 소재로 한 공지영 소설 원작의 영화 〈도가니〉 상영 이후 장애인 성폭력 문제와 학교 내 성폭력 문제들이 사회적 이슈가 되면서 국회에서 장애인, 아동의 성폭행 범죄의 처벌을 강화하는 일명 '도가니법'(2011. 10. 28.)이 통과된 일도 SNS를 통한 소통 의 확대가 없었다면 불가능했을 것이다.

두 번째, 소셜 미디어 소통 방식의 특징은 빠르고 강력한 확산성에 있다. 기존 의 인터넷에 모바일 기기들이 접목되면서 소셜 미디어에서의 콘텐츠 확산 속도는 그 어느 때보다 급진적이다. 결정적인 역할을 한 것은 스마트폰이라 할 수 있는 데, 우리 사회의 스마트폰 가입자와 트위터 사용자의 증가 추세가 이를 말해 준다.

또한 이렇게 다양한 이슈의 출현과 빠른 확산이 가능해진 것은 소셜 미디어가 갖는 세 번째 특징인 '익명성의 완화' 덕분이다. 콘텐츠 생산자가 누구인지 모를 때는 신뢰도가 떨어져 그 콘텐츠를 수용하거나 퍼뜨리는 데에 한계가 있었지만, 트위터나 페이스북을 통해서는 본인의 실명과 신분을 바탕으로 소통하면서 신뢰 도의 문제가 상당 부분 제거되고 있다. 이는 사람들이 대체로 온오프라인에서 평 판을 동일시하고 있어 민감한 이슈의 경우 정보 왜곡 여부를 신중히 검토하기 때 문이라 볼 수 있다(박준, 2011).

SNS로 인한 소통 방식의 사회적 변화와 더불어 사람들 간의 관계도 변화하고 있다. 임영호와 김은미(2011)가 지적한 SNS형 소통과 인간관계의 변화 중 특징적 인 것 몇 가지를 소개하면 다음과 같다. 첫째는 자기표현과 소통의 확대인데, 이 는 SNS의 등장이 가져온 획기적인 현상이라기보다는 디지털 미디어의 등장 이후 꾸준히 전개되어 온 변화라 할 수 있다. 싸이월드 미니홈피나 블로그의 등장으로 개인의 표현과 참여 공간은 급속히 확대되었고, 디지털카메라 보급, 스마트폰 이 용 확산 등이 함께 맞물리면서 우리 사회의 자기표현이나 상호작용적 소통은 가 히 폭발적으로 확대되었다. 이들 연구자는 특별히 SNS를 통한 소통의 양적 확대

현상에서도 특히 주목할 점으로 '스몰 토크(small talk)'의 증가를 꼽는다. 덕 (Duck, 1994)이 말한 것처럼 스몰 토크란 일상의 의례적인 커뮤니케이션에 해당하는 것으로, 인간관계의 본질이 대화의 내용보다는 상호작용의 연속성에 있으며, 관계 유지에서 스몰 토크의 역할이 대단히 중요하다는 것이다. 이는 '지저귀다'라는 의미에서 나온 트위터(twitter)라는 용어가 갖는 의미와도 일치한다. 애초 트위터가 만들어진 배경처럼 일상의 시시콜콜한 일들을 전함으로써 서로의 존재를 느끼기보다는 오히려 부재를 느끼지 않으려는 소통의 방식이라 볼 수 있다.

두 번째 인간관계의 변화로 지목된 것이 기존 친구 개념의 변화다. 페이스북에서는 오프라인 친구들을 불러 모으는 경우도 있지만 기계적으로 추천받은 사람들이나 한두 번 메시지를 교환한 적이 있는 사람들 모두를 한 공간에서 친구라는 개념으로 통칭한다. 트위터도 마찬가지로 커뮤니케이터의 모든 차이를 없애고 그들의 지위를 동질화하는 경향이 있다는 것이다. 따라서 SNS에서의 관계는 친구라고 부르기도 어렵고 단순히 피상적인 관계라고도 볼 수 없는 제3의 새로운 관계라 할 수 있다.

세 번째는 변화라기보다는 현실 세계에서 존재하는 커뮤니케이터의 권력은 SNS에서의 소통에서도 여전히 존재한다는 사실이다. 생산자와 수신자의 구분 없이 소통하는 것이 SNS의 주요 특징이기도 하지만 SNS 세계에서도 현실 세계의 권력 불평등이 재현되고 있는 것 또한 사실이다. 트위터에서 대다수의 이용자는 팔로어 수가 적고 극소수의 이용자만 팔로어 수가 엄청나게 많은 것이 이를 증명한다. 이와 비슷한 맥락에서 레빈슨(Levinson, 2011)은 트위터 사이에 가중되는 집중도 현상을 놓고 트위터는 1등 시민과 2등 시민이 확연하게 구분되는 공간이라고 지적한 바 있다.

6) 소통 방식의 변화를 주도하는 페이스북

이미 우리는 새로운 시대에 살고 있는지도 모른다. 너무나 빠르게 변화하는 세상 속에서 살다 보니 내가 언제 어떻게 변하고 있는지를 모를 뿐이다. 필자의 경험으로 비추어 볼 때, 필자가 대학을 다니던 1980년대 초반까지 거슬러 올라가 생각해 보면 그 당시 연락 수단은 가정에 있는 유선 전화가 유일하였다. 그런데 그때 대학생들의 연락 수단으로 매주 발행되는 대학 학보라는 신문이 있었는데, 매주 월요일 오전에 발행된 학보를 받고는 메모를 적어 그 속에 넣어 친구나 애인의 학교로 보내는 것이다. 어떻게 보면 편지를 쓰는 것과 다름없는 방식이었지만, 이는 학보를 통해 서로 자신의 마음과 소식을 주고받던 대학생들만의 소통 방식이라 할 수 있다. 지금은 어떠한가? 요즘 대학생들은 학보를 잘 보지도 않지만, 스마트폰으로 주고받는 카카오톡과 메시지를 통해 즉각적인 소통을 하고 있다. 학보를 보내고 답장을 기다리던 예전의 애틋한 마음 같은 것은 전혀 느낄 수 없고 마치 대화하듯 주고받는 메시지가 소통의 대부분을 차지하고 있다.

최근에는 대다수의 직장인과 일반인도 이메일과 휴대전화를 통해 업무 연락이나 일상적인 소통을 하고 있다. 그런데 그러한 소통 방식도 이젠 변화하고 있는데, 바로 페이스북이나 트위터와 같은 SNS를 통해 소통을 하는 것이다. 이 글은 SERI 경영노트(2010. 10.)에서 발췌한 내용을 요약하고 개인적인 생각을 덧붙인 글이다.

정보 소통 방식이 이메일에서 SNS로 변화하고 있다. SNS 사용자는 이메일 사용자 수를 추월하면서 그 위상이 확고해지고 있다. 이러한 환경에서 SNS 업체들도 급성장을 거듭하고 있는데, 그중 대표적인 기업이 2010년에 가입자 수가 5억 명을 넘은 페이스북이다. 페이스북은 그간 인터넷 서비스 업체 중 독보적 위치를 차지하고 있던 구글을 2009년 말부터 월간 방문자 수에서 추월하기 시작하였고, 점점 더 격차를 벌리고 있다. 스마트폰 용 앱스토어에서도 페이스북의 인기는 독보적인데, 페이스북의 매출이 매년 2배씩 증가하고 있다.

페이스북의 성장과정을 살펴보면 신사업을 발굴하고 전개하는 데 모범적인 모습을 보이고 있다. 페이스북은 신사업을 추진하면서 우선 변화의 방향을 정확히 파악하여 적용하였고, 고객과의 소통에 적극적이었다. 둘째, 기존 서비스의 단점을 정확히 파악하여 대안을 마련해 주었다. 기존의 SNS 서비스들이 친분 교류를 위한 커뮤니케이션 매체로서 부족했던 점을 개선하여 대화 형태를 강조한 서비스를 제공하였고, 모바일 환경에서도 원활한 접속을 유지할 수 있는 플랫폼을 개발하였다. 셋째, 스마트한 비즈니스 모델을 구축해 나가면서 안정적인 수익원을 확보했다. 특히 양방향 커뮤니케이션의 연장이라 할 수 있는 소셜 게임과 소셜 쇼핑까지 영역을 넓히며 지속적으로 수요를 창출하였다.

페이스북은 인터넷 검색 방식에 있어서도 패러다임의 변화를 주도할 것으로 예상되는데, 바로 'Open Graph Search' 기법을 적용한 시맨틱 검색은 기존의 '양' 중심의 검색 방식을 '적합성' 중심으로 변화시킴으로써 사용자가 원하는 정보에 더 쉽고 정확하게 도달할 수 있게 해 주는 개념이다. 그동안 진행되어 오던 시맨틱 검색에 대한 연구는 페이스북의 성장과 함께 축적된 풍부한 데이터를 기반으로 진전되고 있다. 페이스북의 성공 요인을 좀 더 구체적으로 살펴보면 다음과 같다.

첫째, 변화를 정확하게 파악하고 그에 대한 적절한 대응책을 마련하고 있다. 소비자의 검색에 대한 요구 사항이 변화하고 있음을 정확하게 파악한 페이스북은 처음부터 변화되고 있는 시장의 필요를 반영하고 있는 것이다. 페이스북은 많은 정보를 제공하는 대신 사용자가 신뢰할 수 있는 사용자의 정보를 제공하고, 정보의 양이 많아질수록 사용자는 믿을 수 있는 정보원을 선호한다는 것을 파악한 것이다. 사용자 간 의사소통이 대화 중심으로 쉽고, 일상적으로 사용할 수 있는 서비스를 제공해 SNS 서비스의 사용 연령층을 확대시켰다. 소통 방식과 관련한 기술의 변화를 정확하게 파악하고 그에 걸맞은 서비스를 개발하여 제공하고 있다. 소통 방식의 중심 기술이 모바일 환경으로 변화하는 추세를 읽고 모바일 의사소통에 적합한 텍스트 기반의 가벼운 플랫폼을 지향한다는 것이다.

둘째, 기존 서비스의 문제점을 바로 해결하려고 한다. 페이스북은 가입 시 다른 SNS와 달리 실명을 실제 사용하고 있는 이메일 인증을 해야 하기 때문에 사용자 정보가 부적절하게 노출되는 것에 대한 불안감이 감소된다. 이러한 정책은 가명이나 위조된 인적 사항을 쓰는 사용자로부터 다른 가입자들을 보호하려는 페이스북의 의지가 반영된 결과다. 익명 사용자에 의한 프라이버시 침해의 부작용을 줄이기 위해 회원 가입 시 실명 사용을 요구한 것이다. 가입 이후에도 본인의 사진과 실명을 페이지에 표시하도록 하며, 지속적인 모니터링과 신고로 가명 사용자를 적발한다. 그리고 페이스북 가입자는 자신의 정보 보호를 위해 신상 정보 공개의 범위를 조절할 권한이 있다. 이는 사용자가 자신의 프로파일 설정 권한을 행사함으로써 사회적 관계를 유지하면서도 개인 프라이버시를 최대한 보호할 수 있도록 배려한 것으로 볼 수 있다. 원하지 않는 다른 사용자를 차단할 수 있는 기능 외에도 자신의 글을 볼 수 있는 네트워크 내의 범위를 설정하는 것도 가능하게 하였다. 기존 검색 서비스의 과다 정보 검색으로 인한 사용자의 적정 정보 선택에 대한 고민을 줄여 주었다. 기존 검색은 사용자가 핵심 용어로 검색할 경우 과다한 정보가 나와 사용자가 적절한 결과를 찾기가 점점 힘들어지는 상황이었다. 기존 검색 서비스는 인터넷에 존재하는 관련 정보를 신속하게 모두 검색하는 데 초점을 맞추고 있는 반면, 페이스북은 사용자와 관련된 정보를 우선적으로 제공하기 때문에 사용자가 원하는 정보에 가장 근접한 결과를 얻을 수 있다는 것이다.

셋째, 스마트한 비즈니스 모델을 구축했다는 점이다. 페이스북은 서비스를 시작하고 전개하는 과정에서 서두르지 않고 우선 고객을 확보한 뒤 점진적으로 적절한 수익 모델을 구축하였다. 2004년 창업 후 2년간 우수 대학생 위주로 회원을 확보하면서 회원 간 신뢰를 구축하는 데 주력했고(아이비리그 대학 중심으로 회원 가입시킨 결과임), 2006년 대외 서비스를 시작하면서 기존 검색 서비스와는 차별화된 SNS 이용자 특성에 맞는 광고 제공 방식을 적용하여 효율성과 수익성을 제고하였다. 2009년부터는 광고뿐 아니라 응용 프로그램에 관련된 수익도 확대되었다. 아마존과 제휴를 맺고 소셜 쇼핑 서비스라는 광고 이외의 새로운 수익 모델을 발굴하고, 소셜 쇼핑 서비스는 페이스북 사용자 간에 이루어지는 정보 교환 및 추천이 구매로 바로 연결되는 것으로 수수료 등의 부가 수익을 획득하는 것이다. 자신과 지인의 추천 또는 구매 내역이 지속적으로 갱신되어 페이스북의 SNS 정보로 활용되고, 페이스북의 소셜 쇼핑은 링크를 통해 구매를 유도하는 단순 제휴 마케팅이 아닌 페이스북 내에서 거래가 이루어지고 그 정보가 페이스북 내에 축적되어 피드백되는 개념인 것이다. 고객이 페이스북 크레디트만으로 연계 서비스를 사용할 수 있는 단일화 체계를 구축하고 이를 통해 부가 수입도 창출될 전망이다. 기존에 여러 업체의 가상 화폐가 혼용됨으로써 나타났던 사용자의 혼란을 예방하고, 페이스북 크레디트는 아마존 쇼핑, 소셜 게임 등의 서비스에는 물론 회원 간 거래에도 화폐로 사용이 가능하다는 것이다.

페이스북의 향후 전망과 시사점은 다음과 같다. SNS 업체들이 시맨틱 검색으로의 패러다임 변화를 주도할 전망이다. 시맨틱 검색은 단순히 단어 위주로 검색하는 것이 아니라 의미를 분석한 후 사용자와 관련된 정보를 선별하여 검색하는 방식이다. 기존 방식은 검색한 단어와 관련된 정보들을 모두 탐색하여 페이지 뷰를 고려한 순위를 부여하고 그 결과를 제공하는 방식으로, 정보량이 부족했던 지금까지의 시대에는 사용자 스스로 중요도를 판단하여 선별하더라도 대량의 결과를 검색해 주는 서비스를 선호해 왔지만 이제는 달라지고 있다. 시맨틱 검색에서는 검색 결과의 판단 기준이 'What'에서 'Who'로 이동하게 되고, 사용자가 원하는 의미와 연관된 범위에서 즉시 활용 가능한 정보를 선별해 주는 방향으로 변화되고 있다.

SNS 사용자가 원하는 정보의 의미와 연관성 분석이 가능해짐에 따라 시맨틱 검색 기술의 개발과 적용이 본격적으로 전개될 것이다. 시맨틱 검색에 대한 시도는 SNS 이전부터 있었으나 정보에 의미와 상호 연관성을 부여하는 작업에서 현실적인 문제에 직면해 왔다. 그러나 SNS의 발전으로 비로소 인간이 정보에 의미를 부여하고 소비하며, 그 결과가 다시 피드백되어 축적되는 정보 생태계가 구축되고 있다. 페이스북의 'Open Graph Search Engine' 프로젝트는 사용자가 정보에 대해 추천 또는 언급한 횟수 등을 이용하여 정보를 분석하였다.

이상과 같이 페이스북은 자신들의 성공 요인을 신사업 전개에도 적극적으로 활용하면서 신사업의 성공 가능성을 높여 가는 매우 모범적인 사례들을 보여 주고 있다. 이러한 결과는 기존에 이미 알고 있는 사실들을 사업에 적극적으로 적용하여 얻은 결과라고 할 수 있다. 전통적으로 커뮤니케이션의 효과에 강한 영향 요인으로 정보의 신뢰성은 믿을 만한 정보원이라는 것을 너무나 잘 알고 있는 사실이다. 지금까지는 광고에 매우 많이 활용해 온 것인데, 이를 SNS에 적극 도입하여 성공적인 결과를 얻고 있는 것이다. 또한 기업이 내외부의 자발적이고 의미 있는 소수의 의견에도 귀를 기울여 경영에 적극 반영해야 한다는 점을 시사해 주고 있다. 이는 SNS가 보편화될수록 소수의 의미 있는 의견이 다수의 의견에 버금가는 영향력을 행사하는 시대로 변화되어 가고 있음을 보여 주는 사례라 할 수 있다. 결국 기업이나 개인들은 다양한 SNS 채널을 통해 전해지는 유용한 아이디어를 수용하기 위해 원활한 소통 창구를 마련하는 것이 중요해진 것이다. 이제 더 이상 경직된 조직의 형태나 경직된 사고방식으로는 생존하기 힘든 시대로 접어들었다고 할 수 있다.

5. SNS가 만들어 낸 새로운 수용자군

1) 디지털 군중과 집단 지성

인터넷과 각종 SNS를 활용하는 디지털 군중(digital crowds)이 부상하고 있다. 디지털 군중이란 디지털 정보 기기와 실시간 통신을 활용하는 군중, 엄청난 양의 지식과 정보를 생산해 내고 소식이나 개인의 생각들을 실시간으로 주고받으며 여론을 만들어 내는 집합체라는 의미를 갖고 있다. 원래 군중(群衆)이란 용어는 위키피디아의 정의를 받아들이면 "일반적으로 정서적이고 비합리적인 동기에 의해서 움직이기 쉬운 사람들의 밀집을 말한다. 일면 합리적 인간관의 붕괴와 대중운동에 대한 멸시를 의미하는 말인데, 반면 군중은 사회변혁의 에너지의 하나이며 새로운 사회 체제에 적합한 인격을 제공하는 바탕이기도 하다."

「디지털 군중의 감성코드」라는 글에서 손민선(2010)은 디지털 군중은 대체로 합리적이지만 하나의 주장이나 사건에 크게 동조하는 감성적인 면을 가지고 있다고 한다. 즉, 분산과 동조의 양면성을 지니는 이들은 정보력과 행동력이 엄청나고, 그래서 디지털 군중의 입소문은 매체광고를 하지 않는 책을 단번에 베스트셀러로 올려 버리기도 하는 위력을 지닌다. 팟캐스팅을 통해 방송된 〈나는 꼼수다〉라는 정치 풍자 프로그램이 2011년 서울시장 선거에서 활약할 수 있었던 것은 디지털 군중의 감성을 건드려 소통에 성공한 때문이라고 해석할 수 있다. 이런 이유들로 해서 디지털 군중에 대한 정치인이나 기업들의 관심이 점점 커지고 있다.

디지털 군중이 비목적적이고 분산된 행태를 보이는 측면을 강조한 것이라면, 집단 지성은 디지털 군중이 공통의 목표와 동일한 관심사를 겨냥했을 때 발휘될 수 있는 역량에 초점을 맞춘다.

집단 지성(collective intelligence)이란 쉽게 말하면 '집단'이 가지는 지적 능력이다. 즉, 한 개인이 아닌 집단이 가지는 지적인 능력으로 집단 지능이나 혹은 협업 지성 등으로 표현하기도 한다. 집단 지성의 대표적인 사례로 지목되는 위키피디아는 집단 지성을 "다수의 개체가 서로 협력 혹은 경쟁을 통하여 얻게 되는 지적 능력에 의한 결과로 얻어지는 집단적 능력을 일컫는다."라고 설명한다.

집단 지성이란 용어는 원래 1910년대 하버드 대학교 교수이자 곤충학자인 윌리엄 모든 휠러(William Morton Wheeler)가 개미의 사회적 행동을 관찰하면서 제시한 개념으로, 개미의 경우 몇 마리가 모였을 때는 아무런 행동을 하지 않지만 일정 개체 수를 넘기면서 사회적 행동을 시작하는 데서 착안한 것이다. 최근 사이버 공간에서의 집단 지성 개념은 피에르 레비(Pierre Levy)가 본격적으로 탐구하였다. 미디어 철학자인 레비는 집단 지성을 "어디에나 분포하며 지속적으로 가치가 부여되고, 실시간으로 조정되며, 실제적 역량으로 동원되는 지성"을 의미한다고 하였다(권수경 역, 2002).

레비는 그의 저서『세계철학(*World Philosophie*)』에서 과학기술을 이용해 인류 사회는 공동의 지적 능력과 자산을 서로 소통하면서 집단적 지성을 쌓아 왔으며,

이 집단 지성을 통해 시공간의 제약을 극복한 인류의 진정한 통합으로 새로운 진
화의 완성 단계에 이를 수 있다고 주장한 바 있다. 그는 여기서 더 나아가 데카르
트의 "나는 생각한다. 고로 존재한다."를 일반화하여 "우리는 함께 집단 지성을
이룬다. 고로 우리는 뛰어난 공동체로 존재한다."에 이르게 하는 휴머니즘을 불
러온다고 함으로써 소셜 미디어의 힘을 강조하였다(조준형, 김동윤, 손주경 역,
2003).

　『군중의 지혜(*Wisdom of Crowds*)』라는 책에서 서로위키(홍대운, 이창근 역,
2004)는 투자 예측 전문가 한 명과 다수의 비전문가의 결과를 비교한 결과 비전문
가 여러 명의 의견이 정답에 가까웠다는 흥미로운 실험 결과를 소개하면서, 다양
한 문제가 주어졌을 때 한 개인이 집단보다 일관되게 나은 결과를 지속적으로 내
릴 가능성은 희박하다고 주장한다. 때로는 집단 전체가 집단에 속한 가장 똑똑한
사람보다 더 현명한 판단을 내리며, 따라서 지적 능력이 뛰어난 사람들이 반드시
집단을 지배해야 할 이유가 없다는 것이다. 비록 사람들이 정보의 부족으로 인해
제한적 합리성 속에 살고 있다고 하더라도 그들의 불완전한 판단을 적절한 방법
으로 합치면 집단의 지적 능력이 작용하여 놀라운 결과를 만들어 낸다는 것이 그
의 주장이다(황주성 외, 2009).

　군중의 지혜가 모여 만들어진 집단 지성은 기본적으로 참여와 공유, 공동 창조
라는 협업 단계를 통해 발현된다. 집단 지성의 대표적인 예인 위키피디아는 지식
공유 사이트로 2010년 9월 기준으로 영어판은 340만여 개, 한국어판은 16만여
개 이상의 글이 수록되어 있으며 여기에 등록된 사용자 수는 13만 8,000명이 넘
는다고 한다. 사진 공유 사이트인 플리커(flickr)나 우샤히디(Ushahidi)와 같이 휴
대전화 문자, 이메일, 트위터 등 다양한 채널로 취합된 정보를 실시간으로 지도
로 시각화하는 오픈 소스 플랫폼으로, 2010년 아이티 지진이 일어났을 때 인명
구조, 건물 파손, 질병, 범죄 정보 등을 시민, 자원봉사자, 구호 단체들이 자발적
으로 제보하고 이를 지도에 취합해서 구호 활동 전반을 지원하는 역할을 해내기
도 하였다.

이 밖에도 집단 지성을 이용해 기업들이 아이디어를 제공받는 경우, 소셜 펀딩 혹은 크라우드 펀딩이라고 하여 기금이 필요한 단체나 개인, 아이디어나 제품에 대해 네티즌들의 투자를 실현시키는 경우 등 집단 지성을 활용한 예들은 다양하다. 이처럼 집단 지성은 공통의 목표와 공통의 관심사를 겨냥하여, 각 개인이 참여하고 자신의 정보나 능력을 공개하고 공유함으로써 집단의 능력을 발현하게 된다. 앞서 언급한 디지털 군중이 SNS 안에서 네트워크를 형성하고 활발하게 공통의 관심사를 향해 참여할 때만 가능해지는 활동이다.

2) 유력자와 추종자(팔로어)

커뮤니케이션이나 기술 혁신 및 정보 확산의 과정에서 영향력을 발휘하는 유력자들은 오피니언 리더(opinion leader), 프로슈머(prosumer), 프로듀서(produser) 등 다양한 개념과 명칭으로 다뤄져 왔다. 최근에 와서는 인터넷상의 새로운 영향력자로 인터넷 논객이나 파워 블로거의 존재가 주목받고 있을 뿐 아니라 소셜 미디어 안에서 수많은 팔로어들(followers)을 끌고 다니는 유력자에 대해서도 관심이 높다.

유력자(influential)란 전통적인 커뮤니케이션 이론에서 등장하는 의견 지도자(opinion leader)와 유사한 개념이다. 의견 지도자는 1940년대 라자스펠드(Lazarsfeld) 등이 커뮤니케이션의 2단계 흐름 모델(two step flow model)에서 규명한 개념으로, 매스미디어로부터의 정보는 1단계 의견 지도자를 거쳐 2단계 일반인에게 전달된다고 설명하고 있다. 의견 지도자는 대부분 높은 사회적 혹은 경제적 지위를 갖고 있거나 다양한 분야에서 영향력을 행사하고, 미디어를 소비하는 양이 상대적으로 많으며, 대도시를 왕래하는 빈도가 일반인에 비해 더 잦다는 특성을 지닌다.

페이스북이나 트위터, 미투데이 등과 같은 모바일 소셜 네트워크 서비스에서도 의견 지도자와 유사한 형태의 온라인 영향력자 또는 유력자가 대두되고 있다.

특히 트위터는 의제를 설정하고 여론의 영향력을 발휘하는 소수의 유력자가 존재하고 이들로부터 정보와 의견을 수용하는 다수의 추종자들, 즉 팔로어들이 상호관계를 형성하고 있다. 이원태, 조희정(2010)은 유력자와 추종자의 관계는 이용자들이 검색 엔진에서 직접 정보를 얻는 것 이상으로 친구나 동료의 추천이나 평판을 통해 정보를 얻으려는 경향과 관계가 있다고 보았다.

앞서 리와 버노프가 제시한 SNS 수용자 유형인 창작자형-비평가형-수집가형-참여자형-관람자형-비참여형의 사다리에서 상위에 위치한 유형에 속한 사람들일수록 소셜 미디어 내에서 영향력을 많이 가진 유력자라 할 수 있다.

이 밖에도 유명인을 가리키는 셀리브리티(celebrities)란 미디어의 주목을 받으며 대중에 널리 알려진 사람을 일컫는데 최근 이들 셀리브리티가 SNS를 통해 사회적 발언을 하면서 수많은 팔로어를 이끄는 한편, 일반 SNS 수용자들의 관심을 모으는 등의 영향력을 행사하고 있는 것을 종종 볼 수 있다. 소설가 이외수나 연예인 김제동, 가수 이효리, 의사이면서 칼럼니스트로 활동하는 박경철 등이 그 대표적인 인물들이다. 특히 셀리브리티는 기존의 유명세를 타고 팬들을 확보하는 데 용이하기 때문에 이들이 트위터나 페이스북에서 의제를 설정하는 힘도 커지고, 사회적 문제에 대해 의견을 표명함으로써 팔로어들에게 직접적인 영향을 미치게 될 가능성이 높아질 수밖에 없다.

3) SNS 수용자 디바이드

소셜 미디어와 수용자를 생각할 때 반드시 짚고 가야 할 부분은 '수용자 격차'의 문제다. 미디어 기술이 발달하고 미디어 사용을 위한 고도의 능력이 요구될 때마다 새로운 미디어를 구입할 경제적 여건이 어렵거나, 새로운 기술을 사용할 능력이 떨어지거나, 혹은 설사 새로운 미디어를 채택했다 하더라도 앞서의 유력자나 추종자처럼 커뮤니케이터 간의 권력 개념이 개입함으로써 생기는 다양한 디바이드 현상을 간과해서는 안 된다.

김호기(2011)는 디지털 디바이드(digital divide)가 스마트폰의 급속한 확산에 따라 새로운 양상에 접어들었다고 지적하면서 정보화 초기의 디지털 디바이드는 점차 완화된 반면 이른바 정보화 2.0시대의 스마트폰 디바이드는 오히려 심화되는 양상을 보인다고 설명한다. 게다가 스마트폰이 등장한 이후 우리 사회는 새로운 '이중적 격차(double divide)'에 직면해 있는데 그 첫 번째 격차는 스마트폰 이용자와 비이용자 사이에 발생하는 '집단 간 격차'이고, 두 번째 격차는 스마트폰 이용자들 사이에 발생하는 '집단 내 격차'다.

스마트폰의 격차는 기기의 보유나 사용 측면에서 단순히 문제된다기보다는 다양한 애플리케이션의 활용 여부와 SNS의 이용과 맞물려 훨씬 더 복잡한 디바이드 양상을 만들어 낸다는 점에 초점을 맞추어야 한다. 박은희(2005)는 디지털 배제와 디지털 소외의 개념을 통해 디지털 디바이드 중에서도 특별히 심리적 디바이드의 중요성에 주목해야 함을 지적한 바 있는데, 이 심리적 디바이드의 한 축에 있는 배제와 소외를 경험하는 사람들이 겪게 되는 분리와 단절의 느낌은 SNS와 연결되는 순간 진폭이 더 커질 수밖에 없다. SNS는 참여자들 간에 일종의 '우리 끼리'라는 네트워크를 구성하게 되기 때문에 이들 네트워크로부터 유리된 사람들이 느끼게 될 심리적 디바이드는 경제적인 격차나 활용상의 격차보다 훨씬 더 큰 사회문제로 확산될 우려가 있다.

지난 2011년 서울시장 보궐선거에서 보여 준 SNS의 위력은 기존 정치권과 기성세대의 일방적인 의제 설정에 대항하여 젊은 세대의 힘을 보여 주었다는 점에서 긍정적이지만, 거꾸로 생각하면 세대 간의 극심한 격차를 불러일으키는 중요한 요인이 될 수 있다는 점에서 경계해야 할 문제이기도 하다.

이용자와 비이용자 간의 격차 이외에 집단 내 격차, 즉 SNS 이용자 안에서의 격차는 앞서 유력자와 추종자에서 보는 것처럼 의제 설정 안에서 커뮤니케이터의 권력 개념이 여전히 유효하다는 것에서부터 출발한다. 임형호와 김은미(2011)는 페이스북식의 관계 맺기 유형에서는 또 다른 차원에서 현실의 권력관계가 드러난다고 지적한다. 즉, 현실 세계에서 축적한 사회자본이 SNS에서도 잠재적인 관계의 대상을 선정하는 데 질적인 영향을 미치게 되고, 이 때문에 배경 기반형 관계망이 더욱 공고해질 가능성을 배제할 수 없다는 것이다. 마찬가지로 순수하게 글쓰기의 주제나 내용에 따라서 관계의 대상이 선정되는 경우에도 현실 세계의 속성이 미치는 영향력을 배제하기 어렵다고 지적한다. 글쓰기에는 경험과 지식, 창의력이 필요하며 이는 교육이나 가족 배경, 경력, 다양한 사회 경험 등 오프라인 세계에서 쌓은 문화 자본을 근거로 하기 때문이다.

트위터에서 가장 많은 팔로어를 보유한 소설가 이외수의 예에서 보듯이, 글쓰기에도 기존 현실 세계의 속성이 그대로 옮겨 온다는 점에서 이미 갖고 있는 자본의 차이는 관계 맺기의 대상 확보에서 상당한 질적인 차이를 낳을 수 있으며, 이는 다시 관계 맺기의 범위 차이에 이어져 사회자본의 불균등한 분포를 조장할 수도 있다는 점을 간과해서는 안 될 것이다.

6. 소셜 미디어의 인간관계와 언어

소셜 미디어에서 사용되는 언어는 인간관계와 밀접한 관계가 있다. 우리는 상대방이 어떤 사람인지에 따라 선택하는 어휘나 표현 방식을 달리한다. 그뿐만 아니라 소셜 미디어에서의 인간관계는 다양한 맥락을 형성하는 배경이 된다는 점에서 소셜 미디어의 인간관계 특성을 규정하는 것은 언어적 특성을 이해하는 데 수반되어야 할 부분이다. 여기에서는 소셜 미디어에서 인간관계의 특성을 설명하게 되는 틀로서 인간관계의 양상과 관련된 네트워크 구성, 위계적 정보 흐름이 이루어지는 의견 지도력과 추종 그룹의 관계, 그리고 자기노출과 타인의 정보 엿보기 등에 관해 다루고자 한다.

1) 네트워크 구성

네트워크 구성은 인간의 가장 기본적인 욕구와 관련되어 있다. 사회 구성원으로서 인간은 누구나 타인과 소통하고 관계를 형성하려는 바람을 갖는다. 사람들은 일정한 커뮤니티 속에서 커뮤니케이션하며 인간관계를 유지하고 대인적 상호작용을 수행하고 싶어 하는 욕구를 갖고 있다. 즉, 사람이 사람을 필요로 하며 각자는 사회적 상호작용 속에서 다른 사람들과 적절한 관계 형성을 추구하게 되는 심리적 기본 욕구는 다른 사람들과의 충분한 상호관계를 만들어 나감으로써 충족될 수 있다(Schutz, 1966). 한편, 이 같은 현상을 정리한 슈츠(Schutz, 1958)의 '대인 지향 이론(theory of interpersonal orientation)'은 후에 대인 커뮤니케이션 동기(interpersonal communication motives)로 발전되었다.

이와 관련하여 대인 커뮤니케이션 동기 요인(interpersonal communication motives)을 제시한 루빈, 퍼스와 바바토(Rubin, Perse, & Barbato, 1988)는 커뮤니케이션 행위를 동기적 입장에서 설명하는 이용과 충족(uses and gratification)(Katz, Blumler, & Gurevitch, 1974)의 관점을 대인 커뮤니케이션 맥락으로까지 확대하였다. 다시 말해, 인간의 사회적 상호작용 욕구가 커뮤니케이션 동기로 이어진다는 가정을 바탕으로 이들은 즐거움(pleasure, 재미를 찾고자 하는 욕구), 감정교환(affection, 자신의 감정을 표현하고자 하는 욕구), 소속감(inclusion, 일정한 집단에 소속되고자 하는 욕구), 탈출(escape, 지금의 상황에서 벗어나고자 하는 욕구), 휴식(relaxation, 스트레스를 덜고자 하는 욕구), 통제(control, 다른 사람을 규제하고자 하는 욕구) 등의 대인 커뮤니케이션 동기 요인을 구성하였다. 개인의 대인 커뮤니케이션 동기는 특정한 소통 채널에서의 대인관계 유지와도 관련이 있으며 채널 특성에 따라서 부각되는 동기 혹은 유효한 효과를 발하는 동기는 상이할 수 있다. 이용과 충족의 접근 방식이 사람들의 일상적 커뮤니케이션과 매스미디어의 관계를 설명해 줄 수 있었던 것처럼, 대인관계를 위한 소셜 미디어 이용 동기는 이용자들의 소셜 미디어 활용 양상은 물론이고 이들의 언어적 표현 양식에 대해서도 충분한 배경지식을 전달해 줄 수 있다.

따라서 소셜 미디어상에서는 이용자들이 자신의 네트워크를 구축해 나가는 과정에서 사용되는 고유한 언어 양식들이 활용될 것이다. 이들이 사용하는 언어들은 자신이 속해 있거나 혹은 앞으로 속하기 원하는 사회적 네트워크의 특성에 적합하게 표현될 것이며 다양한 인간관계 구성에 맞는 여러 가지 언어 양식이 소셜 미디어상에서도 자연스럽게 구사된 것이다.

2) 자기노출

소셜 미디어를 통해 자신을 표현할 수 있는 방법은 다양하다. 구체적으로, 트위터상에서의 언급, 업로드하는 사진 자료, 나와 인맥관계를 맺고 있는 사람들의 명단, 그들과 주고받은 대화 내용 등 개인의 사적 영역이 고스란히 타인에게 공개된다. 그리고 이는 자신의 정체성과 밀접히 연관된다. 이 때문에 트위터상에 글이건 사진이건 자료건, 어떠한 콘텐츠를 업로드한다는 것은 자신이 어떠한 사람인지 스스로 규정하고 세상에 노출하는 행위의 일종이다.

보편적으로, 높은 수준의 자기노출(self-disclosure)은 친밀한 사람들 사이에서 발생되는 것으로 알려져 왔다. 다른 사람에 대한 자기노출 정도가 어느 정도인지에 비추어 그 관계의 친밀성을 예측할 수도 있다(Duck, 1988; Waring & Chulune, 1983). 따라서 친밀한 관계를 형성하기 원하는 사람들일수록 대인 간 상호작용 과정에서 좀 더 많은 자기노출 행동을 수행하는 경향이 발견된다(Sanderson, Rahm, & Beigbeder, 2005). 더불어 상대방에 대한 신뢰가 어느 정도인지에 따라서도 개인의 자기노출 정도가 달라질 수 있다. 특히 온라인 커뮤니케이션 상황에서는 자신의 프라이버시가 보장되지 않는다고 여길수록 자기노출 정도가 감소하는 것으로 확인된 바 있다(Joinson, Woodley, & Reips, 2007).

그러나 친밀하지 않은 사람들 혹은 전혀 알지 못하는 사람들과도 광범위하게 인맥관계를 맺게 되며 자신의 사적 생활의 요소요소가 상당 부분 공개되는, 즉 개인 프라이버시가 잘 보장되지 않는 소셜 미디어상에서 오히려 높은 수준의 자기노출 경향이 드러나고 있다. 특히 자기노출은 직접적인 언급을 통해서도 이루어질 수 있지만, 어떤 사람들과 사회적 관계를 형성하고 있는지 등을 통해 자신의 사회적 위치를 드러내며 특정한 이념적 정보를 집중적으로 제시하면서 자신의 이데올로기적 특성을 공개적으로 규정하는 식과 같이 간접적인 방식으로도 다양하게 표현될 수 있다.

7. 소셜 미디어와 사회관계의 변화 전망

소셜 미디어에는 다양한 삶의 이야기가 전개되고 있다. 트위터나 페이스북에는 동시에 살고 있는 나를 아는 사람들과 나를 잘 모르는 사람들의 삶의 이야기가 있다. 또한 내가 잘 아는 사람들의 고민과 일상이 있으며 내가 잘 모르는 사람들의 이야기도 있다. 이러한 면에서 무엇보다도 소셜 미디어는 관계 지향적 매체다(설진아, 2011). 소셜 미디어는 관계 유지와 관리, 관계 확장에 대한 욕구를 기본적으로 충족해 준다. 따라서 소셜 미디어만 잘 활용하면 다양한 분야에서 일하고 있는 사람들의 세계를 알 수 있다. 또한 외국에 있는 지인들과도 쉽게 소통이 가능하다. 실제로 필자는 캐나다 모 대학에 교수로 있는 후배 및 미국의 모 대학에 교수로 있는 후배와 동시에 이야기를 나누고 있다. 물론 시간대는 서로 다르지만 깨어 있는 시간에 대화를 나눌 수 있게 된 것이다. 이제 사람들은 쉽고 간편하게 범세계적으로 커뮤니케이션을 할 수 있게 되었다(Waters & Ackerman, 2011). 캐나다의 학자 맥루언(McLuhan)이 주장한 '지구촌'이 이제 또다시 소셜 미디어를 통해 구현되고 있는 것이다.

이처럼 소셜 미디어는 인간관계의 폭과 깊이를 확장할 새로운 매체로 부각되고 있다. 페이스북상에서 이용자들은 친구들과의 교류와 소통을 통해 서로의 일상을 알게 되고 좀 더 친밀한 관계를 형성하게 된다. 또한 다양한 그룹을 형성함으로써 취미나 관심사가 비슷한 사람끼리 어울릴 수 있고 정보를 교환할 수 있다. 그동안 인터넷 카페가 했던 많은 역할이 이제는 페이스북 그룹과 페이지에서 이루어지고 있다. 이제 사람들은 예전처럼 인터넷 카페를 통해 동호회나 동창회 등 친목 모임을 만들지 않고, 페이스북 그룹이나 페이지를 통해 이러한 모임을 만들고 정보 교환도 하는 등의 커뮤니케이션을 하고 있다.

이러한 장점에도 불구하고 소셜 미디어는 새로운 사람을 만나고 관계를 확장하기 위한 완벽한 도구는 아닌 듯하다. 앞서 언급했듯이 아직도 많은 이용자가 사생활 노출에 대한 우려를 많이 하고 있다. 또한 다양한 집단이나 계층의 사람들과 폭넓은 관계를 맺기보다 일부 친한 사람과 관계를 맺으려는 사람들에게 소셜 미디어란 존재는 부담으로 다가오는 게 사실이다. 따라서 페이스북은 자신에 대한 정보 공개를 자신이 선택할 수 있도록 기능을 수정했다. 페이스북이 다른 SNS와 차별적인 점이 바로 고객이 원하는 기능을 지속적으로 수정·보완하고 있다는 점이다.

그럼에도 불구하고 소셜 미디어에 머무는 시간이 갈수록 줄어들고 있는 것도 무시하지 못할 현실이다. 처음에는 트위터나 페이스북을 꾸준히 이용했지만 점차 이용하는 시간이 줄어들고 있는 사람들을 흔히 볼 수 있다. 물론 꾸준히 글을 올리는 사람도 있지만 처음에 가입인사를 올려놓고 더 이상 글을 올리지 않는 사람들도 많다. 이런 현상을 보면 페이스북 등의 소셜 미디어도 소통의 도구로서 한계를 가지고 있는 듯하다. 정말 중요한 것은 얼굴을 맞대며 직접 소통하는 면대면 커뮤니케이션일지도 모른다. 트위터나 페이스북 등의 소셜 미디어도 머지않아 새로운 매체로 대체될 수 있음을 예상해 볼 수 있다.

지금까지 우리가 보아 왔듯이 인터넷이 대중화된 1990년대 중후반부터 다양한 커뮤니케이션 양식이 변화와 발전을 거듭해 왔다. 흥미로운 점은 커뮤니케이션의 내용에는 커다란 변화가 없고 커뮤니케이션의 채널들이 계속 바뀌어 왔다는 점이다. 즉, 어떤 때는 싸이월드의 미니홈피가 유행을 했고 어떤 때는 블로그가 영향력을 행사했다. 지금 시점에는 트위터나 페이스북이 인기를 끌고 있다.

이러한 추세대로라면 머지않아 또다시 새로운 매체가 등장해 유행할 것이다. 또한 어떤 새로운 매체가 등장하든지 간에 그 매체로 인한 이슈는 여전히 변하지 않고 동일할 것으로 예상된다. 가령 프라이버시 문제라든지 명예훼손, 악성 댓글 등 인터넷 커뮤니케이션에서 나타나는 역기능들은 새로운 매체가 등장한다 해도 사라지지 않고 여전히 존재할 것이다. 이러한 점에서 트위터나 페이스북 등의 소셜 미디어도 비슷한 변화의 과정을 겪게 될 것이라 본다. 즉, 몇 년이 지나지 않아 새로운 매체의 등장으로 그 인기가 점차 수그러들 것이다.

인간의 기본적 욕구 중에 사회적인 욕구는 커뮤니케이션으로부터 시작된다. 이러한 점을 고려하면 사회적 상호작용인 커뮤니케이션을 위한 새로운 채널들은 늘 변화하며 이러한 채널들이 인간의 의사소통 욕구를 반영할 것이라는 것은 분명하며, 중요한 것은 새로운 채널들을 얼마나 유용하게 이용하느냐에 달렸다. 미디어 리터러시(문자화된 기록물을 통해 지식과 정보를 획득하고 이해할 수 있는 능력)에 이어 소셜 미디어 리터러시가 또다시 강조되는 이유가 바로 여기에 있다. 물론 페이스북과 같은 SNS는 새로운 소셜 미디어의 출현을 주도하기 위해 스스로 변화를 거듭 시도하게 될 것이다. 앞으로 또 어떤 새로운 형태의 소셜 미디어가 등장할지, 어떤 모습으로 변화되고 어디까지 발전하게 될지, 그리고 인간관계는 어떤 식으로 변화되고 발전될지 궁금해진다.

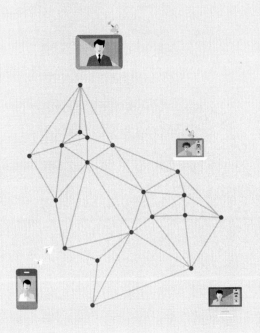

　　인간관계의 단절에서 오는 소외는 정신적·신체적으로 큰 영향을 미친다. 인간관계가 원만하지 못한 사람들 중에는 자신의 문제를 잘 파악하고 있어 인간관계의 개선과 향상을 위해 노력하는 사람이 있는가 하면, 자신의 문제를 전혀 인식하지 못하거나 문제를 감추려고 하는 사람도 있다. 문제를 잘 인식하고 이를 극복하기 위해 노력하는 사람은 그렇지 않은 사람보다 문제를 훨씬 빨리 해결할 수 있다. 자신의 문제에 대한 정확한 이해와 극복하려는 의지가 있는 한 극복할 수 있는 것이 바로 인간관계의 문제라고 할 수 있다.

제4부

인간관계의 진단 및 개선

우리는 한평생 살아가는 동안 많은 사람과 다양한 인간관계를 맺기도 하고 끊기도 하면서 살아간다. 어떤 이는 다양한 인간관계를 잘 맺으면서 사람들과 잘 지내는데, 어떤 이는 인간관계도 맺기 힘들고 주변에 사람들도 별로 없다. 왜 그런 것인가? 물론 누구나 자기중심적으로 생각하면서 나는 문제가 없는데 상대방이 문제가 있다고 생각하는 경우를 종종 보게 된다. 과연 자기 자신은 아무 문제도 없고 상대방에게 문제가 있는 것일까? 대부분의 대인관계 전문가는 우선 자신부터 돌아보는 것이 필요하다고 말한다. 따라서 필자도 대인관계에 어려움을 겪고 있다면 우선 자신부터 돌아볼 것을 권하고 싶다. 문제의 중심에는 자기가 있고, 그다음에 자기의 주변 사람들을 돌아보는 것이 좋다고 생각한다.

제11장 나의 인간관계 진단하기

　인간은 사회적 동물이다. 인간이라면 누구나 좋은 싫든 자기가 살고 있는 사회의 한 구성원으로서 다른 사람들과 함께 어울려 살아야 한다. 그러기 위해서는 사회 구성원들과 원만한 대인관계를 맺어야 한다. 인간은 사람들과의 관계를 통해 지적으로나 정서적으로 또한 사회적으로나 도덕적으로 성장해 갈 수 있다. 우리는 지속적인 신뢰관계를 바탕으로 하는 다른 사람과의 만남을 통해 인간다워지고 삶의 보람도 찾고, 자신의 잠재능력을 발휘하고 성취감을 느낄 뿐 아니라 공동체의 성장과 발전을 도모할 수 있다.

　인간관계는 한 개인의 삶의 질과 만족도를 결정하는 데 큰 영향을 미치게 된다. 원만한 인간관계는 삶을 풍요롭게 하고 즐겁게 하는 반면, 인간관계에서의 실패는 여러 가지 삶의 사건에 대한 좌절 및 실패로 이어지게 된다. 우리는 살아가면서 어떤 때는 원만한 인간관계를 형성하여 행복하고 즐거운 생활을 하면서 성공적인 삶을 살기도 하지만, 반대로 비생산적인 바람직하지 못한 인간관계 때문에 불행하고 괴로워하면서 삶에서 실패를 경험하기도 한다. 사람들을 대하다 보면 아무 문제없이 잘 적응하고 있는 듯한 사람들 중에도 인간관계 문제로 고민하고 있는 사람이 의외로 많다. 사람들은 평소에는 자신의 인간관계에 대한 생각을 거의 하지 않거나 그 중요성과 필요성에 대해 크게 신경 쓰지 않는다. 그러다가 어떤 상황에서 인간관계에 빨간불이 켜지게 되면, 그때야 비로소 인간관계의 중요성에 대해 실감하게 된다.

이러한 인간관계의 개선을 위해서는 자신의 인간관계를 다양한 각도에서 평가해 보는 일이 우선되어야 하며, 자신의 인간관계에 영향을 미치는 다양한 요인을 살펴보는 것이 필요하다. 우리가 바른 인간관계를 맺지 못하는 것은 인간을 인간으로 보지 못하기 때문이며, 가장 큰 이유는 자기의 장점을 보지 못하고 자기를 사랑하지 못하는 데서 비롯된다. 자기의 장점을 잘 본다는 것은 모든 인간관계의 가장 기본적인 원리이므로 매우 중요하다. 물론 이것은 교만함이나 남을 업신여기는 것과는 다른 차원의 이야기다. 겸손한 것과 자기를 비하시키는 것이 다르고, 자신의 장점을 잘 아는 것과 무조건 높이 보는 것은 다르다. 그렇기 때문에 자기 자신을 정확하게 파악하는 일은 중요하다고 할 수 있다.

1. 자기분석

인간관계는 개성적인 존재로서의 나를 표현하는 것이다. 나의 인간관계를 이해하고 개선하기 위해서는 자기분석을 통한 자기이해가 필수적이다. 나에 대한 분석은 세 가지 측면에서 이루어질 수 있다(권석만, 1998). 첫째는 횡단적 자기분석으로 현재의 나에 대한 여러 가지 측면을 분석하는 것이다. 둘째는 종단적 자기분석으로 나의 형성과정, 즉 나의 성장사를 분석하는 것이다. 즉, 나의 조상은 어떤 가문이며 태어나서 지금까지 어떤 경험들을 하면서 현재의 나로 성장했는지를 분석하는 것이다. 이러한 분석을 하는 이유는 과거의 내 역사가 현재의 나에 강력한 영향을 미치고 있기 때문이다. 셋째는 나의 심층적 측면에 대한 분석으로 나의 무의식적 측면에 대해 분석하는 것이다. 즉, 내가 의식하지는 못하지만 나의 행동에 강력하게 영향을 미치는 무의식적 갈등이나 역동적인 과정을 파악하는 것이다. 여기서는 횡단적 분석과 종단적 분석을 통한 자기분석에 대해 설명하기로 한다.

1) 횡단적 자기분석

횡단적 자기분석이란 '현재의 나'를 여러 측면에서 살펴보고 평가하는 것이다. '나'는 육체를 중심으로 다양한 심리적 속성을 지니며, 사회적인 관계 속에 있는 육체적이고 심리적이고 사회적인 존재다. 즉, 횡단적인 자기분석은 나 자신에 대한 나의 생각인 자기개념을 체계적으로 분석하는 것이다. 자기개념은 물질적 자기, 심리적 자기, 사회적 자기를 구성하는 여러 가지 요소로 나뉠 수 있고, 또한 이러한 요소를 평가하는 현실적 자기, 이상적 자기, 의무적 자기, 가능한 자기 등의 차원으로 살펴볼 수 있다(권석만, 2008).

이와 같은 분석을 통해서 자기개념을 구성하는 여러 가지 요소에 대해서 자신이 어떤 평가를 내리고 있는지를 살펴볼 수 있다. 다음과 같은 물음을 통해서 자기개념의 평가 자료를 좀 더 구체적으로 분석해 볼 수 있다.

- 나는 어떤 자기 구성 요소를 중시하고 어떤 것들을 경시하는가?
- 나는 현재 어떤 자기 구성 요소를 높이 평가하고 어떤 것들을 낮게 평가하는가?
- 내가 열등하다고 생각하는 나의 구성 요소는 무엇인가?
- 나는 어떤 자기 구성 요소에 대해서 높은 이상적 기준을 가지고 있는가?
- 나는 어떤 자기 구성 요소에서 부모나 주변 사람들의 높은 기대를 의식하고 있는가?
- 나는 자기 구성 요소 각각에 대해서 어느 정도 개선이 가능하다고 생각하는가?
- 어떤 자기 구성 요소에서 현실적 자기와 이상적 자기의 괴리를 느끼고 있는가?

• 어떤 자기 구성 요소에서 현실적 자기와 의무적 자기의 괴리를 느끼고 있는가?

이런 다양한 물음을 통해서 자기개념의 평가 자료를 분석해 볼 수 있다. 일반적으로 현실적 자기에 대한 평가가 낮을수록 자존감이 낮고 우울감을 느낄 가능성이 높다. 특히 중요하다고 평가된 구성 요소에 대해서 현실적 자기의 평가가 낮을수록 이런 경향이 강하다. 그리고 이상적 자기의 평가가 높은 반면 현실적 자기의 평가가 낮아서 이 두 차원 간의 괴리가 크면, 자신에 대한 불만족도가 커지게 된다. 아울러 의무적 자기가 높은 반면 현실적 자기의 평가가 낮으면, 자신에 대한 불안감이 높을 수 있다. 왜냐하면 자신에 대해 부모나 주변 사람들이 높은 기대를 하고 있는데 자신의 현재 모습이 그에 미치지 못하면 많은 심리적 부담을 느끼기 때문이다. 현실적 자기의 평가가 낮더라도 앞으로 노력하면 가능하다고 느낀다면 우울감이 덜할 것이고, 반면에 노력해도 개선이 불가능하다고 느낀다면 좌절감이 클 것이다. 따라서 가능한 자기 역시 자기개념의 중요한 차원이다. 이처럼 다양한 방법을 통해서 자기개념에 대한 분석이 가능하다.

2) 종단적 자기분석

종단적 자기분석은 현재의 내가 어떻게 형성되었는가에 대한 물음으로, 과거의 내 역사에 대한, 즉 자서전적인 분석을 하는 것이다. 나와 가족의 과거사를 이해하고 현재의 나에게 영향을 미치는 요인들을 파악하는 작업이다.

인간은 누구나 뿌리를 가지고 있다. 나의 뿌리에 대한 이해는 나를 이해하기 위한 기본적인 분석이라고 할 수 있다. 즉, 나를 낳아 주고 길러 준 부모님들에 대한 이해는 자기이해에 필수적인 것이다. 마찬가지로 부모를 이해하기 위해서는 조부모 또는 가문에 대한 이해가 필요하다. 특히 내가 태어났을 때 가족의 배경과 부모님들의 상황을 잘 아는 것이 중요한데, 이는 출생 초기가 나의 성격 형성에 결정적인 역할을 하기 때문이다. 따라서 다음과 같은 몇 가지 질문을 해 보는 것이 필요하며, 이러한 물음에 대한 답변을 하면서 각 사건의 내용과 경험이 현재의 내 모습에 어떠한 영향을 미쳤는지를 생각해 보는 것이 중요하다.

- 가문과 조부모에 대한 물음들
- 부모에 대한 물음들
- 나의 성장사에 대한 물음들

2. 대인관계 양식의 평가

사람은 주위 사람들과 인간관계를 맺는 양식이 각기 다르다. 대상에 따라 관계를 맺는 양식이 변화될 수 있지만 대부분의 사람은 일관성 있는 독특한 대인관계 양식을 성격적 요소로 지니고 있다. 키슬러(Kiesler, 1996)는 대인관계 양식을 지배-복종 차원과 친화-냉담 차원으로 나누고, 다음과 같이 여덟 가지 유형으로 구분하고 있다.

- **지배형**: 대인관계에서 자신감이 있으며, 자기주장이 강하고, 타인에 대해서 주도권을 행사하는 경향이 있다. 지도력과 추진력이 있어서 집단적인 일을 잘 지휘할 수 있다. 그러나 이러한 경향이 과도하게 강한 사람은 강압적이고 독단적인 행동을 나타내고 논쟁적이어서 타인과 잦은 마찰을 겪을 수 있다. 윗사람의 지시에 순종하지 못하고 거만한 모습으로 보일 수 있다. 이런 사람은 타인의 의견을 잘 경청하고 수용하는 자세가 필요하며, 타인에 대한 자신의 지배적 욕구를 깊이 살펴보는 것이 바람직하다.
- **실리형**: 대인관계에서 이해관계에 예민하고, 치밀하며 성취 지향적이다. 이런 경향이 강한 사람은 자기중심적이고 경쟁적이며 자신의 이익을 우선적으로 생각하기 때문에 타인에 대한 관심과 배려가 부족할 수 있다. 타인을 신

뢰하지 못하고, 불공평한 대우에 예민하며, 자신에게 피해를 입힌 사람에게는 보복하는 경향이 있다. 이런 사람은 대인관계에서 타인의 이익과 입장을 배려하는 노력이 필요하며 타인과 신뢰를 형성하는 일에 깊은 관심을 갖는 것이 바람직하다.

- 냉담형: 이성적이고 냉철하며, 의지력이 강하고, 타인과 거리를 두며 대인관계를 맺는 경향이 있다. 이런 경향이 강한 사람은 타인의 감정에 무관심할 뿐만 아니라 타인에게 상처를 잘 줄 수 있다. 타인에게 따뜻하고 긍정적인 감정을 표현하기 어렵고, 대인관계가 피상적이며, 타인과 오랜 기간 깊게 사귀지 못하는 경향이 있다. 이런 사람은 대인관계에서 타인의 감정 상태에 깊은 관심을 지니고, 타인에게 긍정적인 감정을 부드럽게 표현하는 기술을 습득하는 것이 필요하다.

- 고립형: 혼자 있거나 혼자 일하는 것을 좋아하며, 감정을 잘 드러내지 않는다. 이런 경향이 강한 사람은 타인을 두려워하고, 사회적 상황을 회피하며, 자신의 감정을 지나치게 억제한다. 그리고 침울한 기분이 지속되고, 우유부단하며, 사회적으로 고립될 수 있다. 이런 사람은 대인관계의 중요성을 인식하고 대인관계 형성에 좀 더 적극적인 노력을 할 필요가 있다. 타인에 대한 불편함과 두려움에 대해 깊이 생각해 보는 것이 바람직하다.

- 복종형: 대인관계에서 수동적이고 의존적이며, 타인의 의견을 잘 따르고, 주어지는 일을 순종적으로 잘한다. 그러나 자신감이 없고, 타인으로부터 주목받는 일을 피하며, 자신이 원하는 것을 타인에게 잘 전달하지 못한다. 이런 사람은 어떤 일에 대한 자신의 의견과 태도를 확고하게 지니지 못하며, 상급자의 위치에서 일하는 것을 부담스러워한다. 이런 사람은 자기표현이나 자기주장이 필요하며, 대인관계에서 독립성을 키우는 것이 바람직하다.

- 순박형: 단순하고 솔직하며 대인관계에서 너그럽고 겸손한 경향이 있다. 그러나 이런 경향이 강한 사람은 타인에게 잘 설득당해 주관 없이 타인에게 너무 끌려 다닐 수 있으며, 잘 속거나 이용당할 수 있다. 원치 않는 타인의 의

견에 반대하지 못하고, 화가 나도 타인에게 알리기 어렵다. 이런 사람은 대인관계에서 타인의 의도를 좀 더 깊게 생각하고 행동하는 신중함이 필요하며, 아울러 자신의 의견을 표현하고 주장하는 노력이 필요하다.

- **친화형**: 따뜻하고 인정이 많으며, 대인관계에서 타인을 잘 배려하여 도와주고, 자기희생적인 태도를 보인다. 타인을 즐겁게 해 주려고 지나치게 노력하며, 타인의 고통과 불행을 보면 도와주려고 과도하게 나서는 경향이 있다. 타인의 요구를 잘 거절하지 못하고, 타인의 필요를 자신의 것보다 앞세우는 경향이 있어 자신의 이익을 잘 지키지 못할 수 있다. 이런 사람은 타인과의 정서적 거리를 유지하는 노력이 필요하며, 타인의 이익만큼 자신의 이익도 중요함을 인식할 필요가 있다.

- **사교형**: 외향적이고 쾌활하며, 타인과 함께 대화하기를 좋아하고, 타인으로부터 인정받고자 하는 욕구가 강하다. 혼자서 시간을 보내는 것을 어려워하며, 타인의 활동에 관심이 많아서 간섭하며 나서는 경향이 있다. 흥분을 잘 하고 충동적인 성향이 있으며, 타인의 시선을 끄는 행동을 많이 한다. 이런 사람은 타인에 대한 관심보다 혼자만의 내면적 생활에 좀 더 깊은 관심을 지니고 타인으로부터 인정받으려는 자신의 욕구에 대해서 깊이 생각해 볼 필요가 있다.

3. 나의 장점과 단점에 대한 평가

1) 단점을 장점으로 바꾸기

대부분의 경우 자신의 단점을 뒤집어 보면 장점이 될 수 있는데, 우리 시각이 부정적이기 때문에 그것을 단점으로만 받아들이는 경우가 많다. 예를 들어, 자신의 단점 중에 '굉장히 부끄러움이 많아서 사교적이지 못하다.' 는 측면이 있다면,

이것을 장점으로 변환하여 '비록 부끄러움이 많아 사교적이지는 못하지만, 한번 좋은 관계를 시작하면 매우 진솔하고도 깊이 있게 사귈 수 있다.' 라고 할 수 있다.

2) 장점을 단점으로 바꾸기

열등감을 해결하지 못한 사람들의 특성 중의 하나는 때때로 어처구니없는 우월감에 사로잡히는 경우가 있다는 것이다. 이러한 내재된 우월감을 제거하기 위한 훈련이 있는데, 이번에는 스스로 생각하고 있는 장점을 단점으로 뒤집어 생각해 보는 것이다. 예를 들어, 자신의 장점 중에 '나는 다른 사람들을 배려하는 마음이 강하다.' 는 것이 있을 수 있다. 이것을 자신의 장점으로만 생각할 경우에는 지나친 우월감에 사로잡힐 수 있다. 이를 극복하기 위해 '다른 사람들을 너무 배려하다 보니, 가족들에 대한 우선순위가 자꾸만 밀려서 가족들에게 오히려 피해를 끼칠 수도 있다.' 라는 식으로 나와 타인에게 단점으로 작용할 가능성에 대해 깊이 생각해 보도록 한다. '나는 그동안 타인에 대한 배려 때문에 오히려 가장 가까운 이웃인 가족에게 소홀했다. 이제는 가족들에 대한 배려도 잊지 말아야겠다.' 와 같은 깊은 반성의 과정도 필요하다.

3) 나의 성격적 특성 기록하기

단점과 장점의 변환 훈련을 하다 보면, 자기 자신을 더 근본적으로 들여다볼 수 있다. 사람에게는 단점과 장점이 따로 분리되어 있는 것이 아니며, 그것들이 서로 종합되어 한 개인의 특성을 이룬다. 이 특성을 먼저 인정하고 받아들이는 것이 자신과 관계를 바르게 하는 기초가 된다. 그런 다음에 자신의 특성에 내재되어 있는 진정한 자아를 발전시킴으로써 자신의 가치를 향상시킬 수 있다.

자신의 성격적 특성을 긍정적인 것이든 부정적인 것이든 다섯 가지 열거해 본다. 스스로 생각하는 것이든 주변 사람들이 생각하는 것이든 상관없이 자신의 성격적 특성을 열거한다. 스스로 찾기 어려우면 가까운 가족이나 친구에게 물어보는 것도 자신을 이해하는 좋은 방법이다. 나 자신에 대한 이해를 시작으로 나의 인생에 대한 진지한 고민과 함께 인생에서 내가 원하는 것들, 즉 내가 이루고 싶은 것들을 기록해 보자.

4. 인간관계를 위한 나의 습관 진단하기

올포트(Allport)는 성격이 완성된 어떤 사물이라기보다는 이행적(transitive) 과정이며, 어느 정도 안정된 특성을 갖는 반면 연속적인 변화의 특성도 함께 갖는다고 보았다(구현서, 2001). 그러므로 자신에 대해 많이 알고, 자신의 결점을 고치기를 원한다면 자아개념과 성격을 변화시킬 수 있어야 한다.

사람의 성격은 고정적이고 불변하는 형태이거나 특성이 아니며 습관의 복합체이므로, 좋은 성격을 가지기 위해서는 좋은 습관을 개발해 나가야 한다. 좋은 습관을 개발하기 위해서는 인식(knowledge), 기량(skill), 욕구(desire)의 세 가지 요소가 필요하다. 인식이란 무엇을 해야 하고, 또 왜 하는지를 파악하는 것이다. 기량은 어떻게 하는가 하는 방법, 욕구는 하고 싶도록 하는 동기 유발을 말한다. 올바른 습관을 익히기 위해서 이 세 가지 요소를 개발해야 하며, 이 중 한 요소만 없어도 좋은 습관은 개발될 수 없다.

한편, 성공한 사람들의 공통점은 개별적인 습관 자체보다는 사람이 일생 동안매일 효과적으로 살아가고, 신뢰를 바탕으로 대인관계를 맺으며, 상호 간에 이익을 얻을 수 있는 인간관계를 지배하는 법칙, 즉 원칙이 있음을 발견할 수 있다(Covey, 1994).

- 습관 1 - 개인 비전의 원칙: 주도적이 된다.
- 습관 2 - 개인 리더십의 원칙: 목표를 확립하고 행동한다.

- 습관 3 – 개인 관리의 원칙: 소중한 것부터 먼저 한다.
- 습관 4 – 대인관계 리더십의 원칙: 상호 이익을 모색한다.
- 습관 5 – 감정 이입적 대화의 원칙: 경청한 다음에 이해시킨다.
- 습관 6 – 생산적 협조의 원칙: 시너지를 활용한다.
- 습관 7 – 균형적인 자기쇄신의 원칙: 심신을 단련한다.

　지금까지 언급한 여러 가지 다양한 분석과 진단을 통해 나의 인간관계를 저해하는 요인들을 규명해 보고, 나의 인간관계에 부정적인 영향을 미치는 나의 성격 특성이나 바람직하지 못한 습관들을 파악할 수 있다. 특히 개인적 성격상의 문제로 지나치게 공격적이거나 조급함, 의심, 부정적 사고방식과 태도 등은 원만한 인간관계의 형성에 치명적일 수 있다. 반대로 성격이 너무 소극적이고 수동적이어서 자기의 의견을 제대로 표현하지 못하고 숨기고 억압하는 경우도 생산적인 인간관계를 맺기는 어렵다. 또한 개인의 행동 특성과 관련된 측면에서 상대방을 존중하지 않는 태도와 배려의 부족은 인간관계를 저해하는 중요한 요인이 된다. 성인이 되어서도 유아기의 대표적인 성격 특성으로 언급되는 자기중심적 사고가 팽배한 사람들이 의외로 많은데, 그들은 사회적 조망 수용의 수준이 낮아 상대방의 입장이나 객관적 입장에서 조망하지 못하고 자기주장만 앞세우고 자기만 편하면 남이야 어떻게 되든 상관없다는 식의 태도를 가지고 있다. 나, 내 가족, 내 직장만 강조하다 보니 개인 이기주의, 부서 이기주의가 팽배해지는 결과를 초래하게 된다. 이러한 행동을 보이면 어떻게 바람직한 인간관계가 형성될 수 있겠는가? 나보다 상대방을 먼저 배려하는 마음, 존중하는 마음이 전개되어야 원만한 인간관계가 형성될 수 있다.

　바람직한 인간관계를 형성하기 위해서는 우선적으로 인간관계를 저해하는 문제의 원인들을 보다 명확히 규명하고 진단할 필요가 있다. 인간관계 문제를 진단하기 위해서는 심리검사, 상담, 관찰 등의 방법을 이용할 수 있다. 개인의 성격 특성을 측정하는 대표적인 심리검사로는 MMPI(Minnesota Multiphasic Personality

Inventory), MBTI(Myers Briggs Type Indicator), CPI(California Psychological Inventory), 다요인 인성검사, 대인관계성향 검사, A형 성격검사, 자아긍정도 검사 등이 있다. 이러한 성격검사의 결과를 활용하여 인간관계에 특히 부정적인 영향을 미치고 있는 바람직하지 못한 성격 특성들을 발견할 수 있다.

심리검사 외에도 인간관계에 어려움을 겪는 사람들은 개별 상담이나 당사자를 잘 알고 있는 지인들과의 상담, 비슷한 문제로 고민하고 있는 사람들을 소집단으로 구성하여 실시하는 집단상담 등을 통해 인간관계에서의 구체적인 문제들을 좀 더 정확하게 규명해 볼 수 있다. 사실 남들이 볼 때에는 인간관계 형성에 큰 문제를 가지고 있는 것으로 생각되는데도 정작 문제를 갖고 있는 본인은 자신의 문제를 전혀 인식하지 못하거나, 문제가 있는 것을 알고 있어도 큰 문제로 여기지 않는 경우를 주변에서 종종 볼 수 있다.

제12장 인간관계 개선 전략

21세기에 진입한 지 오래지만, 한국 사회를 관통하는 중요한 키워드는 여전히 대인관계와 '인맥'이다. 사람은 요람에서 무덤까지 '인간관계'와 '인맥' 속에서 산다. 특히 오늘날 산업사회를 이끌어 가는 데 인간관계와 인맥은 중추적인 역할을 담당하고 있다. 멀리 갈 것도 없이 아침에 배달된 신문을 한번 펼쳐 보자. 1면 정치 기사부터 마지막 연예오락 기사에 이르기까지, 온통 인간관계와 인맥에 대한 이야기들뿐이다. 이것은 부음 기사, 각종 인물들의 인터뷰 기사에 이르면 가히 정점에 달한다.

인간에게 필요한 제반 활동은 그것이 보다 효율적으로 수행되기 위해서는 인맥이라는 틀을 필요로 하지 않을 수 없다. 사람들은 어떤 형태로든지 인맥을 통해서 생활하고 있다. 좀 더 구체적으로 말하면, 우리는 회사, 관청, 은행, 학교, 병원, 군대, 자선 단체 등과 관련을 맺으면서 일을 하고 있다. 이러한 인맥이 모여서 조직화된 사회를 이루고 있으며, 우리가 어느 조직에 속해 있느냐에 따라 그 조직에서의 성패가 달라지기도 한다.

한마디로 우리는 인맥 속의 인간, 즉 '인맥인'으로서 살아가게 된다. 인맥은 단순히 재화나 서비스만을 제공하는 도구에 그치는 것이 아니라 그 이상의 것으로서 우리 대부분이 생활하는 환경을 만들어 준다. 인간관계는 거미줄 같은 네트워크를 형성한다. 누구나 잘 알고 있고 또한 잘 인지하고 있다시피, 인맥의 영향력은 우리 생활 전반에 매트릭스적으로 종과 횡으로 연결되어 있다.

1. 인간관계 개선을 위한 심리학

이철우(2008)는 관계의 심리를 파헤쳐 좋은 관계를 이끌어 나가기 위한 열두 가지 주제를 제시하였다. 그중 인간관계를 개선하는 데 도움이 되는 몇 가지 주제를 요약해서 정리하고자 한다. 이철우는 사람과 사람 사이의 관계를 규정하는 다양한 요인을 통해 인간관계를 움직이는 심리를 알아보고, 관계의 여러 가지 모습을 하나씩 짚어 가면서 왜 우리가 그런 식으로 행동해야만 하는지를 설명하였다. 대인관계를 개선하기 위한 전략을 수립하는 데 이를 활용하는 것이 바람직하다고 생각되어 그중 몇 가지만 살펴본다.

1) 관계는 첫인상부터 시작된다

우리의 모든 관계는 만남에서 시작된다. 만남 없는 관계란 있을 수 없고, 설사 있더라도 극히 드물다. 만남은 직접 얼굴을 마주한 대면적인 만남이 주류이지만 전화나 메일을 통한 만남도 얼마든지 있을 수 있다. 이러한 만남 가운데에서 가장 중요한 것은 역시 첫 만남일 것이다. 첫 만남이 중요한 이유는 사람들이 보통 첫 만남에서 형성된 인상을 좀체 바꾸려 들지 않기 때문이다. 사람들이 첫인상을 형성할 때에 사용할 수 있는 정보는 대단히 제한적이다. 쓸 수 있는 정보라고는 기껏해야 상대방의 외모, 목소리 정도에 지나지 않는다. 그럼에도 사람들은 첫인상을 형성하는 데에 별 무리가 없다. 무리가 없는 정도가 아니라 사람들은 첫인상으로 상대방의 모든 것을 판단하려 든다. 얼굴 모습과 체격 그리고 신장 등의 겉모습과 제스처, 말투라는 극히 제한된 정보로 그 사람의 성격까지도 판단해 버린다.

뚱뚱한 사람을 보면 낙천적이고 성격이 좋을 것이라고 생각하는 사람도 있다. 반면, 먹는 것 하나 못 참는 절제 없는 사람으로 여겨 버리는 사람이 있다. 마찬가지로 마른 사람을 보곤 지적이고 샤프하다고 생각하는 사람도 있다. 또 얼마나 성질이 못됐으면 저 나이에 살도 제대로 찌지 못했냐면서 속 좁은 사람으로 치부해 버리는 사람도 있다. 이처럼 사람들이란 자기의 경험과 지식을 기준으로 다른 사람의 첫인상을 제멋대로 결정해 버리고 만다. 더욱이 한번 형성된 첫인상은 잘 바뀌지를 않고 계속 꼬리에 꼬리를 물고 이어진다는 것이 더 큰 문제다. 첫인상은 왜 바뀌기 어려운 것일까? 사람들은 극히 제한된 정보에 바탕을 두고 형성된 첫인상을 왜 바꾸려 들지 않을까? 여기에는 여러 가지 이유가 있을 수 있겠지만 첫인상이 바뀌지 않는 가장 중요한 이유는 우리 마음속에 있는 가설 검증 바이어스 편견 때문이다.

사람이란 누군가의 첫인상을 형성하고 난 다음에는 자신이 내린 판단이 옳다는 것을 증명하는 정보만을 선택적으로 받아들인다. 자신이 내린 판단에 들어맞지 않는 정보는 무시하거나 받아들이더라도 쉽게 잊어버린다. 뚱뚱한 사람들은 절제 없는 사람이라고 생각하고 있는 사람을 예를 들어 보자. 이 사람은 뚱뚱한 사람들의 행동 가운데에서 자기의 생각에 부합하는 것만 기억하고 나머지는 아예 무시해 버린다. 이러한 과정을 거듭해 가면서 자기의 생각이 옳다고 제멋대로 확신해 버린다. 이러한 현상을 사회심리학에서는 가설 검증 바이어스라 부른다.

이러한 가설 검증 바이어스는 첫인상뿐만 아니라 우리의 생활 전반에 영향을 미친다. 혈액형에 따라 성격에 차이가 있다는 혈액형 성격학이 들어맞다고 여겨지는 주된 이유 역시 가설 검증 바이어스 때문이다. 혈액형에 부합한다고 여겨지는 성격이나 행동만 의도적으로 수집되고, 또 그것들이 축적된 결과 혈액형이 성격과 관련이 있다고 믿게 된다. 가령 A형의 경우 내성적이고 소심하다는 것을 입증시켜 줄 수 있는 정보만을 받아들인다. A형의 사람이 대범하게 행동하는 것을 보더라도 대수롭지 않게 받아들인다. 그리고 그것은 기억에서 사라진다. 기억에 남는 것은 내성적이고 소심한 행동뿐이다 보니 혈액형 성격학이 맞는 것처럼 여겨지는 것이다.

미국의 한 심리학자는 사람의 성격 특성을 나타내는 555개의 단어를 정리한 적이 있다. 555라는 숫자가 말해 주듯이 사람의 성격에는 다양한 측면이 있다. 게다가 사람의 성격이란 때와 경우에 따라 서로 다른 모습으로 나타날 때가 많다. 직장에서는 자상한 모습으로 일관하는 사람이 집에서는 엄하디 엄한 아버지로 군림하는 것은 드문 일이 아니다. 또한 사람이 많을 경우에는 수줍어 말도 잘 못하던 친구가 친한 친구들끼리만 모였을 때는 전혀 다른 대범함을 보여 주는 경우도 드물지 않다. 사람의 성격에는 여러 가지 측면이 있을 수 있다는 이야기다.

선입관에 의해 형성된 첫인상이 위험한 이유가 여기에 있다. 상대의 성격에는 여러 가지 측면이 있을 수 있는데 극히 제한된 정보만을 자기의 잣대로 재단하여 자기 마음대로 형성한 것이 첫인상이기 때문이다. 이 모두가 가설 검증 바이어스 때문임은 두말할 필요가 없겠다. 결국 우리가 가설 검증 바이어스에 사로잡혀 있는 한, 우리 모두는 첫인상에 쓸데없는 신경을 쓸 수밖에 없다는 것이다.

2) 비교 안 하고 사는 세상은 참 행복하다

아무리 친한 관계라도 비교를 당하면 어느 한쪽은 상처를 입는다. 이것은 세상에서 가장 가까운 관계인 부부라도 예외는 아니다. 요즘 우리나라는 맞벌이 부부가 많아졌다. 생활이 팍팍하다 보니 외벌이로는 생활하기 힘들기 때문이다. 하지만 우리나라는 맞벌이 부부가 마음 편하게 살아갈 수 있는 사회가 결코 아닌 모양이다. 전업주부 가정에서라면 아무 문제가 되지 않을 것이 맞벌이 부부 가정에서는 심한 스트레스를 주는 요인으로 작용하는 경우가 적지 않기 때문이다.

맞벌이 부부들의 상당수가 부부간의 수입 차이 때문에 불만이나 스트레스를 느끼고 있다는 것이 좋은 예다. 이런 것으로 스트레스를 느낀다는 것은 전업주부 가정에서는 이해하기 어렵다. 2008년 5월 13일 인크루트가 발표한 조사 결과에 따르면 맞벌이 직장인 515명 중 부부간 수입차가 나는 494명에게 "수입의 차이로 인한 불만이나 스트레스를 느낀 적이 있는가?"라고 질문해 보았다. 그 결과 전체의 15.4%가 '스트레스를 느낀 적이 있었다.'라고 응답했다. 예상대로 남편의 수입이 시원찮은 경우가 문제가 되는 듯했다. 부인의 수입이 더 좋기 때문에 스트레스를 받는다고 응답한 남성은 24.3%로 전체의 1/4 수준을 차지하고 있었다. 또한 여성의 경우는 자신이 남편보다 수입이 많아 스트레스를 받는다고 응답한 사람이 40.9%나 차지해, 남성보다도 오히려 더 높았다.

우리는 이런 결과를 어떻게 받아들여야 할까? 이런 결과가 나타난 것을 일부 속 좁은 남성들의 알량한 자존심 때문이라고 일축해 버릴 수 있을까? 그렇지는 않을 것이다. 심리적으로 본다면 맞벌이 부부가 수입 차이 때문에 스트레스를 느끼는 것은 너무나 당연하기 때문이다. 이것은 일본의 저명한 소설가 부부인 후지타 요시나가와 코이케 마리코의 사례를 보면 잘 알 수 있다. 두 사람은 세상에서 가장 가까운 관계인 부부간이라도 양자가 비교되어 우열이 판명될 때 그것이 당사자들에게 얼마나 큰 스트레스로 작용하는지를 극명하게 보여 주었다.

일본의 나오키상은 소설가라면 누구나 꿈꾸는 대단히 권위 있는 상이다. 1995년 후지타 부부는 이 상의 후보로 동시에 지명되었다. 엄정한 심사의 결과, 상은 부인인 코이케에게 돌아갔다. 코이케의 고백에 따르면 그 후 두 사람의 가정생활은 고통 그 자체였다고 한다. 누가 뭐라 하지는 않았어도 자존심이 상처받을 대로 받아 자괴감에 빠진 남편, 먼저 상을 받았다는 미안함과 죄책감을 느낄 수밖에 없었던 부인, 이 둘이 꾸려 가는 가정이 순탄할 수는 없었다는 것이다. 고통에 겨운 나머지 코이케는 별거까지 생각했다고 한다. 둘의 지옥 같았던 생활은 후지타가 2001년 나오키상을 수상하게 되면서 종지부를 찍었다. 남편의 수상 소식을 들은 코이케는 만세를 부르면서 좋아했다고 한다.

이 두 사람이 고통에 겨운 생활을 보냈던 것은 남편인 후지타의 속이 좁았기 때문은 결코 아니다. 그의 알량한 자존심 때문은 더더욱 아니다. 가령 후지타가 소설가가 아니었다면 그는 부인의 수상을 진심으로 기뻐했을 것이다. 코이케 역시 자신의 수상을 남편에게 마음 놓고 자랑할 수 있었을 것이다. 문제는 두 사람모두가 소설가였고 나오키상 수상에 대단한 가치를 두었다는 점이다.

사람에게는 긍정적으로 자기를 평가하고 싶어 하고, 또 그 평가를 높이 유지하고 싶어 하는 욕구가 있다. 이러한 자기평가란 다른 사람과의 비교를 통해 높아지기도 하고 낮아지기도 한다. 다른 사람과 비교해 보아 자기가 우월하다고 느끼면자기평가는 높아지지만 반대의 경우는 낮아지는 것이 보통이다. 특히 자기와 관여도가 높고 또 중요하다고 여기는 영역에서 다른 사람과 비교를 해 자신이 열등하다는 판단이 들면 자괴감과 상실감을 느낄 수밖에 없는 것이 사람이다.

우리 사회는 무엇보다 돈에 최고의 가치를 두는 사회다. 그러다 보니 월급의차이를 능력의 차이로 받아들인다. 이런 사회 분위기에서 서로가 최고의 가치라고 여기는 월급에서 차이 나는 것이 스트레스로 작용하지 않는다면 그것이 오히려 이상하다. 사람들이 행복감을 느끼지 못하는 가장 큰 이유는 늘 다른 사람과비교하기 때문이다. 남과 비교하다 보면 만족할 수가 없다. 그리고 만족하지 못하다 보면 행복감을 느낄 겨를이 없다. 행복하고 싶다면 다른 사람과의 비교는 금물이다. 다른 사람과 비교만 하지 않더라도 지금보다 훨씬 행복해진다.

3) 할 말은 반드시 하자

"더러워서 못 해먹겠다. 회사 그만두어야지."라는 말이 입에 밴 사람이 있다. "이제는 죽어도 같이 못 살아. 이혼해야지."라는 말이 입버릇처럼 된 사람도 있다. 하지만 이런 사람들 죽어도 사표 못 쓰고 이혼 못한다. 입으로는 불평불만을하지만 직장생활, 결혼생활을 나름대로 잘해 나가는 것이 이들이다. 따라서 이런사람들과 함께 지내다 보면 사표를 내거나 이혼하겠다는 말을 해도 '또 시작이군.'이라고 생각하며 으레 그러려니 하고 마는 것이 보통이다. 무서운 것은 평소에는 아무런 불평불만이 없다가 갑자기 사표를 내거나 이혼하자는 사람들이다.

이런 사람들은 위의 사람들과는 달리 한번 말을 뱉으면 회사를 그만두거나 이혼한다. 이런 사람들이 사표를 내거나 이혼하자는 말을 하면, 당하는 상사나 배우자는 매우 당황할 수밖에 없다. 평소에는 아무런 불만을 내비치지 않고 묵묵히 자기 맡은 바를 다하고 있었기 때문이다. 이런 탓에 상사나 배우자는 이런 사람들의 직장생활이나 결혼생활에 아무런 문제가 없다고 생각해 왔기 마련이다. 그러다가 의외의 돌연한 사표, 이혼이라는 사태를 마주하게 되면 우선 어처구니없어 하는 것이 보통일 것이다.

돌연한 사직이나 이혼을 감행하는 사람들은 비자기표출적(非自己表出的, non-assertive) 유형이 많다. 이 유형의 사람들은 보통 하고 싶은 말이 있어도 그것을 입에 담지 않고 묵묵히 지낸다. 불만이 있어도 참고, 좋은 일이 있어도 별다른 표시를 하지 않는다. 따라서 주위 사람들은 이런 유형의 사람들의 감정을 제대로 알지 못한다. 더구나 이 유형의 사람들은 다른 사람의 부탁을 잘 들어줄 뿐 아니라 다른 사람이 요구를 하면 무리해서라도 그에 응하려고 한다. 또한 사람들의 부탁을 들어주는 과정에서 생겨나기 마련인 불만을 이야기하지 않기 때문에 주위 사람들로부터 좋은 사람이라는 소리를 듣는 경우가 많다. 사람이란 간사한 구석이 있어, 좋은 사람을 존중해 주고 아끼기보다는 이용해 보려는 경향이 강하다. 잘해 주면 우습게 보려 드는 것이 인간이다.

이런 탓에 비자기표출적 인간에게 사람들은 요구나 부탁을 많이 한다. 상사는 일을 자주 그리고 많이 시킨다. 상사의 입장에서 본다면 사사건건 토를 다는 부하 직원보다는 아무 말 없이 시키는 대로 따라 주는 이러한 유형의 부하 직원이 일을 시키기 편하기 때문이다. 결국 비자기표출적 직원에게 일이 많이 몰리고, 그만큼 이들은 야근을 할 경우도 많아진다. 보통 사람이라면 이러한 경우가 거듭되면 볼멘소리를 하기 마련이지만 이 유형의 직원들은 아무런 불만을 표시하지 않고 맡겨진 일을 묵묵히 해낸다.

비자기표출적인 배우자를 둔 사람들은 자기 멋대로, 마음대로 결혼생활을 해가는 경향이 있다. 상대가 아무런 불만을 표시하지 않으니까 그래도 되는 줄 알고 착각하기 때문이다. 하지만 어떤 인간관계에서도 제멋대로 하는 방식이 통용되는 경우는 없다. 비자기표출적 유형도 감정이 있는 사람이다. 다만 그것을 직접적으로 표현하지 않을 뿐이다. 표출되지 않는 불만은 가슴속에 쌓이고 있다. 이것이 무엇인가를 계기로 어느 날 갑자기 폭발할 때가 온다. 당해 본 사람들은 알겠지만 그것이 폭발하는 순간은 이미 모든 것이 끝난 상태인 것이다.

물론 비자기표출적 사람들이 불만을 전혀 표출하지 않는 것은 아니다. 하지만 이들이 표시하는 방식이 간접적인 경우가 많아 주위 사람들은 대수롭지 않게 여기기 쉽다. 가벼운 농담이나 푸념으로 표시하는 경우가 많아 주위 사람들이 그냥 지나치기 쉬운 것이다. 하지만 이런 유형의 사람들은 듣는 입장의 사람들과는 달리 가벼운 농담이나 푸념으로 자기의 불만을 이야기했다고 생각하기 쉽다. 상대방의 입장을 고려해 불만을 돌려서 이야기했을 뿐 자기의 불만을 다 전달했다고 생각하는 것이다. 그러한 불만을 상대방이 전혀 받아들이지 않는 나날이 계속되다 보면 결국은 폭발할 수밖에 없다.

사람 가운데에는 이러한 유형과는 정반대인 공격적 유형이 있다. 다른 사람의 요구는 안중에도 없고 자기의 요구를 받아들이기만을 강요하는 인간형이다. 또한 제3의 유형으로 자기표출적(assertive) 유형이 있다. 이 사람들은 자기의 주장이나 요구도 중요시하지만 다른 사람들의 그것들도 중요시하는 유형이다. 하지만 우리 사회에 많지는 않다. 지금 우리 사회의 가정에는 공격적 유형과 비자기표출적 유형으로 넘쳐난다. 이것이 우리나라의 이혼율 급증에 일조를 하고 있음은 물론이다.

4) 역할이 사람을 바꾼다

자리가 사람을 만든다는 말이 있다. 평소 별 볼 일 없던 사람도 출세하면 확 달라진다는 의미다. 사람은 대개 어떤 자리에 앉게 되면 그 자리에 맞는 가치관이나 태도를 받아들여 종전과는 다른 모습을 보여 준다. 역할의 내면화가 이루어져 그 자리에 맞게 사람이 변하기 때문이다. 물론 과거와 다르게 보이는 것은 보는 쪽이 그렇게 보기 때문인 경우도 있다. 사람은 보이는 대로 보는 것이 아니라 보고 싶은 대로 본다. 이 말은 우리가 보는 것은 우리가 사전에 갖고 있는 생각이나 감정에 따라 얼마든지 재구성된다는 의미다. 따라서 우리는 출세한 자리가 주는 후광 때문에 사람 자체를 높게 평가하는 경향이 있다. 하지만 출세하면 달라 보이는 것은 보는 쪽보다는 아무래도 자리에 앉은 당사자가 변했다는 데에 더 큰 이유가 있을 것이다. 역할은 사람을 바꾼다. 이것은 다음과 같은 실험을 보면 잘 알 수 있다.

짐바도(P. Zimbardo)의 모의감옥 실험은 얼마 전 〈익스페리먼트(Experiment)〉라는 영화로도 제작되었을 정도로 잘 알려져 있다. 이 실험은 윤리적인 문제로 중도에 포기해야 할 만큼 쇼킹한 결과를 보여 주었던 것으로도 유명하다. 1971년 실시된 실험의 정식 명칭은 '스탠퍼드 감옥 실험(Stanford prison experiment)'인데, 짐바도가 당시 스탠퍼드 대학의 심리학과 교수로 재직하고 있었기 때문에 붙여진 이름이다. 이 실험의 대상은 신문 광고를 보고 찾아온 일반인들이다. 하루 15달러의 보수를 받기로 하고 실험 참가를 희망한 75명의 일반인은 우선 철저한 예비 조사를 받아야 했다. 본인이나 가족이 반사회적 행위에 가담한 적이 있는가, 정신질환을 앓은 적이 있는가 등이 면밀히 체크되었다. 실험이 실험인 만큼 평소 공격적이거나 굴종적인 성향을 가진 사람을 배제하기 위한 예비 조사였다.

조사 결과 심신이 안정되고 건강한 사회생활을 하고 있다고 판단된 21명이 선발되었다. 이 21명이 제비뽑기를 하여 10명은 죄수, 11명은 교도관의 역할을 맡게 되었다. 성격에 따라 분류한 것이 아니라 무작위로 죄수와 교도관의 역할이 할당되었다. 분류가 끝난 후 피험자들에게는 연구의 내용이 상세하게 설명되었다. 그리고 그들은 준비된 계약서에 서명을 한 후 각기 집으로 돌아갔다.

며칠 후 죄수역을 맡은 피험자들은 경찰에 의해 정식으로 연행되었다. 물론 경찰에게는 사전 협조를 받았다. 집 근처에서 체포된 이들에게는 수갑이 채워졌다. 그리고 경찰서로 연행되어 일반 피의자들과 똑같은 취조를 받았다. 지문이 채취

되고 나서 눈이 가려진 채로 대학 내의 모의감옥에 수감되었다. 이들은 죄수복을 입어야 했다. 등과 가슴에는 죄수 번호가 적혀 있었다. 한 방에 3명씩 수감된 채 24시간을 감방 안에서 지내야 했다. 특별히 주어진 일은 없었다. 감방에서 24시간을 보내기만 하면 되는, 어찌 보면 상당히 편한 일이었다. 처음에는 다들 이렇게 생각했으리라.

한편, 교도관의 역할을 맡은 이들은 하루 8시간씩 근무를 하게 되었다. 지휘는 형무소장을 맡은 짐바도와 교도소장을 맡은 학부 학생들이 맡았다. 1일 3교대의 근무 체제가 시행되었다. 교도관의 역할을 맡은 사람들은 근무 시간이 끝나면 각자 귀가하여 일상적인 생활을 하면 되었다. 이러한 교도관의 역할은 제비뽑기로 결정되었을 뿐이며 그들이 교도관 역할을 맡게 된 것도 우연에 지나지 않는다는 것이 철저하게 주지되었다. 자신들이 교도관에 적합하기 때문에 교도관 역을 맡게 되었다는 오해를 불식시키기 위해서다. 체벌이나 폭력은 철저히 금지되었지만 그 이외의 구체적인 행동 지침은 주어지지 않았다. 죄수를 감시하는 역할만 수행하면 되는 것이다. 교도관들은 경찰봉과 호루라기를 지녔고 카키색의 교도관복을 착용했다. 죄수는 등과 가슴에 번호가 새겨진 줄무늬 죄수복을 입었다. 그리고 발에는 족쇄가 채워졌다. 죄수들에 대한 호칭은 이름이 아닌 101호, 103호와 같은 번호가 대신했다.

얼마 지나지 않아 죄수와 교도관의 행동에 미묘한 차이가 드러나기 시작했다. 즉, 역할의 내면화가 시작된 것이다. 우선 말투에서 차이가 드러났다. 교도관들에게는 명령조의 말이 입에 배었다. 반면, 죄수들은 지극히 수동적인 어투를 보였다. 또한 교도관들은 금지된 체벌 대신 말로 죄수를 모욕하는 경향이 두드러졌다. 교도관들은 죄수들의 반항적인 태도는 물론 일상적인 질문이나 농담 따위에도 민감하게 반응했다. 그리고 곧 공격적인 태도를 취했다. 그러자 죄수들은 그저 그냥 있는 게 상책이라는 듯 아무런 반응도 보이지 않게 되었다. 그냥 우두커니 앉아 있을 뿐이었다. 교도관들의 행동은 시간이 경과할수록 공격적으로 변해 갔다. 식사를 제공하는 그들의 의무에 대해서도 무슨 선심이나 쓰는 듯이 거만한 태도를 보였다. 교도관들은 그들이 맡은 역할을 대단히 마음에 들어하는 듯했다. 교대 시간에 늦는 사람이 한 사람도 없을 정도였다. 교대하는 팀에서 가장 공격적인 사람이 리더의 역할을 맡는 것이 관찰되었다.

실험 이틀째가 되자 죄수의 상태가 심각해졌다. 10명 가운데 5명이 흐느껴 울거나 분노를 폭발하였다. 우울증 등의 병적 증세를 나타내는 사람도 나왔다. 증세가 심각한 5명은 이틀째에 석방되었는데 그중의 한 사람은 치료를 요할 정도의 심인성 발진 증세를 보이기까지 했다. 결국 이 실험은 6일째에 중지되었다. 피험자들의 역할 내면화가 예상 외로 심각해, 더 이상 진행할 수 없는 상태가 되고 만 것이다.

이러한 현상이 벌어진 가장 큰 이유는 죄수들의 정체성 상실이다. 죄수들은 번호로만 불렸다. 이름을 아는 사람조차 없었다. '우리가 일상생활에서 갖고 있는 이름＝정체성'이라는 등식이 완전히 깨짐으로써 죄수들은 무기력해졌던 것이다. 두 번째 이유는 교도관들의 무제한적인 권력 행사다. 교도관들은 그들에게 주어진 권한을 확대 해석하는 경향이 있었다. 식사나 세면과 같은 자기들의 일조차도 큰 권력이라도 되는 양 착각했다. 가령 식사를 줄 때도 죄수들이 얌전하게 있었기 때문에 준다는 식으로 행동했다. 세 번째 이유는 복종과 무기력이다. 이처럼 교도관들의 무제한적인 통제를 받는 상황에서 죄수는 복종할 수밖에 없다. 결국 그들은 학습된 무력감에 빠지고 말았다. 학습된 무력감이란 자신의 힘으로 대처할 수 없는 상황을 경험한 사람은 자신이 대처할 수 있는 상황에 처하더라도 전혀 해결하려고 시도조차 하지 않는 현상을 말한다. 설사 해결을 시도하더라도 그 반응 속도가 지극히 늦다는 것이 특징이다. 이런 상태에 빠지면 감정적 균형이 무너져 위기에 대처하려는 의욕도 없고 불안과 우울감이 감정을 지배한다.

이처럼 역할은 사람을 바꾼다. 어찌 보면 역할에 따라 사람은 바뀔 수밖에 없다. 사실 우리도 누구나 다양한 역할을 맡고 있다. 가정에서는 아빠나 엄마의 역할, 본가에 가면 아들이나 딸의 역할, 친구 사이에서는 친한 동년배의 역할, 회사에서는 성실한 직장인의 역할, 학교에 가면 열성 있는 학부모의 역할 등등. 우리는 이처럼 다양한 역할을 아무런 문제 없이 수행해 내고 있다. 역할에 맞는 페르소나가 미리 준비되어 있기 때문이다. 페르소나는 연극에서 썼던 가면을 말한다. 우리는 역할에 따라 능숙하게 변하면서도 다른 사람이 그렇게 하면 그대로 보지 못하는 경향이 있다. 특히 동료나 주위 사람이 출세한 모습을 보면, "출세하더니 사람 달라졌는데." 하며 빈정댄다. 하지만 사람이 달라졌다고 비아냥거릴 일이 전혀 아니다. 당신도 출세하면 마찬가지 모습을 보여 줄 터이니 말이다. 역할이 사람을 바꾼다는 것만 알아두어도 관계에서 오는 스트레스를 상당량 줄일 수 있다. 역할 때문에 사람이 바뀌었다는 것을 인정해 준다면 종전과는 다른 관계로 업그레이드하기도 쉬울 것이다.

2. 인간관계 개선을 위한 대인사고와 대인신념의 변화

인간관계의 실질적인 개선을 위해서는 앞 장에서 살펴본 인간관계와 관련된 문제를 파악하고 진단하는 일뿐만 아니라 새로운 생각의 전환과 훈련이 필요하다. 현재 자신의 인간관계가 만족스럽지 못하다면 과거의 인간관계를 새롭게 변화시키는 것이 꼭 필요하다. 인간관계를 변화시키기 위해서는 먼저 대인사고나 대인, 신념과 같은 인지를 변화시키고 행동을 변화시켜야 한다.

불만족스러운 대인관계는 불쾌한 감정을 유발하고 크고 작은 대인 사건으로 구성된다. 이러한 대인 사건을 자세하게 분석하여 부적응적인 요인을 변화시키는 것이 필요하다. 앨버트 엘리스(Albert Ellis)나 아론 벡(Aaron Beck)과 같은 인지치료자들은 몇 가지 가정을 기초로 인지적 기법을 제시하였다. 첫째, 불쾌한 감정은 외부적 사건보다는 그 사건의 의미에 대한 개인의 사고 내용에 따라 결정된다. 둘째, 대부분의 불쾌 감정은 유발 사건의 의미를 과장하거나 왜곡하여 생성된다. 셋째, 유발 사건에 대한 과장되고 왜곡된 의미 내용을 변화시킴으로써 결과적 감정은 변화될 수 있다.

권석만(1998)은 인간관계 개선을 위한 인지적 방법에 대해 다음과 같이 설명하였다. 친구와의 관계를 악화시키고 소개받은 이성과 좋은 관계를 맺지 못하고 여러 사람 사이에서 고립되고 싶은 사람은 없다. 타인과 좀 더 긍정적이고 친밀한 관계를 증진하는 것이 궁극적 목표라면 확인할 수 없는 사건의 의미를 왜 굳이 부정적인 방향으로 해석해야 하는지, 그런 의미 해석이 관계 증진에 어떤 도움이 되는지, 또는 친구와의 관계를 악화시키지 않는 다른 의미 해석 방법은 없는지를 생각해 보는 것이 필요하다.

인간관계에서 불쾌 감정을 자주 느끼는 사람은 자신이나 타인의 행동을 부정적으로 해석하는 경향이 있다. 따라서 자신의 행동에 대해서 부적절하고 미숙하게 행동했다는 부정적인 평가를 하게 된다. 또 이러한 사람은 타인의 행동에 대해서도 그 의도를 악의적이고 부정적인 것으로 해석하려는 경향이 있다. 그리고 자신의 해석 내용이 사실적이며 논리적인 것이라고 느낀다. 자신의 사고 내용에 대한 확신이 들기 때문에 대안적인 생각을 할 여유를 갖지 못한다. 설사 대안적인 사고를 생각해 보더라도 그러한 사고는 억지로 낙관적인 생각을 해 본 것일 뿐 사실과는 거리가 먼 것으로 느낀다.

부적응적인 인간관계를 나타내는 사람은 경직되고 비현실적인 대인신념을 갖고 있다. 따라서 자기 자신과 타인에게 여러 가지 까다로운 규정을 부여한다. 이러한 규정은 비현실적인 것이기 때문에 자신과 타인에 의해 지켜지지 못한다. 그 결과 타인에 대해 분노를 느끼게 되고 자신에 대해서는 자책을 하게 된다. 이러한 대인신념과 규정이 자기 자신에게는 너무나 당연하고 당위적인 것이라고 느끼게 되고, 다른 대안적 신념은 생각할 수 없다. 설사 좀 더 유연하고 현실적인 대안에 대해서 생각해 보지만 이는 구차한 합리화에 지나지 않는다고 생각하게 된다. 이는 누구나 경험하는 자연스러운 현상이다. 이러한 사고방식과 신념은 오랜 기간을 거쳐 습득된 습관과 같은 것이기 때문에 자신에게 익숙하고 올바른 것으로 여겨진다.

또한 이러한 인지적 기법이 과거 경험에 대해서는 대체로 효율적으로 적용된다 하더라도 새로운 상황에 부딪히면 과거와 마찬가지로 부정적인 신념들이 떠오르게 된다. 그렇기 때문에 인지적 기법이 자신의 인간관계를 개선하는 데 별 도움이 되지 않는다고 속단하여 쉽게 포기하는 사람들이 있다. 자신의 인간관계가 불만스럽고 고통스러우며 따라서 좀 더 편안하고 효율적인 인간관계를 바란다면, 자신의 사고방식과 신념을 변화시키는 것이 가장 중요하고 효과적인 방법이다.

인간의 사고방식과 신념은 단기간 내에 쉽게 변화하지 않는다. 그렇지만 사고방식과 신념은 진지하게 지속적으로 꾸준히 노력하면 변하게 되며, 노력에 비례해서 변화하게 된다. 과거에는 심한 분노를 느끼고 극심한 불안을 느꼈을 상황에서도 좀 더 완화된 감정으로 여유를 가지고 상황에 대처할 수 있게 된다. 결국 인간관계에 대한 대인사고와 대인신념을 변화시키기 위해서는 나 자신의 끊임없는 노력과 중간에 포기하지 않는 지속적인 시도가 이루어져야 한다. 때로는 자신의 생각대로 혹은 신념대로 인간관계가 진행되지 않을 때가 있지만, 긴 인생 여정을 생각해 보면 그리 큰 문제가 되지 않을 수 있다. 그러므로 인간관계를 개선하기 위해서는 무엇보다 조급하게 생각하지 않고 여유를 가지고 지속적인 변화를 시도하고 노력을 기울이는 것이 중요하다고 할 것이다.

3. 인간관계 개선을 위한 대인기술

1) 대인관계에서 꼭 지켜야 할 것들

우리는 사회생활을 하면서 대인관계에서 꼭 지키고 알아야 할 것들이 있다는 것을 잘 알고 있지만 실천하지 못할 때가 많다. 여기서는 알고는 있지만 지키기는 어려운, 대인관계에서 꼭 필요한 실질적인 기술들을 몇 가지 제안하고자 한다.

첫째, 기쁜 일은 몰라도 슬픈 일은 죽어도 가야 한다. 사람을 만나다 보면 약속이 겹치는 경우가 종종 있다. 약속이야 어느 약속이 중요하지 않겠느냐만은 정말 불가피하게 선택을 해야 하는 상황이라면 반드시 슬픈 일을 우선으로 가야 한다. 사람이란 힘들 때 마음이 약해지고 예민해지는 법이다. 쉽게 말해, 결혼식에 찾아온 사람은 손님 중 한 명으로 보이지만, 장례식이나 삼일장에 찾아온 사람에 대해서는 가족과 맞먹는 강한 유대감을 느끼게 된다. 그렇게 인식되고 나면 나중에 관계를 발전시켜 나가는 것이 일사천리로 진행될 수 있다. 또 하나 덧붙이자면 사람의 특성상 노는 걸 좋아하지 같이 울어 주고 위로해 주는 걸 좋아할 사람은 없다. 당연히 손님들 수도 차이가 날 수밖에 없다. 그만큼 애사(悲事)에는 한 명 한 명이 귀한 손님이 되는 것이다.

둘째, 인사는 받는 사람이 인식하고 답례를 할 때 인사다. 지하철이나 버스에서 인사를 많이 받고 하게 되지만, 이 상황에서는 인사를 제대로 하는 사람을 본 적이 없을 것이다. 따지고 보면 인사가 아니라는 뜻이다. 버스 기사님들도 분명 처음에는 인사하면서 근무하셨을 것인데, 이를 받는 사람들은 백이면 백 무시하거나 목례만 하는 경우가 많다. 목례는 인사가 아니고, 절대로 받는 사람이 인사라고 느낄 수 없다. 개인적으로 제일 안타까운 직업이 톨게이트 직원이라는 생각이 든다. 하루에 몇 천 번씩 수많은 사람으로부터 인사를 무시받고 있기 때문이다. 참 상투적일지도 모르지만 인사는 대인관계의 기본이다. 상사나 선후배들을 대할 때 항상 상대가 인사라고 느끼도록 인사를 해야 한다. 그러면 대인관계는 반드시 달라지게 될 것이다.

셋째, 약속은 제대로 정확하게 잡는다. "우리 언제 시간 나면 만나요." 우리가 항상 주고받는 말이다. 이 말처럼 상투적이고 제대로 지켜지지 않는 말은 없을 것이다. 만남은 대인관계의 출발이고, 누구나 상대방의 본심을 알기 힘들기 때문에 만날 약속을 먼저 제시하기란 쉽지 않다. 그렇지만 상대가 말을 건넨다면 바로 대시하는 것이 좋다. 상대가 "언제 시간 나면 만나자."라는 말을 하는 순간 정확한 약속을 잡아야 한다. 물론 자연스럽게 대화가 유도되도록 준비를 하는 것은 기본이다. "솔직히 저도 또 한 번 뵙고 싶은데, 이럴 게 아니라 지금 구체적으로 약속을 정해 보는 것이 어떨까요? 제가 최근에 ~한테 ~가 그렇게 좋다고 들었는데."

만나자는 말을 했다면 어느 정도 나에 대해서 나쁘게는 생각 안 한다는 것을 암시하는 것이다. 특히 쌍방을 호칭하는 말(우리, 둘이서, 대학 동기로서, 직장 친구로서 등)은 호감을 가지고 있다는 뜻이기 때문에 놓쳐서는 안 된다.

넷째, 틈만 나면 끊임없이 남의 장점을 부각하라. 여기서 남이란 대화를 하고 있지 않은 제3자를 말한다. 대부분의 경우 직접적 칭찬을 하는데, 그다지 효과적이지 않고 오해의 소지가 있을 수 있다. 사람을 만날 때마다 자기가 알고 있는 다른 사람들에 대해서 자랑거리를 늘어놓으라는 것이다. 물론 자연스럽게. 그리고 만남을 주선하고, 모임도 확대시키라는 것이다. 예를 들어, A랑 따로 만나고 B랑 따로 만났다면 A와 B를 소개하여 다음부터는 AB를 같이 만나는 것이다. 그것이 누적되다 보면 자신의 인맥이 확장되고 인간관계가 더욱 견고해진다. 그리고 자연스럽게 자신이 중개자 역할을 하게 되기 때문에 인간관계에서 주도권을 잡을 수 있다.

다섯째, 많이 듣고 말을 아끼되 말할 때는 주로 물어보는 것이 좋다. 특히 처음 대면하는 사람한테는 절대 말을 많이 하면 안 된다. 대화의 주도권은 항상 상대에게 넘기고, 자기주장, 이의 제기, 농담 및 비속어를 섞어서 대화하는 방법은 친해진 다음에 통용되는 대화법이다. 대화할 때는 많이 물어보는 것이 좋다. 대화에서 기본은 상대가 입을 열게 만드는 것이다. 예, 아니요로 대답할 수 있는 질문은 안 하는 것이 좋다. 가볍게 말할 수 있는 말들은 "여기까지 어떻게 오셨나요? 여기 찾으시는 데 어려움은 없으셨나요?" 등이 있다. 질문의 기본 마인드는 상대를 배려하면서 정보를 얻어 낸다는 것이다.

인간관계는 상호작용이며, 상호작용은 구체적인 행동의 교환으로 이루어진다. 상대방에게 호감과 애정을 지니고 있으면서도 표현방법이 미숙하여 그러한 자신의 마음을 잘 전달하지 못하는 사람들이 많다.

2) 상황별 대인기술의 활용

조금 더 구체적인 상황에 맞는 대인기술, 즉 우리가 일상적으로 자주 마주치게 되는 상황별 대인기술을 알아보자. 인간관계가 시작되고 점차 진전되면 다른 상황을 마주치게 되는데, 상황에 따라 필요한 대인기술들은 달라질 수밖에 없다. 인간관계를 발전시켜 나가기 위해서는 특정 상황에서 쓰이는 대인기술만 가지고는 어렵기 때문에 상황별 대인기술을 습득하고 지속적인 노력을 기울여야 할 것이다.

(1) 자기소개 상황

우선 자기소개 상황을 들 수 있다. 우리는 성인이 되면서 점점 더 자기소개를 해야 할 상황을 많이 접하게 된다. 첫 만남의 상황은 매우 다양한데, 만남의 계기, 목적, 대상에 따라 우연한 만남과 계획된 만남, 사적인 만남과 공적인 만남, 친목적인 만남과 업무적인 만남, 개인적 만남과 집단적 만남, 동성과의 만남과 이성과의 만남, 연장자와의 만남과 연하자와의 만남 등으로 구분해 볼 수 있다. 대다수 인간관계의 시작은 낯선 사람과의 첫 만남에서 출발한다. 첫 만남은 자기 자신을 알리는, 즉 소개하는 것부터 시작되는 것이 일반적이다. 자기소개는 첫인상을 형성하는 데 중요한 역할을 하며 앞으로의 관계 진전에 큰 영향을 미칠 수 있다. 최근에는 취업을 위한 자기소개가 매우 중요한 일로 부상되고 있어서 대학생들이 특별한 코치를 받거나 자기소개를 연습하기도 한다. 이렇듯 자기소개가 어떤 경우에는 자신의 운명을 결정할 수 있을 정도로 매우 중요한 일이 되기도 한다.

우리는 주위에서 자기소개를 잘 못해서 곤란을 겪는 사람을 가끔 보곤 한다. 자기소개가 공식적인 경우 또는 많은 사람 앞에서 이루어져야 하는 경우에 더욱 그러하다. 개인적 만남에서는 자연스럽게 자기소개를 잘하는데, 공식적인 경우나 많은 사람 앞에서는 자신을 알리는 것이 매우 힘든 경우다. 또는 동성 간의 첫 만남에서는 자기소개를 잘하는데, 이성과의 첫 만남에서는 자기소개를 잘 못하는 경우도 있다. 그렇다면 자기소개는 어떻게 하는 것이 잘하는 것인지 살펴볼 필요가 있다. 자기를 소개할 때 유의해야 할 점들을 몇 가지 알아보자.

첫째, 자기소개는 그 만남의 목적과 대상에 따라 다르게 이루어져야 한다. 즉, 만남의 목적과 대상에 따라 자기소개의 내용, 길이, 방법, 시간 등을 조절해야 한다. 예를 들어, 공식적인 첫 만남의 대표적인 경우가 취업을 위한 면접 상황일 것이다. 면접은 어떤 경우보다 자기 자신을 짧은 시간 안에 확실하게 소개해야 하는 자리로 매우 진지하게 임해야 하지만, 이성 친구를 소개받는 첫 만남의 자리라면 자기소개를 성실하게 해야 하겠지만 너무 딱딱하고 경직될 필요는 없을 것이다. 또는 친구들끼리 생일 파티를 하는 자리에서 처음 만나게 되는 사람들에게 자기소개를 할 때는 유머와 농담을 섞어 가며 재미있게 해도 상관없겠지만, 직장 선후배들이 만나는 자리에서 자기소개를 할 때는 너무 가볍게 자기를 소개하는 경우 자유분방한 직장 상사는 수용적인 태도를 보이겠지만 보수적인 상사는 불쾌감을 느낄 수도 있을 것이다.

둘째, 자기 자신의 특성을 확실하게 잘 알릴 수 있는 자기소개를 한다. 우리는 자기소개를 하라고 하면 자기의 고향이 어디이고, 가족관계는 어떻게 되고, 지금 사는 곳은 어디인지를 소개하는 경우를 많이 본다. 하지만 그런 것들은 자기 자신의 특징이 아니라 호구조사의 내용을 알리는 것에 지나지 않는다. 따라서 자기소개를 할 때는 자기 자신의 특징적인 것들, 즉 경력, 성격, 관심사, 취미, 특기 등 자신의 고유한 것들을 소재로 하는 것이 좋다. 경우에 따라서는 다른 사람들과는 독특하게 다른 자신의 이름이나 신체적 외모가 자기소개의 소재로 적합할 수 있다. 그렇다고 해서 자신의 장점만을 늘어놓아선 안 될 것이다. 자기를 지나치게 과시하는 식의 자기소개는 상대방에게 오히려 거부감을 줄 수 있다는 점을 기억해야 한다.

셋째, 자신의 특성을 잘 알릴 수 있는 자기소개 방법을 철저하게 준비하는 것이 필요하다. 자신의 이름, 외모, 신분, 경력, 성격, 취미, 관심사, 특기 등에 있어서 독특한 점을 잘 부각할 수 있는 재치 있는 자기소개 방법을 개발할 필요가 있다. 특히 만남이 예상되는 경우에는 만날 상황과 상대에 따라 자기소개를 어떻게 할 것인가를 미리 생각하고 준비하는 것이 바람직하다. 보통 여러 사람이 모인 자리에서 자신을 소개할 경우가 많은데, 이러한 상황에서 자신을 어떻게 소개할 것인지를 미리 연습해 보는 것이 필요하다. 자기소개를 재미있고 인상 깊게 해야 한다는 부담감을 가질 필요는 없으며, 오히려 이런 부담감이 자연스러운 소개를 방해할 수도 있다. 중요한 것은 여러 사람 앞에서 자기소개를 잘할 수 있도록 지속적으로 노력하는 것이라고 할 수 있다.

넷째, 첫 만남에서 자기소개는 상호작용적이어야 한다. 특히 개인적인 만남에서 자기소개를 할 경우 자신의 소개만을 장황하게 하기보다 상대방에게 자기소개를 할 기회를 적절하게 배분해 주고 상대방에게 맞춰 자신의 소개도 진행하는 것이 좋다. 즉, 상대방과의 호흡을 맞춰 자신에 대한 정보를 주고 상대방의 정보를 받는 식으로 서로 소개를 교환하는 것이 바람직하다는 것이다. 첫 만남에서의 자기소개는 쌍방이 기본적인 것들에 대한 공개를 하는 것이므로 자기에 관한 정보만을 일방적으로 전달하는 것은 상대방에게 부담을 줄 수 있다. 자신에 대한 정보를 하나 공개했다면 상대방도 그에 맞는 정보를 공개하는 것이 바람직하며, 너무 깊은 수준의 정보를 공개하는 것은 상대방에게 깊은 수준의 정보를 공개하도록 하는 암묵적 강요로 작용하기 때문에 조심할 필요가 있다.

다섯째, 자기소개는 언어적인 표현만이 아니라 외모, 옷차림새, 자세 및 태도 등의 비언어적인 수단을 통해서도 이루어질 수 있다는 점을 알아야 한다. 첫 만남에서 상황과 상대에 따라 말로 소개할 내용을 준비하는 것도 중요하지만, 상황과 상대에 따라 옷차림새를 맞추고 자세나 태도, 행동도 신경을 써야 한다는 것이다.

(2) 관계의 진전: 대화 기회의 포착

인간관계의 시작은 첫 만남에서의 자기소개를 통해서 이루어지지만, 그 후 관계의 발전은 대화를 통해서 이루어진다. 첫 만남에서 자기소개를 하고 나면 서로 어느 정도 아는 사이가 되지만, 아직 친밀한 관계는 아닐 것이다. 그 이후로 우연히 만나게 되든, 의도적으로 만나게 되든 만남이 이어지게 되면 인간관계의 발전을 위해서는 대화가 필요할 것이다. 부적응적인 인간관계를 보이는 사람은 많은 사람을 소개받아도 인간관계를 발전시키지 못하고 그냥 스쳐 지나가는 관계로 끝내는 경우가 많다. 이는 상대방과의 대화 기회를 포착하지 못하고 대화를 통한 관계 진전을 이룰 수 없기 때문이다. 아는 사이에서 친밀한 사이로 관계를 진전시키기 위해서는 서로 대화를 나눌 기회를 포착하고 또한 그런 기회를 조성하는 것이 필요하다.

대화 기회를 포착하기 위해서는, 첫째, 우연히 만나게 된 만남이라도 상대방에 대한 관심을 표현하는 것이 좋다. 상대방과 우연히 만나게 된 상황이라도 반갑게 인사를 하고 상대방의 근황 등을 물어보면서 상대방에 대한 관심을 표명하는 것이 바람직한 인간관계를 발전시킬 수 있다. 둘째, 우연한 만남이 이루어졌을 때 대화를 나눌 기회를 포착하는 것이 중요하다. 이런 상황에서는 우선 상대방의 현재 상황이 어떠한지를 알아보는 것이 필요하다. 즉, 상대방이 지금 한가한 시간이라 차를 마실 수 있을 정도의 여유가 있는지, 바쁘게 어떤 일을 처리하는 중인지를 확인해야 한다. 셋째, 상대방과 우연히 마주쳤을 때 대화를 나눌 수 있는 적합한 장소를 알아두는 것도 중요하다. 대화를 나누기에 적합한 장소인지 혹은 어수선한 곳인지에 따라 대화를 나눌 수 있는지의 여부가 결정될 수 있다. 넷째, 대화를 할 때는 무엇보다 편안하고 상대방에게 부담을 주지 않는 주제를 준비해야 한다. 아직 친밀하지 않은 상대방과 대화를 나누려면 다소 긴장이 되고 어색할 수도 있기 때문에 서로 부담 없이 주고받을 수 있는 화제로 대화를 시작하는 것이 좋다. 공개해도 무방한 최근의 근황이나 공통의 관심사 또는 최근 사회적 이슈와 같은 서로에게 편안한 화제로 자연스럽게 대화를 유도하는 것이 좋다. 마지막으로, 친밀한 관계로 발전할 수 있는 대화의 기회를 가로막는 다양한 요인에 대한 자각이 필요하다. 인간관계에의 무관심, 여유 없이 바쁘게 살아가기, 인간관계에 대한 소극적인 태도 등은 인간관계를 저해하는 요인으로 작용할 수 있다. 따라서 이러한 요인들을 극복하려는 노력과 인간관계의 폭을 넓히기 위해 새로 알게 된 사람들과 대화할 수 있는 기회를 포착하기 위한 노력을 지속적으로 시도해야 할 것이다.

(3) 관계의 발전: 경청하기

인간관계는 서로의 생각과 감정을 교환하는 의사소통 과정으로 유지되고 발전된다. 상대방의 말을 잘 들어 준다는 것은 그 사람의 생각과 감정을 잘 이해하기 위한 노력으로 인간관계에 있어서 매우 중요하다. 경청하기가 잘 되는 사람은 자신의 의사를 표현하는 것에 능숙하기보다 상대방의 말을 들어 주는 것을 더 잘하는 사람으로 인간관계를 원숙하게 잘 이끌어 가는 사람들이다. 상대방을 깊이 있게 이해하기 위해서는 상대방이 하는 말에 대한 경청이 필수적이라 할 수 있다. 또한 우리는 자신의 말을 진지하게 경청해 주는 사람에게 호감을 갖게 될 것이다. 자신이 얘기하는 동안 딴청을 피운다거나 주의를 기울이지 않으면 기분이 어떠하겠는가? 그러한 기분은 상대방의 경우에도 마찬가지로 나타나게 될 것이다.

상대방의 말을 잘 경청하기 위해서는 몇 가지 지켜야 할 것이 있다. 첫째, 상대방에 대한 관심을 기울여야 한다. 상대방을 존중한다면 상대방의 말에도 귀를 기울여 주어야 하며, 상대방의 말을 경청한다는 것은 그 자체로서 상대방에게 관심과 존중을 보여 주는 것이라 할 수 있다. 둘째, 잘 경청한다는 것을 행동으로 표현할 필요가 있다. 상대방이 얘기를 하는 동안 상대방의 눈을 쳐다보거나, 고개를 끄덕이며 동의를 표하거나, 몸을 상대방 쪽으로 기울이는 행동을 보여 줌으로써 내가 상대방의 얘기에 주의를 기울이고 경청하고 있다는 것을 전달하게 되면 상대방도 이야기하는 것이 즐겁고 신나게 될 것이다. 셋째, 적극적인 경청을 하고 있다는 것을 보여 주기 위해서는 능동적인 참여가 있어야 한다. 상대방이 이야기하는 동안 경청하고 있다면 상대방에게 능동적으로 질문도 하고 자신이 이해하고 있는 바를 상대방에게 전달도 해야 한다.이러한 적극적인 경청 행동은 상대방으로 하여금 자신이 정말 관심을 받고 있으며 깊이 이해받고 있다는 느낌을 갖게 한다. 넷째, 경청을 하고 있다는 것은 상대방이 화제의 주도권을 가지고 있다는 것을 의미한다. 인간관계에 서투른 사람들에게 부족한 대인기술이 바로 경청이라고 할 수 있다. 상대방이 이야기를 하는 도중에 말을 자르거나 엉뚱한 화제로 돌리는 등 부적절한 행동을 하여 상대방을 당황스럽게 하거나 불쾌하게 만드는 것이다.

(4) 깊이 있는 관계: 공감 표현하기

상대방의 말을 잘 듣고 경청하는 일 못지않게 중요한 것이 바로 공감이라고 할 수 있다. 공감은 깊은 수준의 정서적 교감으로 마음을 함께 나누는 일이다. 공감은 인간관계를 더욱 깊이 있게 만들 수 있는 가장 중요한 요인이기도 하다. 공감을 표현한다는 것은 상대방의 입장과 관점에서 상대방의 의견과 감정을 이해하고 느낀 대로 전달해 주는 일이다.

공감을 표현할 때 유념해야 할 사항은 다음과 같다. 첫째, 공감을 표현하는 것은 상대방의 말 속에서 상대방의 감정, 사고, 신념을 포착하는 일이므로, 상대방의 말을 표면적으로 이해하기보다는 말 속에 담겨 있는 숨은 의미까지도 이해하도록 노력해야 한다. 둘째, 공감 표현하기는 상대방의 말을 상대방의 입장과 관점에서 이해하려고 하는 태도다. 상대방을 이해하는 일은 쉽지 않다. 상대방의 입장과 관점에서 상대방을 이해하기 위해서는 그가 누구인지를 아는 것이 선행되어야 한다. 셋째, 공감 표현하기는 자신이 느낀 바를 상대방에게 전달하는 일이다. 상대방이 표현한 표면적인 의미뿐 아니라 내면적 의미까지도 이해한다는 것을 상대방에게 전달해 주는 일인데, 특히 상대방이 느끼고 있는 감정에 대해 내가 느끼는 바를 전달해 주는 것이 중요하다. 이러한 태도를 공감적 이해라고 하며, 이는 심리상담 전문가들이 주로 사용하는 상담기술이라고 할 수 있다.

사람은 누구나 이해받고 싶어 하는 존재다. 그렇기 때문에 우리는 늘 누군가 내 마음을 알아주는 사람이 곁에 있었으면 하고 바란다. 상대방이 자신의 생각과 감정을 헤아려 줄 때 우리는 자신이 충분히 이해받고 있다는 감동을 느끼게 된다. 이러한 공감적 이해를 나눌 수 있는 사람은 나에게 의미 있는 존재가 될 것이다.

그리고 그런 친구가 곁에 있다면 서로 마음이 통하는 사이라고 할 수 있다. 인생에서 이러한 친구와 함께할 수 있다는 것만으로도 큰 재산을 얻었다는 뿌듯함을 느끼게 될 것이다.

(5) 자기노출하기: 자기표현하기

상대방에게 공감을 표현하고 수용하는 자세를 보이는 일도 중요하지만, 자신의 마음 상태나 고민을 털어놓는 것도 매우 중요한 일이다. 자기 자신을 노출한다는 것은 자신의 감정, 사고, 욕구, 바람 등의 내면의 심리적 상태까지도 다른 사람에게 전달하는 것이다. 상대방에게 자신의 심리적 상태나 속마음을 분명하고 정확하게 전달하는 일은 쉽지 않은 일이지만, 깊이 있는 인간관계를 맺기 위해서는 필수적인 요소라 할 수 있다. 인간관계에서 어려움을 겪는 사람들 중에는 자기노출이 잘 안 되는 사람들이 많다. 또한 어떤 사람은 상대방을 좋아하면서도 좋아하는 감정을 표현하지 못해 관계의 진전을 이루지 못하는 경우도 있다. 한국 문화는 전통적으로 자기 감정이나 욕구를 외현적으로 잘 드러내지 않는 문화다. 즉, 자신의 내면상태를 직선적으로 표현하기보다는 우회적이고 간접적인 방법으로 표현하는 문화라는 것이다. 이러한 간접적인 표현방법은 때로는 내숭을 떠는 행동 등으로 비춰질 수 있으며, 따라서 간혹 오해를 낳기도 한다. 이러한 오해는 인간관계를 악화시키고 와해시키는 장애물로 작용하기도 한다.

이 외에도 여러 가지 대인기술이 필요할 경우가 있는데, 예를 들면 긍정 감정 표현하기, 부정 감정 표현하기, 부탁하기와 거절하기 등이다. 우리가 일생 동안 살아가면서 여러 가지 다양한 상황에서 인간관계를 해치지 않기 위해 취해야 할 대인기술들은 많다. 즉, 우리는 인간관계를 맺고 유지하고 발전시켜 나가기 위해 그때그때 상황에 맞는 다양한 대인 행동을 해야만 한다.

4. 효과적인 인맥 관리

우리는 우리 사회에서 인맥이 중요하다는 것을 알고 있지만, 인맥을 관리한다는 것이 말처럼 쉽지 않다는 것도 잘 안다. 유용미와 황소영(2003)은 『세상에서 가장 든든한 인맥 지도를 그려라』라는 책에서 인맥 만들기가 얼마나 중요한 일인가를 밝히고 있다. 경력 3년 이상의 직장인 1,200여 명을 설문 조사했더니 응답자의 96%가 직장생활에 인맥이 필요하다고 했지만, 66% 이상이 정작 자신은 인맥 관리를 잘 못하고 있는 것이다. 정보화 시대인 21세기엔 IQ나 EQ보다 NQ(Network Quotient), 즉 인맥 지수가 경쟁력을 좌우할 것이라고 강조하고 있다.

그동안 인맥이라면 학연, 지연, 혈연을 통한 청탁용 '빽'이나 줄서기 등 부정적인 면이 강조되었지만 요즘 같은 정보과잉 시대에는 올바르고 꼭 필요한 정보를 얻을 건전한 인맥 관리, 자신의 부족함을 채우고 삶을 풍부하게 하는 인맥 관리가 필수다. 다양한 분야의 실세들을 알고 있다면 '진작 그 사람을 알았다면 일이 쉽게 풀렸을 텐데…….' '그 회사에 친지나 선배라도 있으면 얼마나 좋을까.' 하는 아쉬운 한숨을 쉬지 않을 것이다. 직장에 갓 들어간 초년생, 혹은 집안도 단출하고 성격도 내성적인 이들, 특히 여성들에게 인맥 만들기란 그 무엇보다 어렵고 힘든 과제다. 그러나 이들은 현재 자신과 주변만 꼼꼼하게 점검해도 얼마든지 인맥을 넓히고 자신의 삶을 업그레이드할 수 있다. 성공한 이들의 공통점은 진정한 '사람 부자'라는 것이며, 인맥을 만들기 위해서는 우선 상대방을 배려하고 선입견을 버리고 사람들을 공평하게 대하고 자신도 기꺼이 다른 이들의 인맥이 되어 줄 마음이 있어야 한다는 것이다.

혈연, 지연, 학연에만 매달리는 굴절된 인맥상이 지배하는 한국 사회지만 잘 구축된 인적 네트워크는 개인의 성장과 발전에 많은 기회를 제공한다. 21세기에 필요한 인맥은 줄서기 용이 아닌 공통된 가치관을 바탕으로 정서적 교류를 넓히며 자신의 실력을 업그레이드하는 데 도움이 되는 정보망이라고 하였다.

효과적인 인맥 관리를 위해서는, 우선, 인맥 다이어리를 체크한다. 가장 먼저 할 일은 주소록을 만드는 것인데 가나다 이름순이 아니라 그룹별로 정리를 한다. 가족, 친지, 학교 친구, 동아리 친구, 회사, 거래처 등등. 그리고 이들을 바탕으로 이들이 어떤 분야의 사람이며 이들이 친한 다른 이들은 누구인지를 파악한다. 또 얼마나 자주 만날 사람인지도 분류한다. 명함도 6개월에 한 번은 정리해 친한 사람, 아는 사람, 먼 사람으로 나누고 근황을 적어 둔다.

또한 한 달에 한 번은 네트워킹 데이를 만든다. 일상에 매이게 되면 새로운 사람을 만나기는커녕 친한 이들조차 관리하기 힘들다. 관계를 개선하는 날을 정해 잘 만나지 못하는 이들에게 전화를 걸거나 메일을 보내고, 또는 식사 약속이나 등산 가기, 영화나 연극 보러 가기 등을 주선한다. 특별한 일이 없을 때 거는 안부전화가 사람들에게는 감동을 준다.

이렇듯 인맥을 관리하는 일은 꼭 필요하고 중요한데도 잘 지키기 어려운 일이다. 우리는 일상적으로 해야 할 일을 습관적으로 하면서 살고 있다. 매일의 일상에 익숙해져 있다 보면 특별하게 무엇을 한다는 것이 쉽지 않을 것이다.

5. 이상적인 인간관계를 위한 원칙

세상에는 다양한 사람이 많고, 우리는 많은 사람과 인간관계를 맺으면서 일생 동안 살아가야 한다. 우리는 어떤 인간관계를 이상적인 인간관계라고 할 수 있는가? 이상적인 인간관계란 없다고 봐야 한다. 그래도 우리는 이상적인 인간관계를 유지하면서 살아가기를 원하고 있으며, 그렇게 하기 위해 많은 노력을 하고 있다. 마지막으로 하이브로 무사시(2001)라는 수필가의 『어떤 사람을 만나면서 살 것인가?』라는 책에서 이야기한 내용을 바탕으로 이상적인 인간관계를 위한 원칙 몇 가지를 정리하면서 이 장을 마무리하고자 한다.

첫 번째 원칙은 예의 바른 사람이 되고, 예의 바른 사람과 사귀어야 한다는 것이다. 좋은 인간관계를 갖기 위해서는 우선 나 자신이 예의 바른 사람이 되어야 한다. 친한 사이일수록 예의를 갖추라는 말이 있듯이 바람직한 인간관계를 위해서도 예의를 반드시 지켜야 한다. 물론 도리에 어긋나는 예의도 있을 수 있는데, 예를 들면 아랫사람이 윗사람을 칭찬하는 일을 들 수 있다. 예의를 지키는 것은 타인을 배려하는 최고의 수단이기 때문에, 예의가 없는 사람은 인간관계에서 별로 신용을 얻지 못하게 된다.

두 번째 원칙은 좋은 사람을 만나서 좋은 추억을 만들 수 있어야 한다는 것이다. 우리는 인생을 살면서 많은 사람과 만나 인간관계를 맺는데, 어떤 사람과는 씁쓸하고 좋지 못한 기억이 남는가 하면, 어떤 사람과는 좋은 추억을 떠올리게 된다. 인생을 살면서 삶을 마감할 때 결국 남는 것은 좋은 사람들과의 만남, 그리고 그들과 만든 추억뿐이다. 인류의 역사 속에서 한 사람의 인생이란 너무 짧고 덧없기에 자신을 빛내고 생을 마감하는 순간에 "정말 멋진 인생이었어."라고 말할 수 있어야 하지 않겠는가. 좋은 사람들을 만나 좋은 추억을 만드는 것이 진정한 인생이고, 그러한 추억은 우리의 인생을 지탱하는 원동력이 되는 것이다.

세 번째 원칙은 남을 탓하기 전에 우선 나부터 반성해야 한다는 것이다. 대부분의 사람은 자기애가 강하다. 즉, 자신을 소중하게 생각하고 아낀다. 물론 자기애도 갖고 있어야 하지만, 더불어 자신의 부족함이나 잘못된 부분도 알고 있어야 한다. 누구나 모든 사람에게 호감을 얻기란 쉽지 않고, 또한 누구나 모든 사람을 다 좋아할 수는 없다. 즉, 사람들은 각자 다른 취향을 가지고 있다. 앞에서 언급한 좋은 사람이란 바로 자기에게 잘 맞고 자기가 좋아하는 사람인 것이다. 모든 사람과 사귈 수 없고 모든 사람을 다 좋아할 수도 없다면, 우리는 자신의 발전에 조금이라도 도움이 되는 사람과 인간관계를 맺어야 한다. 우리는 남의 결점을 쉽게 찾아내는데, 타인들 또한 내가 가진 결점을 쉽게 찾아낼 것이다. 사회생활을 하다 보면 나를 좋아해 주는 사람도 있을 것이고 나를 미워하는 사람도 있을 것이다. 나 또한 좋아하는 사람도 있고 미워하는 사람도 있다. 결국 사람은 누구나 바라보는 시각에 따라 좋아지기도 하고 싫어지기도 한다. 그렇기 때문에 모든 사람에게 잘 보일 필요도 없고 나 또한 그리 대단한 사람이 아니라는 것을 알고 있다면, 타인의 시선이나 평가에 지나치게 신경 쓰지 않아도 된다. 인간은 누구나 완벽할 수 없기 때문에 타인을 필요로 하고 자신도 타인에게 필요한 존재가 되기도 한다. 가능하면 내가 누군가에게 도움이 되는 사람으로 살아갈 수 있다면 좋지 않겠는가.

네 번째 원칙은 다른 사람의 힘든 과정을 보면서 배울 수 있다는 것이다. 살면서 심한 병 때문에 아파 본 적이 있는 사람은 가족의 소중함을 알고 있다. 가족이 아니면 아픈 나를 누가 돌봐 주겠는가. 사람은 아플 때 누군가가 곁에 있어 주었으면 한다. 평상시에는 잘 몰랐지만 자신이 중병에 걸려 본 사람은 가족에 대한 고마움을 절실하게 느낄 것이다. 가족 중에 아픈 사람이 있거나 가까운 지인 중에 아파서 힘든 삶을 살고 있는 사람을 본 적이 있다면, 그 사람과 그 주위에 있는 사람들이 힘겨운 삶을 살고 있는 과정을 다 보았을 것이다. 더구나 자신이 그런 중병에 걸려 그런 과정을 겪어 보았다면 더 잘 알고 있을 것이다. 고독과 친절함, 배려, 불안 등과 같은 인간의 감정을 접할 수 있었을 것이다. 결국 힘든 삶을 살아 본 사람만이 또는 주위에서 그런 과정을 지켜본 사람만이 타인의 사랑과 배려가 얼마나 소중한 것인지를 알게 될 것이다. 우리는 병마와 싸우는 사람들을 통해 삶의 진정한 의미와 인간관계가 얼마나 소중한 것인지를 배울 필요가 있다.

다섯 번째 원칙은 독서가 좋은 만남을 위한 최상의 수단이라는 것이다. 좋은 사람과 만나기 위해서는 먼저 자신을 소중히 여기고 성장시켜야 한다. 자신을 성장시키기 위해 필요한 것은 무엇인가? 그것은 바로 자신과의 끊임없는 대화다. 그러기 위해서는 무엇보다 책을 읽어야 한다. 책을 읽는 것은 자신과 대화를 하는 것이다. 책을 읽으면 다양한 사고방식과 지식을 얻게 되고, 수많은 글 속에서 자신이 마음속 깊이 바라는 부분, 기쁨을 주는 부분, 공감할 수 있는 부분을 조금씩 발견하게 된다. 자신의 언어와 자신의 삶을 알고 있는 사람만이 좋은 사람을 만날 수 있다. 따라서 좋은 사람을 만나기 위해서는 많은 책을 읽어야 한다.

　지금까지 어떻게 하면 인간관계를 개선시켜 나가고, 나의 인맥을 어떻게 관리할 것인가에 대해 살펴보았다. 사람은 유아기부터 노년기까지 그때그때에 가져야 하는 인간관계를 원만하게 맺어 갈 때 자기실현을 이루며 잘 적응하는 삶을 살 수 있다. 인간관계를 잘하려면 우선 인간관계를 지향하는 나를 잘 알아야 한다. 우리는 늘 자신이 처한 상황에서 자기판단이 옳다고 생각한다. 하지만 우리는 잘못 생각할 수도 있고 오해할 수도 있다. 사람은 자기가 보고 싶은 대로 세상을 보는 경향이 있어서 현실을 왜곡할 수 있다. 다른 사람을 보는 관점도 자기중심적으로 왜곡할 수 있다. 그렇게 되면 인간관계를 그르칠 수밖에 없다. 자신을 잘 이해할 뿐 아니라 상대방의 입장을 잘 이해할 수 있을 때 원만한 인간관계를 이룰 수 있다.

참고문헌

강문희, 이광자, 박경(2009). 인간관계의 이해. 서울: 학지사.

강소라, 전방지, 김유정, 김연정(2007). UCC 서비스 이용 연구: 기술수용모형과 감정차원 연구를 중심으로. 한국 IT 서비스학회지, 6(3), 1-26.

구현서(2001). 인간관계의 이해. 서울: 청목출판사.

권석만(1995). 대학생의 대인관계 부적응에 대한 인지행동적 설명모형. 학생연구, 30(1), 38-63.

권석만(1996a). 자기개념의 인지적 구조와 측정도구의 개발. 학생연구, 31(1), 11-38.

권석만(1996b). 임상심리학에서의 비교문화적 연구: 정신병리에 나타난 한국인과 한국문화의 특징. 한국심리학회(편), 심리학에서의 비교문화 연구(pp. 105-134).

권석만(1998). 인간관계 심리학. 서울: 학지사.

권석만(2003). 젊은이를 위한 인간관계 심리학. 서울: 학지사.

권석만(2008). 나, 버릴 것인가 찾을 것인가. 서울: 운주사.

권수경 역(2002). 집단지성: 사이버 공간의 인류학을 위하여. 서울: 문학과지성사.

김광수(2002). 인터넷 중독과 청소년 소외의 관계. 교육심리연구, 16(1), 5-12.

김미경, 김유정, 김정기, 김해원, 민병현(2012). 소셜 미디어 연구. 한국방송학회 방송과수용자연구회 엮음. 서울: 커뮤니케이션북스.

김상진(1985). 고등학생의 의식구조에 관한 연구. 사회단계 및 사회화 유형과의 관계. 동국대학교 교육대학원 석사학위청구논문.

김성기 역(2006). 어떤 사람을 만나면서 살 것인가?(하이브로 무사시 저). 서울: 도서출판 다리미디어.

김영희(2010). 초등학생의 친구관계 기능 인식에 관한 연구. 공주대학교 교육대학원 석사학위논문.

김유향, 조희정(2011). 튀니지의 재스민혁명과 SNS의 역할. 이슈와 논점. 국회입법조사처.

김은미, 이주현(2011). 뉴스 미디어로서의 트위터. 한국언론학보, 55(6), 152-180.

김종운, 박성실(2011). 인간관계 심리학. 서울: 학지사.

김지윤(2000). 사이버 공간 사용자들의 지각된 대인관계지지와 자아방어기제 사용. 이화여자대학교 대학원 석사학위논문.

김혜숙 외(2008). 인간관계론. 서울: 양서원.

김호기(2011). 스마트폰 시대의 모바일 디바이드. KT 경제경영연구소, 7.

마크로밀엠브레인(2015). Trend monitor 2015. 서울: 지식노마드.

박은희(2005) 심리적 디바이드: 중독과 소외. 디지털 마니아와 포비아(pp. 39-57). 서울: 커뮤니케이션북스.

박종구(2010). 뉴미디어 채택에 관한 통합모델 IAM-NM: 트위터와 페이스북에 대한 실증분석을 중심으로. 서강대학교 대학원 박사학위논문.

박준(2011). 소셜 미디어가 여는 새로운 정책 환경. 이슈리포트. 서울: 삼성경제연구소.

배진한(2009). 휴대전화 이용이 대인커뮤니케이션 네트워크에 미치는 영향에 대한 한·미 비교연구. 언론과학연구, 9(3), 178-210.

배진한 역(2009). 모바일 미디어와 새로운 인간관계 네트워크의 출현. 서울: 커뮤니케이션북스.

삼성경제연구소(2010). 확산되는 소셜미디어와 기업의 신 소통전략. 〈CEO Information〉. 764호.

설진아(2011). 소셜 미디어와 사회변동. 서울: 커뮤니케이션북스.

소셜미디어연구포럼(2012). 소셜미디어의 이해. 서울: 미래M&B.

손민선(2010). 디지털 군중의 감성코드. LG Business Insight. 서울: LG경제연구원.

송인섭(1998). 인간의 자아개념탐구. 서울: 학지사.

심홍진, 황유선(2010). 마이크로블로깅(micro-blogging) 이용 동기에 관한 연구: 트위터를 중심으로. 한국방송학보, 24(2), 192-232.

원호택, 박현순(1999) 인간관계와 적응: 삶을 위한 심리학. 서울: 서울대학교출판부.

위키백과(2011. 8. 19.) http://ko.wikipedia.org/wiki/집단_지성

유용미, 황소영(2003). 세상에서 가장 든든한 인맥 지도를 그려라. 서울: 아라크네.

이동원, 최선희(1997). 정보화와 청소년의 소외. 가족학논집, 9, 145-170.

이동훈 외(2010). 확산되는 소셜 미디어와 기업의 신소통전략. CEO 인포메이션. 서울: 삼성경제연구소.

이수식, 장미옥, 진복선 편역(2004). 생활 속의 적응. 서울: 양서원.

이수용(2003). 인간관계의 심리. 서울: 학지사.

이원태, 조희정(2010). 모바일 소셜미디어에서 유력자(influentials)의 역할. KISDI 연구보고서.

이은선, 김미경(2012). 마케팅 커뮤니케이션 수단으로서의 기업 페이스북 팬페이지 이용행태 분석. 광고학연구, 23(2), 31-55.

이은해(1999). 아동의 친구관계에 관한 연구. 아동학회지, 20(3), 77-95.

이은해, 고윤주(1999). 학령기 아동의 친구관계 질 척도개발에 관한 연구. 아동학회지, 20(2), 225-242.

이은희(2005). 청소년의 친구관계에 관한 연구. 관동대학교 교육대학원 석사학위논문.

이재창(1983). 청소년의 의식구조 및 형성배경. 서울: 한국교육개발원.

이철우(2008). 관계의 심리학. 서울: 경향미디어.

이태연, 이인수, 정기수(2006). 인간관계의 이해. 서울: 신정.

이형득 김선남, 설기문 역(1988). 가족치료 입문. 서울: 형설출판사.

이희열(2003). 청소년의 인터넷 중독 사용과 대인관계 능력에 관한 연구. 홍익대학교 교육대학원 논문.

임영호, 김은미(2011). 소셜미디어형 소통방식과 인간관계의 변화. 한국언론학회 엮음, 한국사회의 디지털 미디어와 문화. 서울: 커뮤니케이션북스.

임주현 역(2007). 행복한 부부 이혼하는 부부(존 M. 고트맨 & 낸 실버). 서울: 문학사상사.

정재기(2007). 인터넷과 사회적 관계의 변화: 배태와 접합. 이재열, 안정옥, 송호근(편), 네트워크 사회의 구조와 쟁점. 서울: 서울대학교출판부.

정진선, 문미란(2008). 인간관계의 심리. 서울: 시그마프레스.

조준형, 김동윤, 손주경 역(2003). 누스페어. 서울: 생각의나무.

중앙일보(2011. 6. 22.). 스페셜 리포트.

채규만(2003). 디지털 시대의 인간 심리와 문제점. 인문과학연구, 21(단일호), 183-207.

최경은 역(2010). 소셜네트워크 e혁명. 서울: ㈜행간.

최상진(1993). 한국인의 심정심리학: 情과 恨에 대한 현상학적 한 이해. 한국심리학회(편), 한국인의 특성: 심리학적 탐색(pp. 3-22).

한국방송학회 방송과수용자연구회(2012). 소셜미디어연구. 서울: 커뮤니케이션북스.

홍대운, 이창근 역(2004). 대중의지혜. 서울: 랜덤하우스코리아.

황상민(1997). 사이버공간 속에서의 인간관계의 심리. 대학생활연구, 15.

황상민(1999). 음란/폭력간행물이 청소년에 미치는 영향: 유관모형의 허상과 발달심리적 이해. 인문과학. Vol. 81, 241-264.

황상민(2011). 한국인의 심리코드. 서울: 추수밭.

황상민, 한규석(1999). 사이버 공간의 심리. 서울: 박영사.

황정규(1977). 정의적 행동특성, 사회계층, 학업성취의 인과관계. 고대 사대논총, 2, 1-4.

황정규(1998). 학교학습과 교육평가(개정판). 서울: 교육과학사.

황종건(1975). 교육사회학. 서울: 형설출판사.

황주성, 최서영, 김상배(2009). 소셜컴퓨팅 환경에서 집단지성의 사회적 생산 매커니즘 연구. 정보통신정책연구원.

황주성, 이재현, 이나경(2010). 모바일 인터넷으로 인한 미디어 이용패턴의 변화: 스마트폰 이용자를 중심으로. 정보통신정책연구원 논문지, 2010 No. 07, 1-208.

FKII 조사연구팀(2008). 소셜 미디어란 무엇인가? IT Issue Report. 〈LG 주간경제 산업정보〉, 52-55. Available.

SERI 경영노트(2010). 삼성경제 연구소.

SK플래닛 M&C 부문 집필진(2011). TREND TRAIN Vol. 1 뉴미디어+a. SK플래닛 M&C 부문.

SK플래닛 M&C 부문 집필진(2013). Trend Train Vol. 3. 미디어 X 선택의 순간. SK플래닛 M&C 부문.

Berndt, T. J., & Perry, T. B. (1986). Children's perceptions of friendships as supportive relationships. *Developmental Psychology, 22*(5), 640.

Bohner, G., Bless, H., Schwarz, N., & Strack, F. (1988). What triggers causal attributions? The impact of valence and subjective probability. *European Journal of Social Psychology, 18*(4), 335-345.

Bowen, M. (1966). The use of family theory in clinical practice. *Comprehensive psychiatry, 7*(5), 345-374.

Bowlby, J. (1969). *Attachment and loss (Vol. 1): Attachment.* New York: Basic Books.

Boyd, D. M. (2006). Friends, Friendsters, and top 8: writing community into being on social network site. *First Monday, 11*(12).

Boyd, D. M., & Ellison, N. B. (2007). Social network sites: Definition, history, and scholarship. *Journal of Computer-Mediated Communication, 13*(1), article 11.

Brabtzaeg, P. B., & Heim, J. (2009). Why people use social networking sites. *Lectures Notes in Computer Science, 5621*, 143-152.

Brock, M. L, & Glenn, H. S. (1998). 7 Strategies for developing Capable* Students. (*responsible, respectful, and resourceful).

Byrne, D., Barry, J., & Nelson, D. (1963). Relation of the revised repression-sensitization scale to measures of self-description. *Psychological Reports, 13*(2), 323-334.

Choi, J. H. (2006). Living in Cyworld: Contextualizing Cy-Ties in South Korea. In A. Bruns & J. Jacobs (Eds.), *Use of Blogs(Digital Formations)* (pp. 173-186). New York: Peter Lang.

CNN (2011. 1. 13.). Tunisian protests fueled by social media networks.

Covey, S. R. (1994). Effective leadership begins with seven habits: An interview with Stephen R. Covey. In: Journal of the American Dietetic Association. *Journal of the American Dietetic Association*, April 1994, 94(4), 382-385.

Davis, J. (2010). Architecture of the personal interactive homepage: constructing the self through MySpace. *New media and Society, 12*(7), 1103-1119.

Davis, K. E., & Todd, M. J. (1982). Friendship and love relationships. In K. E. Davis (Ed.), *Advances in descriptive psychology* (pp. 79-122). Greenwich, CT: JAI Press.

Donath, J., & Boyd, D. M. (2004). Public displays of connection. *BT Technology Journal, 22*(4), 71-82.

Duck, S. (1988). *Relating to others.* London: Open University Press.

Duck, S. (1994). *Meaningful relationships: Talking, sense, and relating.* Sage Publications, Inc.

Ellenson, A. (1982). *Human relations.* New Jersey: Prentice-Hall.

Ellison, N. B., Steinfield, C., & Lampe, C. (2007). The benefits of facebook "friends:" social capital and college students' use of online social network site. *Journal of Computer Mediated Communication, 12*, 1148-1163.

Etzione, A. (1993). *A Spirit of Community.* New York: Random House.

Ford, M. E. (1992). *Motivating Humans: Goals, emotions, and personal agency beliefs.* Newbury Park: Sage Publications.

Ford, M. E., & Nichols, C. W. (1987). Ataxonomy of human goals and some possible applications. In M. E. Ford & D. H. Ford (Eds.), *Humans as self constructing living systems: Putting the framework to work* (pp. 289-311). Hillsdale, NJ: Lawrence Erlbaum.

Gazda, G. M. (1973). *Human Relations Development: A Manual for Educators.* Boston: Allyn & Bacon.

Glenn, H. S., & Brock, M. L. (1998). Seven Strategies for Developing Capable Students. Prima Lifestyles.

Goffman, E. (1959). *The presentation of Self in Everyday Life.* Doubleday Anchor Books.

Gordon, T. (1975). *P.E.T. (Parent Effectiveness Training)-The tested new way to raise responsible children.* A Plume book. New American library. New York: Academic Press, Inc.

Gordon, T. (1976). *Parent effectiveness training.* N. Y.:American Library.

Higgins, E. T. (1987). Self-discrepancy: Atheory relating self and affect. *Psychological Reciew, 94,* 319-340.

Hogan, B., & Quan-Haase, A. (2010). Persistence and change in social media. *Bulletin of Science, Technology & Society, 30*(5), 309-315.

iCrossing (2008). *What is Social Media?* http://icrossing.com

Joinson, A. N. (2008). Looking at, looking up or keeping up with people?: motives and use of facebook. In *Proceedings of the SIGCHI conference on Human Factors in Computing Systems* (pp. 1027-1036). ACM.

Joinson, A. N., Woodley, A., & Reips, U. R. (2007). Personalization, authentication and self-disclosure in self-administered Internet surveys. *Computers in Human Behavior, 23*(1), 275-285.

Jourard, S. (1971). *Self-disclosure.* N.Y: Wiley.

Jourard, S. M. (1971). *The Transparent Self: Self-disclosured and wellbeing* (2nd ed.). N.Y.: Van Nostrand.

Kaplan, A. M., & Haenlein, M. (2010). Users of the world, unite! The challenge and opportunities of social media. *Business Horizons, 53,* 59-68.

Katz, E., Blumler, J. G., & Gurevitch, M. (1974). Utilization of mass communication by the individual. In J. G. Blumler & E. Katz (Eds.), *The uses of mass communications:*

Current perspectives on gratifications research (pp. 19-32). Beverly Hills: Sage.

Kiesler D. J. (1996). From Communications to Interpersonal Theory: A Personal Odyssey. Journal of Personality Assessment. Apr1996, Vol. 66 Issue 2, pp. 267-283.

Klinger, E. (1977). *Meaning and void: Inner experience and the incentives in people's lives.* Minneapolis, MN: University of Minnesota Press.

Kwon, O. B., Wen, Y., & Kim, M. Y. (2007). Factors affecting blog use: An empirical study using extended TAM and perceived encouragement. *The Journal of Society for e-Business Studies, 12*(4), 165-182.

Kwon, O,. & Wen, Y. (2009). An Empirical Study of the Factors Affecting Social Network Service Use. *Computers in Human Behavior, 26*(2), 254-263.

Lampe, C., Ellison, N., & Steinfield, C. (2006). A Face(book) in the crowd: social searching vs. social browsing. *Proceedings of CSCW-2006,* 167-170. New York: ACM Press.

Lazarus, A. (1971). *Behavior therapy and beyond.* New York: McGraw-Hill.

Lenhart, A., & Madden, M. (2007). *Teens, privacy & online social networks: How teens manage their online identities and personal information in the age of MySpace.* Pew Internet & American Life Project.

Lenhart, A., Purcell, K., Smith, A., & Zickuhr, K. (2010). *Social Media and Young Adults.* the Pew Internet.

Levinson, P. (2011). The long story about the short medium: Twitter as a communication medium in historical, present, and future context. 언론정보연구, 48(1), 7-28.

Lévy, P. (1994). L'intelligence collective. Pour une anthropologie du cyberspace.

Lévy, P. (2000). *World Philosopie: le marche, le cyberspace, la conscience.* Paris: Editions Jacob.

Li, C., & Bernoff, J. (2008). *Groundswell: Winning in a World Transformed.* Social Technologies, Inc., Massachusetts.

Marketing, R. (2008). Social network marketing: The basics. Retrieved from the World Wide Web: http://www.redbridgemarketing.com/social_networking_the_basics.pdf.

Markus, H. (1990). Unsolved issues of self-representation. *Cognitive Therapy and Research, 14,* 241-254.

Maslow, A. H. (1954). *Motivation and personality.* New York: Haper & Row.

Maslow, A. H. (1970). *Motivation and personality* (2nd ed.). New York: Harper.

Michelson, L., Sugai, D., Wood, R., & Kazdin, A. (1983). *Social skills assessment and training with childrens*. New York: Plenum.

Nyland, R., & Near, C. (2007). Jesus is my friend: Religiosity as a mediating factor in Internet social networking use. In *AEJMC Midwinter Conference, Reno, NV*.

Networking, S. (2008). A quantitative and qualitative research report into attitudes, behaviours and use. Ofcom (*UK Office of Communications*).

OFCOM (2008). Social Networking: A quantitative and quantitative report into attitudes, behaviors and use. Consumer Information, April, 1-72. (*UK Office of Communications*).

Park, N., Kee, K. F., & Valenzuela, S. (2009). Being immersed in social networking environment: facebook groups, uses and gratification, and social outcomes. *CyberPsychology & Behavior, 12*(6), 729-733.

Parks, M. R., & Floyd, K. (1996). Making friends in cyberspace. *Journal of Computer-Mediated Communication, 1*(4), 80-98.

Raacke, J., & Bonds-Raacke, J. (2008). Myspace and facebook: Applying the uses and gratifications theory to exploring friend-networking sites. *CyberPsychology & Behavior, 11*(2), 169-174.

Ram, S. (1987). A model of innovation resistances. *Advance in Consumer Research, 14*(1), 208-212.

Rau, P. L. P., Gao, Q., & Ding, Y. (2008). Relationship between the level of intimacy and lurking in online social network services. *Computers in Human Behavior, 24*(6), 2757-2770.

Rich, L. (2008). *NEW TECH, NEW TIES: How mobile communication is reshaping social cohesion*. The MIT Press.

Ridings, C., & Gefen, D. (2004). Virtual community attraction: why people hang out online. *Journal of Computer Mediated Communication, 10*(1).

Rogers, C. (1982). Notes on Rollo May. *Journal of Humanistic Psychology, 22*(3), 8-9.

Rubin, R. B., Perse, E. M., & Barbato, C. A. (1988). Conceptualization and measurement of interpersonal communication motives. *Human Communication Research, 14*(4), 602-628.

Sanderson, C. A., Rahm, K. B., & Beigbeder, S. A. (2005). The link between the pursuit of intimacy goals and satisfaction in close same-sex friendship: An examination of the underlying processes. *Journal of Social & Personal Relationships, 22*(1), 75-98.

Schachter, S. (1959). *The psychology of affiliation.* Standford: Standford University Press.

Schmidt, N., & Sermat, V. (1983). Measuring loneliness in different relationships. *Journal of Personality and Social Psychology, 44,* 1038-1047.

Schutz, W. C. (1958). *FIRO: A three-dimensional theory of interpersonal behavior.* New York: Holt, Rinehart-Winstion.

Schutz, W. C. (1966). *The interpersonal underworld.* Palo Alto, CA: Science and Behavior Books.

Simmel, G. (1950). *The Sociology of George Simmel.* New York: Free Press.

Stephen, R. C. (1994). *First Things First.* NY: Simon & Schuster.

Stone, N. B. (1991) Managing the Multimedia Learning Process. *Interactive Multimedia. Vol. 8.*

Surowieki, J. (2004). *The wisdom of crowd: why the many are smater than the few and how collective wisdom shapes business, economics, societies, and nations.* NY: Doubleday.

Turkle, S. (1995). *Life on the Screen: Identity in the Age of the Internet.* NY: Simon & Schuster.

Walther, J. B., Van Der Heide, Kim, S. Y., Westerman, D., & Tong, S. T. (2008). The role of friends' appearance and behavior on evaluations of individuals on Facebook: Are we known by the company we keep? *Human Communication Research, 34*(1), 28-49.

Waring, E. M., & Chulune, G. J. (1983). Martial intimacy and self-disclosure. *Journal of Clinical Psychology, 39*(2), 183-190.

Waters, S., & Ackerman, J. (2011). Exploring privacy management on Facebook: Motivations and perceived consequences of voluntary disclosure. *Journal of Computer-Mediated Communication, 17*(1), 101-115.

Weisband, S., & Kiesler, S. (1996, April). Self disclosure on computer forms: Meta-analysis and implications. In *Proceedings of the SIGCHI conference on human factors in computing systems* (pp. 3-10). ACM.

Young, K. S. (1998). Internet addiction: The emergence of a new clinical disorder. *CyberPsychology & Behavior, 1*(3), 237-244.

Zaltman, G., & Wallendorf, M. (1983). *Consumer Behavior: Basic Findings and Management Implications.* NY: John Wiley & Sons.

찾아보기

《인 명》

《내 용》

저자 소개

■ **손영화**(Son Yung Hwa)

성균관대학교 산업심리학과를 졸업하고 동 대학원에서 사회심리학으로 석사, 산업심리학(소비자광고심리 전공)으로 박사 학위를 취득하였다. 한국 닐슨 소비자조사부, 제일보젤 마케팅팀, ㈜유공(현 SK) 바이오텍사업팀, ㈜한컴(광고대행사) 마케팅실, ㈜엠브레인 기획조사팀, SK㈜ 마케팅지원본부 고객분석팀, 한국관광공사 마케팅 전문위원을 역임하고, 현재 계명대학교 심리학과 교수로 재직 중이다.

학회 활동은 현재 한국소비자광고심리학회 상임이사 및 편집위원, 소비자학회 이사, 광고PR실학회 편집위원으로 활동하고 있으며, 소비자광고심리학회 홍보위원장, 한국심리학회 재무이사, 광고학회 학술위원을 역임했다. 저서로는 『고객만족 측정 방법의 재정립』 『미디어, 소비자, 광고의 변화』 『광고심리학』 『생활과 심리학』 『고객심리학』이 있으며, 산업 및 소비자심리학 분야에서 다수의 논문을 발표하였다.

✉ syh8981@kmu.ac.kr (Homepage http://syh8981.kmu.ac.kr)

인간관계 심리학

Psychology of Haman Relations

2016년 1월 15일 1판 1쇄 발행
2023년 1월 20일 1판 5쇄 발행

지은이 • 손 영 화
펴낸이 • 김 진 환
펴낸곳 • (주) **학지사**
　　　　　04031 서울특별시 마포구 양화로 15길 20 마인드월드빌딩 5층
대표전화 • 02) 330-5114　　팩스 • 02) 324-2345
등록번호 • 제313-2006-000265호
홈페이지 • http://www.hakjisa.co.kr
페이스북 • https://www.facebook.com/hakjisabook

ISBN 978-89-997-0752-0 93180

정가 **16,000**원

출판미디어기업 **학지사**
간호보건의학출판 **학지사메디컬** www.hakjisamd.co.kr
심리검사연구소 **인싸이트** www.inpsyt.co.kr
학술논문서비스 **뉴논문** www.newnonmun.com
원격교육연수원 **카운피아** www.counpia.com